es 1327

edition suhrkamp

Neue Folge Band 327

Seit 1979 geht in der islamischen Welt, aber nicht nur in ihr, ein Gespenst um, das Gespenst des islamischen Fundamentalismus. Und dies aus zwei Gründen: Zum einen hat sich die Islamische Republik Iran im Innern gefestigt. Die radikale Umgestaltung der iranischen Gesellschaft hat große Teile der Bevölkerung in einen wahren Rausch der Begeisterung versetzt. Neben diese innere Stabilisierung trat eine Außenpolitik, die die Regierungen der Nachbarstaaten, aber auch andere Länder stark beunruhigt. Als Resultat dieser jüngsten Entwicklung ist das Regime im Iran zu einem nicht zu vernachlässigenden Faktor in der internationalen Politik geworden. In welcher Weise die Islamische Republik entstanden ist, wie sie sich weiterentwickelt hat, was »islamische Politik« bedeutet, welche Konsequenzen sie für den Nahen und Mittleren Osten, aber auch für den Weltfrieden haben kann, sind die Fragen, denen die Autoren in dem vorliegenden Band nachgehen.

Cheryl Benard ist wissenschaftliche Leiterin des Ludwig-Boltzmann-Forschungsstelle für Politik, Wien. Zalmay Khalilzad ist Mitglied im Planungsstab des amerikanischen Außenministeriums.

Cheryl Benard
Zalmay Khalilzad

Gott in Teheran

Irans Islamische Republik

Aus dem Amerikanischen von
Charlotte Blaschke

Suhrkamp

Titel der Originalausgabe:
The Government of God. Iran's Islamic Republic

edition suhrkamp 1327
Neue Folge Band 327
Erste Auflage 1988

Deutsche Erstausgabe

Satz: Hümmer, Waldbüttelbrunn
Druck: Nomos Verlagsgesellschaft, Baden-Baden
Umschlagentwurf: Willy Fleckhaus
Printed in Germany

1 2 3 4 5 6 – 93 92 91 90 89 88

Inhalt

Einleitung

»Radikale Schiiten«, »Anhänger Khomeinis«, »eine islamische Terroristengruppe«, diese Bezeichnungen sind Teil unseres politischen Alltags geworden. War Khomeini, als er uns erstmals in altertümlich orientalischer Pose in den Seiten der *Bunten* gegenübersaß, noch als obskure Figur aus dem Panoptikum der Dritten Welt erschienen – auf derselben Stufe wie der König von Togo, Gaddhaffi in seiner österreichischen Gala-Uniform oder der böse schwarze Kannibal Idi Amin –, so ist er uns inzwischen bedrohlich nähergekommen. Von den meisten Katastrophen und Konflikten der Dritten Welt erfuhren wir bisher über den Umweg von Reportagen; Konsequenzen ergaben sich für uns höchstens in Form erhöhter Benzinpreise. Aber Khomeini ist etwas ganz anderes. Er hat dem Westen, vorher voll arroganter Unwissenheit über fremde Religionen und Kulturen, Worte wie »ayatollah«, »imam« und Schiismus beigebracht. Was Hunderte gutvorbereiteter und gesitteter Konferenzen über ökumenische Werte und kulturelle Toleranz nicht vermochten, er schaffte es: bei den Europäern Interesse am Islam zu wecken. In gewisser Hinsicht sind das Erfolge; unsere Haltung gegenüber der islamischen Welt hat sich grundlegend geändert infolge der uns entgegengebrachten Feindseligkeit, während wir auf die frühere Bewunderung, auf die politischen und kulturellen Annäherungen, auf die Überzeugungsversuche und die Nachahmungen nur mit Mißachtung reagiert hatten.

Die neue westliche Aufmerksamkeit ist natürlich keine freundliche. Ihre Beweggründe sind Angst, Gier und Opportunismus; nicht lauterer also, als sie es im Zeitalter des Kolonialismus und Imperialismus waren. Aber die Voraussetzungen sind anders. Supermächte verhandeln mit kleinen terroristischen Organisationen, weil diese Macht über sie besitzen – die Macht, ihre Staatsbürger gefangenzuhalten, zu quälen, zu töten. Westliche Geschäftsleute und westliche Regierungen betreiben Handel mit Ländern, von denen sie öffentlich bedroht und beschimpft werden. Auch wenn das Profitinteresse immer schon von moralischen Imperativen getrennt war, so ging die Trennung früher meist auf Kosten der anderen – heute trägt zumindest teilweise der Westen selbst die Lasten und beweist, daß er auch sich selbst und seinen

Verbündeten gegenüber keine Prinzipien kennt neben der Profitbilanz.

Triumphe also für den Islam? Ein sich ankündigender neuer Aufstieg dieser Kultur, nachdem sie jahrhundertelang im Nachteil war? In diesem Band wollen wir das Gegenteil beweisen. Wir glauben, daß der Islam – zumindest kurz- und mittelfristig – eine nicht nur für seine Gegner, sondern in erster Linie für ihn selbst verhängnisvolle Fehlentwicklung eingeschlagen hat. Und zwar eine Fehlentwicklung, die – obwohl sie die Loslösung, die Befreiung von der kulturellen Vormundschaft des Westens verspricht – aus gerade dieser Vormundschaft und ihren psycho-sozialen Folgen entstanden ist.

Revolution und Kultur

Die Massenbewegung im Iran, die sich als »islamische Revolution« bezeichnete und mittlerweile in fast allen islamischen Ländern Anhänger hat, erreichte vor allem eines: sie bewirkte einen echten Bruch in der Art der Beziehungen zwischen dem Westen und dem Islam. Bis dahin war die Dritte Welt, bei all ihrer gebotenen Exotik, für den Westen verständlich, vorhersehbar, stereotypisierbar gewesen. Es gab reiche Oberschichten, die sich westlich kleideten und Urlaub in Davos machten. Es gab Militäroffiziere, die einen Putsch vorbereiteten. Es gab große Massen der apathischen Armen. Sogar die Terroristen, die Flugzeugentführer, die Befreiungsbewegungen waren insofern vertraut, als sie in traditionellen westlichen Kategorien dachten und argumentierten: Sie waren Linke, oder sie waren Nationalisten, beides Denkrichtungen, die dem europäischen Betrachter historisch und literarisch bekannt waren.

Die »islamische Revolution« aber war ein Bruch mit dieser Vertrautheit. Was nun geschah, wirkte sehr fremd, und diese Fremdheit war den islamischen Aufständischen bewußt, wurde von ihnen bewußt betont, benutzt fast wie eine Waffe. War das Prädikat »westlich« von uns früher verwandt worden als Blanko-Vollmacht für alle möglichen Privilegien und Übervorteilungen, jetzt richtete es sich gegen uns. Menschen, die uns nie »gut genug« für unsere Kultur gewesen waren – deren Bemühungen um kulturelle Integration wir mit Herablassung beobachtet hatten –, drehten den Spieß um. Jetzt war es *unsere* Kultur, die *ihnen* nicht »gut genug« war. Junge Menschen, die bisher einen westlichen Lebensstil gepflegt hatten, wandten sich demonstrativ ab. Im Tschador marschierten sie durch die Straßen und riefen religiöse Parolen, aber die eigentliche Aussage war: »Wir sind nicht mehr bereit, eure Macht und Überlegenheit anzuerkennen.« Die Bewegung dehnte sich aus, und westliche Kommentatoren glaubten, vor einem Rätsel zu stehen – wie konnte etwas derart Anachronistisches die Menschen ansprechen? Ein Teil des Reizes lag darin, daß es funktionierte. Erstmals hatte die islamische Dritte Welt einen Weg gefunden, um den Westen wirklich zu irritieren, zu verunsichern und zu treffen.

Aber die Methode hat einen fatalen Mangel. Sie trägt den Verstrickungen zwischen der westlichen und der islamischen Kultur nicht genügend Rechnung, sondern entsteht aus einem heftigen, aktuellen Impuls, zurückzuschlagen. Infolge der Verstrickungen ist dieses Zurückschlagen nur unter der Bereitschaft möglich, selber sehr tiefe Verletzungen davonzutragen. In gewisser Hinsicht sind die schiitischen Selbstmordkommandos, die ohne Rücksichtnahme auf das eigene Leben eine Bombe in die Botschaft oder Niederlassung der Supermacht schmuggeln, der passendste symbolische Ausdruck für diese aktuelle Stimmung des politisierten Islam. Um dem Westen zu schaden, ist diese Kultur bereit, sich selber in den sozialen Ruin zu stürzen. Ihr ausschließliches Kriterium ist: Können wir damit dem Westen schaden, ihm unsere Abkehr beweisen? Soziale Ziele, Bräuche und Strukturen, deren einzige Tugend es ist, daß sie alt und für die traditionelle islamische Gesellschaft typisch sind, erleben damit eine unverdiente und potentiell katastrophale Renaissance. Persönlichkeiten, die nichts auszeichnet außer ihrer anti-westlichen Einstellung und deren primäre Eigenschaft die Eindimensionalität ihres Denkens ist, gewinnen in dieser Situation bedeutenden Einfluß. Das Beispiel hat es schon gezeigt: junge, engagierte Menschen fragen nicht, ob sie die Art von Gesellschaft wollen, in der alte Großgrundbesitzer, religiöse Eliten und traditionelle Familien herrschen, in der Dogmatiker nach den Buchstaben alter Bücher regieren und ein puritanischer Geist den Alltag durchdringt. Sie tragen den Tschador als Provokation gegenüber dem Westen, weil das den größtmöglichen Kontrast zum Lebensstil des Westens darstellt; sie denken nicht darüber nach, welche Konsequenzen diese Geste für ihr eigenes Leben und die Entwicklung ihrer Gesellschaft haben wird.

Der radikale Islam will sich vom Westen distanzieren, freimachen. Eine wirkliche Distanzierung dieser Art setzt ein bestimmtes Maß an innerer Unabhängigkeit voraus; man läßt die Kriterien und Werte der anderen Kultur hinter sich, um sich eigene Urteile zu bilden. Das Denken der islamischen Radikalen aber ist überfrachtet mit emotionalen Bezügen gegenüber dem Westen. »Dissoziation«, die Loslösung von politischen, wirtschaftlichen und kulturellen Bindungen war der Weg, den die in Lateinamerika entstandene Dependenztheorie der Dritten Welt nahelegte. Nur wenn man sich von den Strukturen der Abhängigkeit innerlich und äußerlich befreite, könne man die vom Kolonialismus unterbrochene eigene soziale Entwicklung wieder fortsetzen. Aber der radikale Islam zeigt kein Anzeichen einer solchen Gelassenheit gegenüber den Fremdmächten. Er orientiert sich genauso stark wie zuvor am Westen – nur, daß er ihn jetzt bestrafen und verdrießen will, wo er ihm früher gefallen und gleich sein wollte. Möglicherweise handelt es sich um ein vorübergehendes Bedürfnis, um Übergangserscheinungen. Es besteht aber die Gefahr, daß es während dieser kritischen Periode bestimmten politischen und sozialen Kräften in den islamischen Ländern gelingen wird, die Macht an sich zu reißen. Und diese sind nicht die Gruppen, die eine dynamische soziale Veränderung tragen könnten. Die progressiveren, differenzierter denkenden Persönlichkeiten aber sind in äußerster Gefahr, während dieser Phase entschieden geschwächt, sogar eliminiert zu werden. Unter anderen Umständen hätten sie als Radikale die Führung ergriffen, wären die Träger der sozialen Revolution geworden. Als Teil einer solchen Revolution hätten sie jene traditionellen Kräfte bekämpft, die inzwischen unter dem Deckmantel des Nationalismus und der anti-westlichen Selbstbehauptung alte Privilegien auffrischen können. Diese entscheidende Verzerrung hat ihren Ursprung in den Strukturen des internationalen Systems. Eine der Ironien der Abhängigkeit ist es, daß sie sogar noch die Emanzipation dominieren kann – nicht unbedingt im eigenen Interesse, aber auf jeden Fall gegen die Interessen derjenigen, die sich emanzipieren möchten. Ob es sich dabei um eine vorübergehende Verzerrung handelt oder um eine echte strukturelle Deformierung, ist noch offen.

Die Islamische Republik und die Welt

Über viele Jahre haben zwischen dem Iran und den USA die engsten Beziehungen bestanden. Amerikanische Militärberater und Geschäftsleute, zahlreiche Botschaftsangehörige und Sozialwissenschaftler waren ständig damit befaßt, die soziale, politische und wirtschaftliche Situation dieses wichtigen Handels- und Bündnispartners der USA zu beobachten und zu analysieren – und zu beeinflussen. Ihnen war bekannt, daß der Schah auch seine Gegner hatte. Daß aber gerade die religiös motivierte Opposition die Führung übernehmen – und behalten – sollte, diese Möglichkeit hatte keiner der Experten auch nur im entferntesten in Erwägung gezogen. Waren die westlichen Betrachter infolge ihres vorgefaßten Bildes der iranischen Gesellschaft blind gegenüber Entwicklungen, die sich deutlich abzeichneten? Oder trat die religiöse Bewegung wirklich abrupt und unvorhersehbar in Erscheinung? Aber wichtiger noch: Was bedeutet dieses politische Hervortreten einer religiösen Bewegung für die westlichen Modernisierungstheorien, die Religion immer als einen archaischen, anachronistischen Faktor der traditionellen Gesellschaft – zur zunehmenden Bedeutungslosigkeit verurteilt – gesehen hatten? Das folgende Kapitel befaßt sich mit der Bedeutung der iranischen Ereignisse für die westliche Politikwissenschaft, die hier sicherlich eine der dramatischsten Widerlegungen ihrer Theorien und Prognosen erlebte.

Der Aspekt des Umsturzes, der sich am schwersten mit den Theorien und Erwartungen vereinbaren ließ, war sein religiöser Charakter. Das zweite Kapitel, »Die verhängnisvolle Renaissance des Islam«, beschreibt die Faktoren, die der iranischen Massenbewegung ihre fundamentalistische Färbung gaben, und analysiert die möglichen Weiterentwicklungen des radikalisierten Islam in der Folge der Etablierung der Islamischen Republik im Iran. Der Fundamentalismus wird hier verstanden als eine von vier ideologischen und sozial-psychologischen Reaktionsformen auf die Stellung der islamischen Länder im internationalen System. Die Gründe, warum die fundamentalistische Richtung gerade jetzt ihren Aufschwung erlebt, stehen dabei im Mittelpunkt der Überlegungen.

Umgangssprachlich, aber auch seitens der Politikwissenschaft wird im allgemeinen von der »iranischen Revolution« gesprochen.

Aber ist es wirklich unumstritten eine Revolution, um die es sich hier handelt? Denn »Revolution« ist ein Begriff, der bislang untrennbar mit bestimmten politischen und sozialen Werten verbunden wurde. Eine »Revolution« war nicht nur das dramatische Ereignis einer abrupten Machtübernahme, gefolgt von gravierenden sozialen Veränderungen; bisher nahm man an, daß diese Veränderungen einen ganz bestimmten Charakter haben müßten, nämlich zumindest in der Intention emanzipatorisch, fortschrittsbetont, egalitär sein sollten. Zu einem gewissen Grad war daher das Prädikat »Revolution« ein retroaktives; erst wenn feststand, welche Gesellschaft aus den Trümmern der alten Ordnung auferstanden war, ließ sich ihre Zerstörung als »revolutionär« bestimmen. Im dritten Kapitel, »Was geschah im Iran?«, wird die vorschnelle Etikettierung der iranischen Ereignisse als »Revolution« problematisiert, nicht aus akribischer Begriffsfixiertheit, sondern weil sich aus dieser Bestimmung auch Erwartungen bezüglich der zukünftigen Fortentwicklung des Landes ableiten.

Das vierte Kapitel betrachtet die Beziehungen zwischen dem Iran vor und seit der Machtergreifung durch die Fundamentalisten und dem Westen vom Gesichtspunkt der interkulturellen Konfrontation. Dabei werden die Wahrnehmungen, Klischees, Stereotypen und Vorurteile, mit denen jede Seite die andere behaftet, nicht bloß als kognitive Kurzschlüsse, als Produkt von Rassismus und Gegenrassismus gewertet, sondern auch als Bestandteile im jeweiligen politischen Arsenal.

Als die Islamische Republik ausgerufen wurde, billigte man ihr eine unterschiedlich lange Lebenserwartung zu. Mittlerweile hat sie die meisten dieser Prognosen übertroffen. Das fünfte Kapitel, »Der Islam an der Macht«, befaßt sich mit der politischen Geschichte des Landes seit dem Sturz des Schahs. Wie gelang es den Fundamentalisten, alle Rivalen auszuschalten und die alleinige Macht für sich zu beanspruchen? Wie stabil ist das System heute?

Neben den innenpolitischen Problemen sind vor allem die außenpolitischen Bestrebungen des fundamentalistischen Regimes von Bedeutung, wenn man die Zukunftschancen der Fundamentalisten und ihrer Opposition, aber auch die Konsequenzen der iranischen Ereignisse für die restliche islamische Welt und für das internationale System beurteilen möchte. Das sechste Kapitel untersucht die Außenpolitik des Iran unter diesen Aspekten.

Der endgültige Ausgang der fundamentalistischen Machtergreifung im Iran ist noch unklar. Obwohl sich die Islamische Republik innenpolitisch haltbarer und außenpolitisch taktier- und kampffähiger erwiesen hat, als die meisten Beobachter anfangs vermutet hätten, so ist noch lange nicht erwiesen, daß sie ein wirtschaftlich, sozial und politisch überlebensfähiges Regime errichten kann. Rückblickend mag sich eines Tages herausstellen, daß die fundamentalistische Massenbewegung eine authentische Revolution in Gang setzte; ebensogut aber mag sie ein totalitäres, starres Regime etablieren, das von internen und externen Gegnern bekämpft wird und sich gegenüber dieser Opposition entweder behaupten kann oder nicht. Das Regime kann scheitern, zum Beispiel infolge einer militärischen Niederlage oder eines wirtschaftlichen Zusammenbruchs; und es kann seinerseits gestürzt werden, was nach dem Tod Khomeinis denkbarer sein wird als jetzt. Eines aber steht fest: für die islamische Welt, und somit für den Nord-Süd-Aspekt der Weltgeschichte, wird dieses Experiment tiefgreifende und bleibende Konsequenzen haben.

I. Krise im Iran – Krise in der Entwicklungstheorie

Der unvorhergesehene Sturz des Schahs, und damit der Verlust des wichtigsten regionalen Stützpfeilers der amerikanischen Außenpolitik, war nicht nur ein Schlag für die Politik dieser Supermacht. Es war auch eine Blamage für ihre Experten, die den Iran fast noch bis zum letzten Augenblick als Musterbeispiel einer gelingenden Modernisierung unter der Herrschaft eines stabilen, pro-westlichen Führers priesen.

Nach dem Sturz stellte sich die Frage, wie es möglich gewesen war, die Stimmung des Landes so sehr zu verkennen, sich so gewaltig zu irren? Warum hatten die zahlreichen Informanten, die anwesenden Diplomaten und Iran-Experten nicht das leiseste Anzeichen des ausbrechenden Sturms der Volksempörung erahnt? Weil sie – diese Schlußfolgerung scheint unausweichlich – so überzeugt waren von ihrem imaginären Bild des Iran, daß ihre Urteile resistent waren gegenüber den realen Ereignissen. Diese Vorstellung nährte sich aus verschiedenen Quellen. Einmal entstammte sie den Vorurteilen und Stereotypen über den Orient, die im Denken westlicher Betrachter tief verankert waren. Zweitens entsprang sie dem Wunsch, dem jeweiligen Auftraggeber der Studien zu gefallen. Denn die Einsicht, daß der Iran sich einer ernsthaften Krise näherte, hätte drastische und auch riskante Änderungen einer eingespielten Politik verlangt – ein Schritt, zu dem Regierungen sich nur sehr schwer entschließen. Die Lethargie der Entscheidungsträger – ihr Unmut, wenn sie gewohnte und angenehme Annahmen über einen Bündnispartner grundsätzlich revidieren sollen – spielten sicherlich ihre Rolle. Nicht zu vernachlässigen ist aber auch noch eine andere Möglichkeit: nämlich die, daß das Ergebnis des Volksaufstandes im Iran nur rückblickend so massiv und unausweichlich erscheint, weil wir heute wissen, wie die Dinge (vorläufig) ausgegangen sind.

Aber: welches Ende haben die Dinge denn genommen? Sollen wir davon ausgehen, daß die jetzige Regierungsform von Dauer sein wird oder handelt es sich um ein vorübergehendes Phänomen? Haben die vielen persischen Oppositionsgruppen, die von europäischen Hauptstädten aus ihren Widerstand gegen Khomeinis Fundamentalismus dirigieren, überhaupt eine Chance? Ist der Iran im großen und ganzen ein Staat wie jeder andere auch, bloß mit der dramatischen Rhetorik, die auch andere Dritte-Welt-Staaten auszeichnet? Oder ist er eine Terrorzentrale, ein Unruheherd, der sich dem Kampf gegen die westliche Zivilisation verschrieben hat?

Anders als viele Dritte-Welt-Staaten ist der Iran ein Land, das auf eine eigene Geschichte als Supermacht zurückblickt. Das unterscheidet seine politische Kultur von der vieler »neuer« Staaten. Die Komplexitäten der iranischen Innenpolitik zu enträtseln ist eine Aufgabe, an der schon viele Generationen westlicher Staatsmänner gescheitert sind.

Im Jahr 1921 äußerte sich der britische Politiker Arthur James zur Lage im Iran mit Worten, die aus heutiger Sicht erstaunlich zeitgemäß klingen:

»Es gibt drei Möglichkeiten. Entweder wird es so weitergehen wie bisher, oder es wird eine Revolution geben, oder es bricht alles zusammen. Manchmal sieht es so aus, als ob eine der letzten beiden Möglichkeiten unmittelbar bevorstünde, aber hier in Persien können wir uns nicht darauf verlassen, daß unsere europäischen Wahrnehmungen und Kriterien uns in unserem Verständnis weiterbringen.«[1]

Fast 70 Jahre später scheint die Situation dieselbe zu sein. Ob die fundamentalistische Regierung Bestand haben wird, ob sie zusammenbricht oder ob es zu einer Gegenrevolution kommt – diese drei Alternativen scheinen in gleichem Maße möglich. Und daß unsere europäischen Wahrnehmungen uns im Stich lassen, haben viele Iran-Experten erkennen müssen.

Wenn man sich die Erwartungen und Beurteilungen ansieht, die von seiten westlicher – darunter vor allem amerikanischer – Experten an den Iran herangetragen wurden, dann bestechen sie vor allem durch die Deutlichkeit, mit der die jeweils zugrundeliegenden Philosophien die Wahrnehmungen prägten. Und diese Philosophien wiesen bei allen ideologischen Verschiedenheiten der Autoren mehr Ähnlichkeiten als Unterschiede vor.

1. Grundannahmen der Entwicklungstheorie

Die moderne westliche Sozialwissenschaft neigte von Beginn an dazu, andere Gesellschaften durch ein Raster zu sehen, das aus zwei sich scheinbar widersprechenden Grundthesen bestand. Die erste These war die des universellen Fortschritts und die damit einhergehende Überzeugung – dem Positivismus entstammend –, daß alle Gesellschaften sich auf einen gemeinsamen Endpunkt der Entwicklung hinbewegten. Die westlichen Industriegesellschaften waren die Vorhut dieser Entwicklung, und andere Kulturen und Länder folgten ihnen, in unterschiedlichem Tempo und mit größerem Abstand, aber mit demselben Ziel.

Die zweite Grundüberzeugung nahm scheinbar genau die entgegengesetzte Richtung. Für sie waren »andere« Kulturen und Gesellschaftssysteme auch menschlich, moralisch und sozial »anders« – d. h. sie unterlagen anderen Regeln und Maßstäben und konnten von uns nie richtig verstanden werden. Latent schwang dabei meist die Unterstellung mit: weil sie unseren Standard nie erreichen können. Diese zwei Grundthesen erlaubten gerade durch ihre Widersprüchlichkeit in der Praxis eine Art »Arbeitsteilung« für die Analyse und Erklärung von Ereignissen und Entwicklungen in anderen Erdteilen. Für Rationalisierungen der westlichen Politik waren sie zudem hervorragend geeignet. Interventionen in andere Kulturen, Expansionismus und kolonialistische oder neo-kolonialistische Einflußnahme ließen sich rechtfertigen mit dem Hinweis, sie seien Teil der Aufklärung der Rückständigen und der Integration der Randgebiete in die Zivilisation und die Moderne.

Zugleich konnte man Verstöße gegen die eigenen Werte und Prinzipien mit dem Hinweis rechtfertigen, daß diese Menschen eben doch ganz anders seien als man selbst und wir unsere Ansprüche nicht auf sie übertragen könnten.

Auch die Sozialwissenschaft bediente sich dieser Doppelstrategie, um andere Kulturen zu erklären. Huntington hat die beiden Grundthesen umschrieben als den »Einen Weg zur ›Moderne‹« einerseits und die »Große Kluft« andererseits. Auch heute noch gehen Entwicklungstheoretiker von diesen beiden expliziten oder impliziten Prämissen aus.[2] Kein Wunder, denn sie sind sehr effektiv; die erste Prämisse ermöglicht die Behauptung der westlichen Vormachtstellung in der Weltgeschichte und die zweite gestattet die Erklärung all jener Ereignisse und Mißlichkeiten, die dieser Behauptung widersprechen könnten.

2. Der »Eine Weg zur ›Moderne‹«

Die orthodoxe Theorie

Die Industriestaaten haben sich immer schon als Träger der Zivilisation betrachtet, als die Vorhut, die Fortschritt und moderne Lebensformen in die restliche Welt hinausträgt. Die außergewöhnliche Dauerhaftigkeit dieser Überzeugung ist schon von anderen Autoren beschrieben worden.[3] Wie sich die Kulturfrage in dieser zukünftigen vereinheitlichten Welt des Wohlstands und der Industriegesellschaften lösen würde, blieb meist offen. Daraus folgte eine Vermischung der Begriffe »westlich« und »modern«. »Der moderne Mensch«, behaupteten die Befürworter dieser Denkrichtung, »ist ein transnationaler, transkultureller Typus, den wir mittels unserer Skalen identifizieren können, unabhängig von etwaigen kulturspezifischen Einstellungen, mit denen er sonst behaftet sein mag.«[4]

Mit anderen Worten: »Modern« war ein Entwicklungsschritt in der Evolutionsgeschichte, und seine ersten Vorläufer in Ländern der Dritten Welt hatten mehr mit ihren »modernen« Artgenossen im Westen gemeinsam als mit ihren eigenen Landsleuten. Die zukünftige gemeinsame Nationalität, die zukünftige einheitliche Kultur aller Menschen war »die Moderne«, die nur zufällig und momentan überwiegend auf die westlichen Länder beschränkt war.

»Der Politikwissenschaftler, der politische Modernisierung in nichtwestlichen Regionen studieren möchte, muß sich zuerst mit dem Modell der Moderne befassen. Und dieses Modell verkörpern die modernen westlichen Industrieländer, die er einer sorgfältigen empirischen und formalen Analyse wird unterziehen müssen.«[5] Eine solche Analyse wurde sozusagen die »Essenz« des Geists der »Moderne« freilegen.

Die Dritte Welt hatte in dieser Sichtweise zwei Eigenheiten gegenüber den Ländern Europas, die schon von der ersten Welle der Modernisierung erfaßt worden waren. Erstens waren sie mit Staaten konfrontiert, die ihnen weit »voraus« waren; um diesen Abstand zu verringern, benötigten sie Entwicklungshilfe. Das konnte aber, zweitens, auch als Vorteil betrachtet werden. Denn sie konnten sich viele schmerzhafte politische und soziale Experimente und Kämpfe ersparen, da das Muster bereits feststand – sie mußten es lediglich von Europa übernehmen und durch leichte Abwandlungen den eigenen Voraussetzungen anpassen.

Die moderne Gesellschaft, deren Allgemeingültigkeit man voraussetzte, bestand aus einigen wenigen Grundelementen: Industrialisierung, Säkularisierung[6], Urbanisierung; der Übernahme »moderner« Verhaltens- und Denkweisen, der persönlichen Entwicklung und der Kommunikation (zusammengefaßt unter dem Begriff der »kosmopolitischen Einstellung«[7]); Demokratisierung und schließlich »Integration in der Weltzivilisation«.[8]

Diese notwendigen Wandlungsprozesse verknüpften sich in der Theorie mit bestimmten Institutionen, die als ihre Träger galten. Diese Institutionen sollten in diesen Ländern etabliert werden, dann mußte man nur noch warten, bis sie Erfolg zeigten. Fabriken, Büros, Schulen, Krankenhäuser, vor allem aber die modernen Massenmedien, sie alle würden als große Gesamtschule der »Modernität« wirken und die traditionellen Gesellschaften verändern. Noch heute betrachtet die orthodoxe Entwicklungstheorie die Anzahl von Radios, Fernsehgeräten und Zeitungen pro Kopf als quantifizierende Indikatoren für voranschreitende Modernisierung.[9]

Die Modernität stand für diese Theorie auf zwei »Füßen«: sie ruhte einerseits auf der »modernen Mentalität« und andererseits auf dem »modernen Sozialsystem«. Die großen Theoretiker der orthodoxen Modernisierungstheorie, wie Lerner, Almond, Powell, Eisenstadt, Smelser oder Shils, kontrastierten das »traditionelle«, »autoritäre«, »statische« Sozialsystem mit der »modernen politischen Kultur«. Ihr Leitbild waren Menschen, die flexibel und kritisch waren, ohne Aberglauben und starre hierarchische Fixierungen, die rational dachten, nach Beweisen suchten, zu Experimenten bereit waren, toleranter und aufgeschlossener waren gegenüber Menschen, die anders dachten und lebten, Kompromisse aushandeln konnten und größten Wert auf Dynamik, Innovation und Wachstum legten.[10]

Die beliebtestete Methode dieser Forschungsrichtung war die Durchführung von Länder-Fallstudien.[11] Ein bestimmtes Land wurde auf das Vorhandensein und das Ausmaß seiner »Modernität« hin überprüft.[12] Dieser Zugang hatte sich so fest etabliert, daß er im Laufe der Jahre kaum verändert wurde. Lerners klassische Studien aus den fünfziger Jahren unseres Jahrhunderts wurden noch in den siebziger Jahren fast unverändert von Alex Inkeles und

David Smith kopiert.[13] Die entscheidende Voraussetzung für die »Modernität« einer Gesellschaft ist eine Bevölkerung, so Inkeles und Smith, die bestimmte Verhaltensweisen, Wünsche und Werte besitzt; und es sind vor allem die persönlichen Eigenschaften, die die Moderne ausmachten und nicht das politische System oder die Institutionen. »Modernität« war eine »Denkhaltung«. Wir verweilen so ausführlich bei diesem Standpunkt, weil er die Reaktionen und Erwartungen westlicher Entwicklungsexperten entscheidend prägte. Eine Stadt wie Teheran, voll von westlich gekleideten Menschen, die in westlichen Nachtklubs verkehrten, europäische und amerikanische Filme sahen, dem westlichen Lebensstil nacheiferten und in jeder Hinsicht verwestlicht schienen, ließ vermuten, daß die »Moderne« hier fest verankert war. Sicherlich traf dies noch nicht für die breite Masse zu, aber das war gleichgültig – die Masse galt als passiv, langsam. Die Akteure der Geschichte waren die »modernisierten« Menschen der Stadt, die als kulturtragende Elite entscheidend waren. Die Ereignisse in Iran waren aus dieser Perspektive in der Tat unvorhersehbar. Daß die passiven Massen auf die Straße gingen, war 1979 schon überraschend genug. Den wirklichen Schock stellten die gebildeten, verwestlichten Individuen dar, die sich – in Scharen – dieser Bewegung anschlossen.

Die oben beschriebene Modernisierungstheorie war die orthodoxe und die vorherrschende, aber natürlich nicht die einzige. Es waren vor allem die Ethnologen oder die ethnologisch beeinflußten Soziologen, die vor dieser allzu einfachen Weltsicht warnten. Ihnen war bewußt, daß man sowohl die traditionelle Gesellschaft als auch die Kräfte der Veränderung innerhalb der Dritten Welt differenzierter betrachten mußte. Kulturhistoriker, Religionssoziologen, aber auch Praktiker und Geschäftsleute, die direkten Kontakt zu einem Land der Dritten Welt hatten, kritisierten die Blindheit gegenüber Zeitströmungen und Tendenzen in diesen Gesellschaften, durch die sich pauschalisierende Entwicklungstheoretiker auszeichneten. Autoren wie Clifford Geertz, Sylvia Thrupp, David Apter oder Bernard Lewis[14] verwiesen immer wieder auf Phänomene wie politische Religion, charismatische Führung und kulturelle Ressentiments als Faktoren, die eine gewaltige Rolle in der politischen Zukunft der Länder der Dritten Welt spielen könnten, die aber in der orthodoxen Theorie keine Beachtung fanden.

Natürlich gab es auch innerhalb der orthodoxen Theorie kritische Stimmen. Sie meldeten sich vor allem dann zu Wort, wenn die Diagnosen und Prognosen sich wieder einmal besonders eklatant als falsch erwiesen hatten: und das geschah relativ häufig. Häufig erlebten als stabil angesehene Länder plötzlich Phasen der Erschütterung: Sturz von Regimen, gewalttätige Massenaufstände, Zusammenbrüche.

Die Türkei, der Libanon und eine Reihe afrikanischer Staaten waren zu verschiedenen Zeitpunkten Gegenstand von optimistischen Länderberichten; kurz nach deren Veröffentlichung mußten jedoch Umstürze und Zusammenbrüche gemeldet werden. In den fünfziger und sechziger Jahren erlitt die damals gängige theoretische Richtung des »nation-building« schwere Rückschläge, als die von ihr propagierten, neu gebildeten »demokratischen« Regierungen reihenweise durch Militärputsche gestürzt wurden.

Die Reaktion der Theoretiker war typisch und bezeichnend. Anstatt sich veranlaßt zu sehen, die Übertragung fremder Institutionen auf die Dritte Welt angesichts dieser Ereignisse in Frage zu stellen, integrierten sie die Rückschläge in ihre Theorie. Es wurde konstatiert, daß das Militär das eigentliche Äquivalent zur westlichen Mittelschicht sei. Das Militär war also weit davon entfernt, die demokratischen Erwartungen verletzt zu haben, sondern hatte sie im Gegenteil erfüllt: Da die Mitglieder einer Militärjunta »modern« denkende Individuen waren und damit innerhalb ihrer speziellen Gesellschaft die aufgeklärte Elite darstellten, war die Machtergreifung von Militärs in Wirklichkeit – trotz des negativen Beigeschmacks – ein Triumph für die westliche Demokratie – und für ihre eigenen Theorien. Die Abweichung von demokratischen Werten ließ sich durch Rekurs auf die zweite Grundprämisse erklären, der Staatsstreich sich beschönigen.

Demnach konnte man folgendermaßen argumentieren: Da zwischen unseren westlichen Gesellschaften und den weit rückständigeren Regionen der Dritten Welt eine »große Kluft« bestand, war es unrealistisch gewesen zu erwarten, daß sich die Komplexitäten des demokratischen Prozesses so rasch übertragen ließen. Für ein echtes Parteiensystem, demokratische Wahlen und Parlamente waren sie ungeeignet, das »lag« ihnen nicht. Ihr Weg – natürlich zum gleichen Ziel – war der Staatsstreich, der Putsch, die Junta. Diese rettende Interpretation schuf sich den Begriff des »nichtwestlichen politischen Prozesses« als bequeme Sammelkategorie für alle störenden Phänomene in der Politik anderer Länder.[15]

Natürlich trafen die Prognosen nicht vollständig zu. Man hatte vergessen, daß wir es hier mit analphabetischen, abergläubischen und traditionsverhafteten Individuen zu tun haben. Aber das war eine reine Äußerlichkeit: die großen Linien der geschichtlichen Entwicklung blieben in dieser Theorie davon unberührt.

Ende der sechziger Jahre setzte heftigere Kritik ein. Der erwartete Erfolg der Modernisierung war nachweislich ausgeblieben; die Dritte Welt machte nicht die erwarteten Fortschritte. Die Kritik kam von prominenter Stelle: Autoren wie Samuel Huntington[16], Reinhard Bendix[17], Lloyd und Suzanne Rudolph[18], Joseph Gusfield[19] und S. N. Eisenstadt[20] warfen der Modernisierungstheorie vor, traditionelle Gesellschaften zu statisch gesehen, »Modernisierung« mit Verwestlichung verwechselt, die Macht der Tradition unterschätzt und »sozialen Wandel« als einen zu einfachen, zu linearen Prozeß betrachtet zu haben.

Huntington führte für diese Probleme zwei Gründe an: Erstens seien die betreffenden Theoretiker in ihrem Wesen konservativ, sozialer Wandel sei ihnen eigentlich suspekt, und sie könnten nicht damit umgehen. Die zweite Schwierigkeit lag für Huntington in der fortdauernden Orientierung am Westen. Leider unterschied sich sein eigener Zugang auch nicht wesentlich von dem, den er kritisierte. Auch er suchte Formeln zur Erstellung von Prognosen und warf den Ländern der Dritten Welt vor, durch »Diskontinuitäten in ihrem politischen Prozeß« erfolgreiche Vorhersagen zu erschweren.[21] Das deutet auf keine wirklich neue Haltung gegenüber den – häufig weder geradlinig noch gewaltfrei verlaufenden – Prozessen des politischen Wandels hin. Nach wie vor ging man davon aus, daß »Modernisierung« ein einheitlicher Entwicklungsweg mit konstanten Linien war und daß es lediglich die inneren Eigenschaften der jeweiligen Länder waren, die diesen Weg der Veränderung steinig machten und mit Umwegen versahen. Der Platz dieser Länder im internationalen System sowie die Barrieren und Blockierungen, aus denen ihre abhängige und untergeordnete Position in diesem System resultierte, erfuhren kaum Beachtung.[22] Das Modernisierungsmodell blieb unangetastet, und wenn die Realität sich ihm nicht anpaßte, suchte man die Ursache im kulturellen Psychogramm des jeweiligen Landes.

Zunächst schien es, als ob die neo-marxistischen Entwicklungstheorien, vor allem aber die vielversprechende Dependenztheorie, die wesentlichsten Fehler der bisher dominanten Theorie vermeiden würden. Während konservative Theoretiker sich nie mit der Idee des sozialen Wandels anfreunden konnten – das klang zu sehr nach Revolution, statt dessen bevorzugten sie Ausdrücke wie »Wachstum« oder »Fortschritt« –, hatten linke Theoretiker keine derartigen Probleme. Sie vermieden auch die Überbetonung innenpolitischer und soziologischer Faktoren auf Kosten der außenpolitischen und internationalen Aspekte; für die Linke waren es gerade die internationalen Verbindungen und Strukturen, aus denen sich die aktuelle Situation der Dritten Welt erklären ließ. Unterentwicklung und verzerrte Entwicklung waren für Dependenztheoretiker nicht zufällige Resultate einer inneren Rückständigkeit, sondern die Konsequenz und Kehrseite des Wohlstands und der Entwicklung der Industrieländer. Metropole und Peripherie waren nicht getrennte Welten, sondern Teile eines einzigen Herrschaftssystems. Die »Modernität« der westlichen Industrieländer finanzierte sich von den Profiten, die aus der Ausbeutung der Kolonialländer entstanden, und die Armut der Dritten Welt war nicht die Folge ihrer unvollständigen Integration in das internationale System, sondern im Gegenteil die direkte Konsequenz der Stellung, die die Strukturen dieses Systems ihnen aufzwang.

Das Schlagwort für die Lösung der Probleme der Dritten Welt hieß »Dissoziation«.[23] Während die konventionelle Entwicklungstheorie davon ausging, daß nur eine größere Annäherung und Angleichung der Entwicklungs- an die Industrieländer sie aus Armut und Rückständigkeit befreien könnten, behauptete die Dependenztheorie das Gegenteil. Erst wenn sich die Entwicklungsländer aus den Verstrickungen der Kolonialverbindung gelöst hätten, könnte eine eigenständige Entwicklung beginnen.[24] Der Würgegriff der Industrieländer müßte gebrochen werden. Bindungen an die Industrieländer brächten nur Verschuldung, weitere Deformierungen der eigenen Ökonomie und fortgesetzte Abhängigkeit.[25] Lediglich die korrupten Eliten der Dritten Welt profitierten von diesem Arrangement, indem sie ihren Anteil kassierten.[26]

Weder traditionale Verhaltensweisen und Mentalitäten noch kollektive Persönlichkeitsmerkmale der Menschen in der Dritten Welt spielten für die Dependenztheorie eine Rolle. Für sie war Abhängigkeit eine Frage von internationalen Produktionsstrukturen und Handelsbeziehungen.[27] »Entwicklungshilfe« konnte es in diesem System eigentlich nicht geben, denn sie gereichte immer in erster Linie dem Geberland zum Nutzen.[28]

Hinter den Versuchen, das Denken der Dritten Welt zu »modernisieren«, verberge sich, so die Vertreter dieser Theorie, in erster Linie die Absicht, deren Bevölkerung zu gefügigeren Untergebenen und zu Konsumenten teurer westlicher Produkte zu machen. War diesen Autoren die vom Westen angeleitete »Demokratisierung« suspekt, so galt ihr Mißtrauen nicht minder all jenen Militärdiktatoren, Königen oder Präsidenten auf Lebzeiten, die westliches Wohlwollen genossen: sie alle zählten zu den entfremdeten Eliten, die sich als Kollaborateure von der Metropole bestechen und bezahlen ließen.

Die Analyse der Dependenztheorie war in vielen Punkten korrekt, wobei sie den großen Vorteil hatte, Sozialwissenschaftler und Theoretiker aus den betroffenen Ländern zu ihren prominentesten Experten zu zählen. Bald aber entfernte sich das Modell von der Realität, indem es nur mehr als Abstraktion gehandelt wurde. Die Theorie verselbständigte sich, befaßte sich immer weniger mit konkreten Ländern und ihren individuellen historischen Erfahrungen. Die grundsätzliche Gültigkeit der Theorie galt als so unantastbar, daß man glaubte, die Geschichte der einzelnen Länder nicht berücksichtigen zu müssen. A priori lag die Wurzel für die Probleme eines jeden Landes der Dritten Welt in seiner Beziehung zu den Industriestaaten. War es arm, dann deshalb, weil diese Armut von außen erzeugt worden war (durch den Kolonisator, durch die ausländische Industrie, durch den multinationalen Konzern usw.). War seine Regierung korrupt, dann deshalb, weil die Imperialmacht sie korrumpiert hatte. Tony Smith kritisiert diese Vereinfachung der Schuldfrage.[29] Die späteren Arbeiten der Dependenztheorie, schreibt er, vermitteln den Eindruck, daß sogar die Stammesgesellschaft in Afrika das Produkt kolonialer Fehlverwaltung sei.[30]

Teilweise handelte es sich hier wohl um eine Überreaktion auf die konventionelle Theorie, die den Betroffenen selber die gesamte Verantwortung für ihre mißliche Lage zuschrieb. Die Dependenztheorie reagierte auf diese ethnozentrischen, oft auch rassistischen

Ausführungen mit dem Gegenvorwurf. Der Westen war überlegen, schrieben sie, weil er skrupellos die Ausbeutung anderer Kontinente in Angriff genommen habe. Das entließ zwar die Dritte Welt aus ihrer bisherigen Rolle des hilfsbedürftigen, überlebensunfähigen Spendenempfängers. Paradoxerweise aber war die neue Rolle der Dritten Welt so passiv wie zuvor; jetzt war sie das Opfer. Und die Lösung – der totale Bruch mit dem internationalen System, bei gleichzeitiger Solidarisierung mit den anderen Peripherieländern – war für die meisten so wenig realisierbar, daß eine sinnvolle Handlungsmöglichkeit fern schien wie eh und je. Denn woher sollte der Impetus kommen, der diesen totalen Bruch mit dem internationalen System herbeiführte? Die Eliten der meisten betroffenen Länder »kollaborierten« weiterhin mit dem internationalen System. Wie sollte die Bevölkerung mobilisiert werden, wie sollte sie sich durchsetzen? Die Dependenztheorie bot keine präziseren Anweisungen. Erschwert wurde gerade dieser Aspekt durch die seltsam an das koloniale Denken erinnernde Geschichtsauffassung der Dependenztheorie: auch für sie begann die eigentliche Geschichte der Länder der Dritten Welt mit der Eroberung durch die Kolonialherren.[31] Von den vorangegangenen Zeiten bestand lediglich ein vage idealisiertes Bild einer idyllischen tropischen Urgesellschaft.[32]

Die orthodoxe linke Theorie betrachtete in noch geringerem Maß die individuellen Gegensätze und Geschichten der Länder der Dritten Welt. Der Zugang war didaktisch und grundsätzlich eng mit der konservativen Theorie verwandt. Beide gingen davon aus, daß außereuropäische Völker den in Europa bereits durchlaufenen Prozeß wiederholen müßten. Marx selbst machte eine Reihe rassistischer Anmerkungen und lobte in manchen Passagen sogar den Kolonialismus dafür, daß er immerhin westliche Disziplin in den dekadenten Osten gebracht hatte.[33] Der »Eine Weg« war auch für die orthodoxen Theorien der europäische. Auch die Idee der »Großen Kluft« hatte ihr linkes Gegenstück. Der »Dritte Weg« zum Sozialismus, die Theorie der »Dörfer und Städte«[34] in all ihren verschiedenen Varianten, erlaubte zwar die theoretische Integration der Bauernschaft in einer prominenteren Rolle als bisher vorgesehen. Im allgemeinen aber erschöpften sich die Bemühungen, die Einzigartigkeit anderer historischer Erfahrungen und sozialer Gegebenheiten anzuerkennen darin, daß man Ausdrücke wie »feudal« und »bürgerlich« in Anführungszeichen setzte.

Die häufige Verwendung von Begriffen wie »Solidarität« und »anti-imperialistisch« mag davon abgelenkt haben, daß die Ansätze der westlichen Linken vor allem eins waren: westlich. Oft diente die Diskussion über diese oder jene Krise der Dritten Welt hauptsächlich dem internen Fraktionskampf.[35] Maoisten, Trotzkisten, Linke von jedem erdenklichen Grad der Nähe oder Distanz zur Politik der Sowjetunion bekämpften sich gegenseitig, indem sie in bezug auf ein bestimmtes Land oder Regime der Dritten Welt unterschiedliche Stellungen bezogen. Das Interesse an dem Land selbst trat dabei häufig in den Hintergrund. Als Illustration kann jede beliebige Ausgabe der Zeitschrift *The Insurgent Sociologist* dienen. Die Provokation der konservativeren Mit-Akademiker wurde schon mit dem Titelbild angestrebt, das typischerweise ein weibliches Mitglied irgendeiner Befreiungsbewegung zeigte, Baby in der einen Hand, Maschinengewehr in der anderen. In dieser Publikation veröffentlichten die »Großen«: Amin, Wallerstein, Palloix, Poulantzas. Die weniger Bekannten beschränkten sich meist auf zynisch-aggressive »Erwiderungen«, mit denen abtrünnige Genossen ermahnt wurden. »Die richtige Linie« hatte Vorrang, so daß es mitunter möglich war, die Zukunft eines Landes der Dritten Welt zu erörtern, ohne jemals auf das Land selber einzugehen, sondern statt dessen nur Aspekte der Geschichte zu erörtern. Wallerstein lehnte jede Kritik an dieser Vorgangsweise ab[36]; da die Entwicklungen in der Dritten Welt bloß Teil einer voranschreitenden globalen Entwicklung seien, genügte es, die Linien dieser Entwicklung zu kennen. Dabei muß die Dritte Welt nicht, wie in der konservativen Theorie, der bloße Schatten der europäischen Vorgänger und Vorbilder sein. In der linken Theorie verspricht die Dritte Welt das zu vervollkommnen und einzulösen, was die eigene Arbeiterklasse nicht erreichen konnte. War sie aber einerseits die große Hoffnung und der neue Träger der sozialistischen internationalen Revolution, so hatte sie sich doch zugleich den westlichen Kategorien unterzuordnen. Die Realität mußte sich auch hier den theoretischen Erwartungen anpassen und nicht umgekehrt. Was für die konservative Theorie die »Neue Mittelschicht« der Putschisten, war für die Linken die »nationale Bourgeoisie«. Oft waren die Entsprechungen noch gewagter. So erfahren wir z. B., daß die »Großgrundbesitzer des Iran sich in eine Bourgeoisie transformierten«[37] oder daß »Militärregierungen in den Peripherien an die Macht gekommen sind, um die Aufgabe der Kapitalakkumulation zu übernehmen...«.[38] Die Terminologie[39] zeigt, daß hier eine Theorie verteidigt werden muß und die Ereignisse nur in zweiter Linie wichtig sind.

Der Klassenkampf hat Vorrang; die Theorie liefert die Vorlage, nach der die Akteure der Dritten Welt zu spielen haben. Zuvorkommenderweise »transformieren sich« die Großgrundbesitzer – für die orthodox linke Theorie ein Anachronismus – in eine Bourgeoisie (worin sich diese Transformation äußerte, wird nicht näher erläutert), die Militärregierungen geben sich, gehorsame Diener des Weltgeists, der »Akkumulation« von Kapital hin. Religiöse Bewegungen, charismatische Führer – solche Erscheinungen sind nicht vorgesehen und daher nicht ernstzunehmen, sie sind nur die exotischen lokalen Gegenstücke zum vertrauten Proletariat von Lancaster, zum Fabrikeigentümer, zum Klassenkampf.

Die Dependenztheorie entwickelte sich als Protest gegen die Koptierung der Dritten Welt in fremdbestimmte Theoriekonstrukte und Ideologien. Ihr wichtigster und bleibender Beitrag war es zu zeigen, daß auch das politische und ideologische Denken stark europazentriert ist. Die Theoretiker der orthodoxen Linken hatten keine Freude an der Dependenztheorie; manchmal bekämpften sie diese Theorie mit größerer Vehemenz als die Konservativen, die sie einfach als theoretische Randerscheinung abqualifizieren konnten. Einer dieser linken Theoretiker, die den Kampf mit der Dependenztheorie aufnahmen, war Robert Brenner. Er wirft ihr dabei – nicht zu Unrecht – »ernsthafte logische und historische Mängel« vor. Sein eigentlicher Angriffspunkt wird aber erst in den Schlußsätzen seines Beitrags deutlich: Diese Theorie ist gefährlich, schreibt er, denn sie »öffnet Tür und Tor für eine Ideologisierung des Begriffs der Dritten Welt. Ihre Hypothese, daß Entwicklung nur stattfinden kann, wenn man die Bindungen an den Kapitalismus der Metropolen bricht, legt die Schlußfolgerung nahe, daß man eine autonome sozialistische Entwicklung anstreben soll.«[40] Eine autonome Dritte Welt, die ihren eigenen Weg geht – das war für alle undenkbar, für die Linken ebensosehr wie für die Konservativen.[41]

3. Die Theoretiker und das Schah-Regime

Im Weltbild der Modernisierungstheoretiker war die Entstehung einer Islamischen Republik unter Führung der Mullahs nicht vorstellbar. Massenaufstände, heftige anti-westliche Gefühlsäußerungen, der Aufstieg der Religionsführer, der Sturz des Schahs: weder die Konservativen noch die Linken hätten jemals an solche Ereignisse gedacht. Beide Seiten sahen den Iran als schönste und eindeutigste Bestätigung ihrer Theorien. Für die Konservativen war der Iran ein Land, das meßbare und beeindruckende Fortschritte auf dem Pfad der »Modernisierung« zu verbuchen hatte. Für die Linken war der Iran ein Land von solch eklatanter sozialer Ungleichheit, daß sein »Proletariat« und seine Bauernschaft gar nicht anders konnten als politisiert zu werden und sich gegen ihre feudalistische und neo-imperialistische Unterdrückung zu erheben.

Die konservative Theorie

Konservative Autoren lobten den Fortschritt im Iran, wo, wie sie meinten, eine echte »moderne« Nation im Entstehen war. Alle klassischen Indikatoren des Wachstums waren positiv. Alphabetisierung, Urbanisierung, Bruttosozialprodukt, Industrialisierung, Ausbau des Kommunikationswesens, in all diesen Bereichen lieferte der Iran mustergültige Daten. Der Schah hatte sogar seine Absicht verkündet, bis 1993 wirtschaftlich auf demselben Stand zu sein wie Frankreich.

Die oft und gerne zitierten Ziffern skizzierten ein Bild rasanten Fortschritts. Das Bruttosozialprodukt, so wurde berichtet, stieg zwischen 1973 und 1976 um 50%[42]; das Prokopfeinkommen wurde – für ein Land der Dritten Welt – mit der Rekordhöhe von 2000 Dollar angegeben; die städtische Bevölkerung wuchs zwischen 1956 und 1966 um das Doppelte (von fünf auf zehn Millionen) und sollte bis 1980 die Zahl von 20 Millionen erreichen, womit die Hälfte der iranischen Bevölkerung das Prädikat »urbanisiert« erhalten hätte; das Land hatte eine Schüler- und Studentenschaft von zehn Millionen, darunter waren 100000 Universitätsstudenten; drei Millionen Bauernfamilien bebauten 75% des fruchtbaren Landes; die gebildete Mittelschicht wurde mit 13% der Gesamtbevölkerung angegeben, eine Verdoppelung gegenüber dem Jahr 1956; wenn man Geschäftsleute und Händler dazurechnete, dann stellte die Mittelschicht gar ein Viertel der Gesamtbevölkerung dar[43]; hatte es im Jahr 1953 nur 1400 Industriebetriebe gegeben, so waren es 1978 stolze 8000.[44]

Die Statistiken erweckten den Eindruck einer soliden Vertrautheit mit den Gegebenheiten des Landes; die Kommentare vieler Experten über die soziale Situation im Iran hinterließen jedoch einen anderen Eindruck. Aber selbst die statistischen Daten wären bei näherer Betrachtung sehr problematisch erschienen. Nach dem Sturz des Schahs bezeichneten viele Kommentatoren den Volksaufstand im Iran als einen »Aufstand gegen die ›Moderne‹«. Aber war das, was im Iran stattgefunden hatte, überhaupt »Modernisierung« gewesen? Die Zahl der in den städtischen Zentren lebenden Iraner hatte sich verdoppelt, aber waren sie deshalb »urbanisiert«, war die Landflucht, die sich hinter dieser positiv bewerteten Völkerwanderung verbarg, wirklich eine begrüßenswerte Tendenz? Konnte man das Leben in den riesigen Slums um Teheran als »modernes Stadtleben« bezeichnen, die Armen, die hier unter unbeschreiblichen Bedingungen vegetierten, als »moderne Städter«? Die Iran-Experten gingen im allgemeinen davon aus, daß man das konnte. Rebellierten die iranischen Massen gegen die »Modernisierung«? Inwieweit waren die meisten von ihnen denn überhaupt in ein wie auch immer geartetes »modernes« Leben einbezogen worden? Was hatten sie überhaupt unter diesem Schlagwort erlebt?[45] Die Armut in ländlichen Regionen war groß, Kinder- und Säuglingssterblichkeitsraten auf dem Land wie in den städtischen Slums waren hoch, zahlreiche Mitglieder der verdrängten Bauernschaft lebten in diesen Slums und hatten keine Arbeit, und das tägliche Überleben war für Tausende eine ständige Sorge. Las man hingegen die Bücher der anerkanntesten amerikanischen Iran-Experten, entstand der Eindruck, daß Wohlstand und Wachstum alle Teile des Landes erfaßt hätten. Schon der Schreibstil und die Kommentare drückten ein tiefes Unverständnis der sozialen Wirklichkeit der Mehrheit der iranischen Bevölkerung aus. Marvin Zonis zum Beispiel schrieb, daß »das Auto eine echte demokratisierende Kraft in diesem Land ist. Wenn sie erst hinter dem Steuer sitzen, fühlen alle Iraner sich gleichberechtigt, frei von den Prestigehierarchien, die sonst den Umgang bestimmen.«[46]

Möglich, daß ein Aufenthalt in Teheran als bleibenden Eindruck die chaotischen Fahrgewohnheiten der Teheraner hinterläßt, aber zugleich verdeutlichen solche Beobachtungen die Tatsache, daß der Verfasser diejenigen Landesbewohner, die nicht zur »modernisierten«, autofahrenden Minderheit gehörten, einfach nicht wahrnahm.

Sicherlich äußerten die Iran-Experten auch gelegentliche Kritik an den autokratischen Herrschaftsmethoden des Schahs. Im allgemeinen aber war man sich einig, daß er die Stabilität des Landes garantiere – in den Augen vieler Theoretiker die mit Abstand wichtigste Bedingung für Wachstum und Fortschritt. Demokratisierung könne sowieso erst einsetzen, glaubten sie, nachdem ein bestimmter Modernisierungsgrad erreicht sei. Politiker und Sozialwissenschaftler in den USA sahen den Iran als erfolgreiches Beispiel eines planmäßig verlaufenden kapitalistischen Wachstums. Sogar noch im August 1978 war es die Meinung des CIA, nachzulesen in einem Manuskript des »National Intelligence Estimate«, daß im Iran nicht einmal eine »vorrevolutionäre« Stimmung existiere und daß »diejenigen, die in Opposition zum Schah stehen, nicht die Mittel haben, um mehr als ein bißchen lästig zu sein ... Es gibt Unzufriedenheit über die strenge Kontrolle, die der Schah über den politischen Prozeß ausübt, aber diese Unzufriedenheit stellt keine Bedrohung der Regierung dar.«[47] Diese Urteile basierten auf den Arbeiten und Analysen von Sozialwissenschaftlern, die sich über Jahre und Jahrzehnte mit dem Iran befaßt hatten. Einer von ihnen war Leonard Binder. Im Auftrag der »Rand Corporation« verfaßte er im Oktober 1969 eine Studie, in der er das »hohe Maß an politischer Ruhe und Stabilität unter dem Schah« hervorhob, was er vor allem mit der Tatsache begründete, daß »der Schah die Religionsführer für sich gewinnen konnte«. Für Binder war offensichtlich, daß der Iran »auf dem besten Weg ist, eine wohlhabende, stabile, sich modernisierende Autokratie« zu werden.[48] »Autokratie« – mit diesem Begriff trug man elegant der Tatsache Rechnung, daß manche Herrschaftsmethoden des Schah nicht exakt dem entsprachen, was sie vielleicht sein sollten. Aber was wog dies schon im Vergleich zu der Tatsache, daß »in weniger als zehn Jahren ... ein hoher Grad an politischer Stabilität erreicht werden konnte, wichtige wirtschaftliche Errungenschaften zu verbuchen sind, keine nennenswerte Opposition mehr existiert, die Religionsführer unbedeutend und desorganisiert sind und die Kaiserin einen Thronfolger geboren hat«.[49]

Abschließend wandte sich Binder der Frage zu, ob die Herrschaft des Schahs in nächster Zukunft gefährdet sein könnte, und verneinte sie dezidiert.[50] Er leugnete nicht, daß es objektive Gründe für Opposition gegenüber dem Schah gab, aber er beurteilte die Bevölkerung als entweder loyal oder apathisch. Aus heutiger Kenntnis bestand sein offensichtlichster Fehler natürlich in der Einschätzung der Religionsführer. Die »Ghom-Schule« der Religionsführer betrachtete er als irrelevant, und er hielt es für höchst unwahrscheinlich, daß eine einzige Person sich jemals zum anerkannten Führer über die gesamte Religionsgemeinschaft würde hocharbeiten können. Vor allem Khomeini gab er hier keine Chancen; Khomeini hatte, so glaubte Binder, seine Chance verspielt, in der Opposition zum Schah eine bedeutende Rolle zu spielen.

Sein Kollege Marvin Zonis hatte für das prestigereiche »Massachusetts Institute of Technology« (MIT) eine ähnliche Bewertung des Iran erstellt. »Endlich scheint der Thron gesichert. Die organisierte interne Opposition ist eliminiert und sogar jede öffentliche oppositionelle Äußerung über das Regime fehlt ... Nachdem er nun die politische Situation im Griff hat, widmet sich der Schah der Entwicklung des Landes auf der Grundlage der Vergrößerung des Öleinkommens.«[51]

In gewisser Hinsicht ist es billig, rückblickend auf den Fehlern anderer zu beharren. Diese Fehler aber werfen Fragen auf, die für die heutige Situation sehr bedeutungsvoll sind. Vielleicht war der Massenaufstand im Iran und der Aufstieg der Religionsführer wirklich ein bizarres Zufallsereignis, das keine sozialwissenschaftliche Analyse hätte erahnen können. Andernfalls aber muß es Gründe geben dafür, daß die Experten sich so einstimmig und grundlegend irrten.[52] Eine Ursache scheint unbestreitbar: die Prämissen waren falsch und verzerrten die Interpretation der Ereignisse.[53] Die Grundhaltung gegenüber dem Schah war positiv, und diese Sympathie beeinflußte die Analysen entsprechend.[54] Fast bis zum letzten Augenblick hielten amerikanische Experten an bestimmten Überzeugungen über den Iran und den Schah fest. Dazu gehörte jene, daß der Iran die Herrschaft einer »starken Hand« brauche, daß die Ulema unbedeutend geworden war und daß Säkularisierung und Modernisierung unter dem Schah voranschritten.[55]

Die 1971 publizierte Fassung des offiziellen Iran-Handbuchs für amerikanische Diplomaten stellte fest, daß es keine nennenswerte radikale Opposition zum Schah gebe, daß die Religionsführer ihn unterstützten bzw. sich aus der Politik heraushielten und daß die Monarchie stabil sei.[56] Im Oktober 1977 wurde in Washington ein Symposium führender Iran-Experten abgehalten; die Stimmung war zuversichtlich und optimistisch. Zugleich wurde deutlich, daß die USA allen Grund hatten, sich eine solche Aussage zu wünschen: der strategische und wirtschaftliche Stellenwert des Iran als Öllieferant für Israel, als Gegengewicht zum Irak, als Kraft gegen den Kommunismus und als Verbündeter der USA wurden immer wieder betont.[57] Soziale Probleme und politische Unterdrückung hingegen fanden keinerlei Erwähnung.

Dabei weisen die Arbeiten anderer, weniger systemtreuer Experten auf entsprechende Warnsignale hin. Rouhollah Ramazani schrieb 1974, daß Unruhen im Iran unausweichlich seien, wenn die politischen und wirtschaftlichen Ressentiments keine andere Artikulationsmöglichkeit bekämen.[58] Es mangelte weder an kritischen noch an warnenden Stimmen, und sie alle belegten ihre negativen Prognosen mit Statistiken, die auf denselben Informationen beruhten, die auch den konservativen Autoren zugänglich waren. Die kritischen Experten machten darauf aufmerksam, daß kein wirkliches, den Ressourcen und den Bedürfnissen entsprechendes Wachstum stattfand und daß die Militärausgaben ruinös und irrational waren.[59]

Warum also übersahen gerade die bekanntesten der Experten die für andere so deutlichen Mahnzeichen? Sie glaubten an die »Modernisierung«, und sie schrieben ihre Studien meist im Auftrag von Regierungsinstitutionen, für die das Überleben des Schahs im Hinblick auf die amerikanische Außenpolitik essentiell schien. Diese beiden Faktoren trübten ihren Blick für die Unruhen, die sich anbahnten.[60]

Die linke Theorie

Auch die Linke betrachtete den Iran als ein Musterbeispiel für ihre Theorie. Eine farbenprächtigere und überzeugendere Illustration für Dekadenz, Korruption und Repression als das Schah-Regime konnten sie sich nicht wünschen. Militärausgaben und Prestigekäufe zeigten perfekt die Deformierung der Wirtschaft in neokolonialistischen Situationen. Auch die Linken hatten ihre Iran-

Statistiken: über die steigenden Importe von Grundnahrungsmitteln, über die Inflation und die Armut. Die linke Opposition gegen den Schah spielte sich weitgehend in Europa ab, getragen von iranischen Auslandsstudenten. Ihre Sprache war die der europäischen Linken, und das bestätigte die linken Iran-Beobachter in ihrer Annahme, daß die hauptsächlichen Gegner des Schahs Linke seien und so dachten wie sie selbst. Eine religiöse Bewegung manifestierte sich hier nicht, und man hielt auch nicht danach Ausschau. Als Beispiel für die Sichtweise der Linken kann der Band *Persien, Modell eines Entwicklungslandes* gelten. Der Verfasser, Bahman Nirumand, operiert, sich auf Paul Baran und Paul Sweezy beziehend, mit den Begriffen des Monopolkapitals und der Dependenztheorie. Davon ausgehend zeigt er, daß der Iran ein klassisches Beispiel für Neo-Imperialismus ist. Im Nachwort befaßt sich Hans Magnus Enzensberger mit den Zukunftsaussichten des Iran. Massenaufstände, Politisierung der Bevölkerung auf breiter Basis, die Entstehung einer politisierten Arbeiterklasse und das Aufkommen einer religiös motivierten Opposition scheinen ihm alle gleichermaßen unwahrscheinlich. »Der iranische *Islam*«, schreibt Enzensberger, »ist nicht imstande, revolutionäre Energien freizusetzen.« Enzensberger sah nur eine einzige plausible Möglichkeit für Veränderung, und zwar einen Militärputsch. »Übrig bleibt als letzte maßgebliche Kraft im Innern des Landes die *Armee* ... Es scheint, als könnte eine gewaltsame Veränderung der iranischen Zustände nur von ihnen (den Offizieren, d. Verf.) ausgehen.«[61]

4. Die Theoretiker und der Islam

Als die Unruhen im Iran sich verschärften, war das für alle ideologischen Richtungen ein Schock. Alle hatten sich an ihr persönliches Iran-Bild gewöhnt. Darin war die religiös motivierte Massenbewegung des Jahres 1978, die wie eine Bombe explodierte, nicht vorgesehen. Die Experten reagierten mit hektischen Prognosen und Interpretationen: Die Aufstände seien nur vorübergehend, der Schah könne die Situation leicht wieder in den Griff bekommen; das Ganze sei bloß ein CIA-Komplott, um den ungefügig gewordenen Schah zu erschrecken und demütiger gegenüber seiner Supermacht zu stimmen; die Unruhen seien ein russisches

Komplott, und bald würden die Kommunisten, die in Wirklichkeit hinter der scheinbar religiösen Bewegung ständen, auftauchen; das iranische Militär würde die Macht ergreifen; die Monarchisten würden den Sturz des Schahs dulden, aber an seiner Stelle seinen Sohn auf den Thron setzen usw.

Der tatsächliche Ausgang, die Errichtung einer Islamischen Republik unter der Führung eines fast achtzigjährigen Religionsführers aus Ghom, schien damals noch zu unglaublich, um ernsthaft in Erwägung gezogen zu werden. Und genau diesen Ausgang galt es dann zu verstehen und zu erklären. Darüber hinaus aber mußten sich alle theoretischen Richtungen dafür rechtfertigen, daß sich ihre jeweiligen Ansätze im Hinblick auf den Iran nicht bewährt hatten.

Die konservative Theorie

Für die konservative Theorie gab es nur zwei Möglichkeiten, sich aus der Affäre zu ziehen. Entweder konnte sie behaupten, daß es sich um ein vorübergehendes, momentan vielleicht bedeutend erscheinendes, aber längerfristig nebensächliches Ereignis handle. Demnach sei die Auferstehung des politisierten Islam bloß ein Übergangsphänomen, eine Überreaktion auf die Konflikte des Wandels und die Schwierigkeiten der Säkularisierung. Die zweite Möglichkeit bestand in der Kooptierung der Ereignisse, wonach die Dinge sich ohnehin wie erwartet entwickelten. Nur ihre äußere Form hätte eine momentane Irreführung bewirkt.

Die islamische Bewegung diene eigentlich der »Modernisierung«. Man habe es nur nicht gleich begriffen, weil man nicht mit dieser Form einer Veränderung gerechnet habe.

Konservative Theoretiker haben beide Argumentationsmöglichkeiten in verschiedenen Variationen durchgespielt. Manche taten das, indem sie die Bedeutung Khomeinis abschwachten. Was aussah wie eine religiös-archaische Bewegung sei in Wirklichkeit nur eine Fassade, hinter der sich andere politische und soziale Ziele verbargen. Oder sie gaben die Schuld dem Iran, der ein besonders instabiles Land sei und den Weg in die »Moderne« nur über zahlreiche Umwege finden würde. Das Paradigma des unaufhaltsamen Fortschritts blieb unangetastet.

»Auch die Religionsführer«, erinnerte Y. Armajani seine Kollegen tröstend, »können die Uhren nicht zurückdrehen.«[62]

Andere argumentierten noch gewagter. Die Politik des Schahs, stellten sie nun fest, hätte in Wirklichkeit doch keine echte Modernisierung bewirkt. Hingegen könnte es dieser nationalistischen Bewegung vielleicht gelingen, die Masse der Bevölkerung für die Ziele des nationalen Wachstums und Fortschritts zu mobilisieren; auf die Straßen hätte sie sie schließlich schon gebracht. Wolle man nicht über die Köpfe des Volkes »hinwegmodernisieren«, dann müsse man wahrscheinlich – so erschreckend das auf Außenstehende wirken mochte – auf traditionelle, ja anachronistische Glaubenselemente zurückgreifen. Der Begriff »Revolution« für die Ereignisse im Iran setzte sich erstaunlich schnell und problemlos durch. Richard Dekmejian schrieb, daß die »iranische Revolution des Jahres 1979 eine Revolution im klassischen Sinn« gewesen sei. Theda Skocpol war nicht ganz so sicher; in den iranischen Ereignissen sah sie »sowohl Ähnlichkeiten als auch Unterschiede« zu anderen Revolutionen, meinte aber – etwas verfrüht, nämlich schon 1982, als sogar noch das Überleben der Religionselite fraglich war –, daß die fundamentalistischen Bemühungen »bereits grundlegende soziokulturelle und sozioökonomische Veränderungen im Iran erreicht« hätten.[63]

Manche Experten ließen sich von den dramatischen Ereignissen so sehr mitreißen, daß sie recht dramatische Urteile abgaben; in einigen Fällen sollten diese Urteile ihnen später in peinlicher Weise anhaften. Das geschah z. B. dem vorschnellen Richard Falk, der Khomeini in Worten verewigte, die später sehr oft spöttisch zitiert wurden. Er sah ihn als eine Art Mischung zwischen Gandhi und Plato, als inspirierende Philosophenfigur mit spartanischer Lebensführung und tiefen moralischen Überzeugungen. Falks Beschreibung sollte später als makabrer Begleitsatz dienen für die Berichte über Hinrichtungen und den brutalen Einsatz von Kindern auf irakischen Minenfeldern. Aber in den ersten Wochen nach dem Sturz des Schahs glaubte Falk daran, daß »der Iran uns als Modell für die völlig neue, humane Selbstregierung eines Landes der Dritten Welt dienen wird«.[64] Vielleicht erschrocken über ihre eigene Blindheit gegenüber dem Faktor Islam reagierten viele Autoren überspitzt in die entgegengesetzte Richtung. Nun sollte der Islam plötzlich nicht mehr irrelevant und reaktionär, sondern revolutionär und vorbildhaft sein.[65] Die Religion, die – anders als die importierten Werte der Demokratie, der Industrie usw. – auf das Denken der Menschen einen authentischen Einfluß habe, sollte nun auch der Motor der Entwicklung sein. Aber als solcher sei sie, trotz ihres großen Einflusses dennoch vorübergehend. Bald würden sich »echte« politische Gruppierungen herauskristallisieren.

Als Fußnote zu diesen Anmerkungen ist noch interessant, daß einige der loyalsten Schah-Anhänger unter den amerikanischen Theoretikern seit der Machtübernahme der Fundamentalisten zur anderen Seite übergelaufen sind. Marvin Zonis zum Beispiel, früher Schah-Enthusiast, vertrat im Dezember 1984 bei einer Tagung die Meinung, daß die »iranische Revolution« der echte und wahre Ausdruck des Zeitgeistes sei, daß hierin die Hoffnung der islamischen Bevölkerung auch in anderen Ländern läge und daß die Schiiten in Iran, im Libanon und anderswo diesen Weg fortsetzen würden. Auf die Hintergründe dieser »Rehabilitierung« des fundamentalistischen Iran kommen wir an anderer Stelle zu sprechen.

Die linke Theorie

Auch Marxisten, Dependenztheoretiker und andere Linke unternahmen prompt den Versuch, die Ereignisse im Iran umzudeuten und in ihr Modell zu integrieren. Während sie den Iran immer als Bastion des US-Imperialismus beschrieben hatten, vermittelten die neuen Schriften den Eindruck, daß sie diese Ereignisse erwartet hatten.[66] Der religiöse Aspekt wurde dabei bagatellisiert zugunsten der Rolle, die die Arbeiter der Ölindustrie gespielt hatten. Im Februar 1979 hieß es im Leitartikel der Zeitschrift *Monthly Review*, es habe in der jüngsten Geschichte »nur wenige Szenen gegeben, die so inspirierend waren wie der Anblick der 70000 Arbeiter der Ölindustrie, die, obwohl sie die bestbezahlten iranischen Arbeiter waren, diese Industrie zu einem fast völligen Stillstand brachten... Sie taten dies, um die legitimen Ziele des iranischen Volkes zu unterstützen und um den Schah und sein System zu stürzen.«[67]

Daß der Aufstand der Massen unter Anleitung der Religionsführer stattgefunden hatte – eine Tatsache, an der wohl nicht zu zweifeln ist –, paßte nicht in das Modell der sozialistischen Revolution; man tat, was man konnte, um diese Diskrepanz zu minimieren. Die Autoren versprachen, daß »die Klassenfrage bald in den Vordergrund treten werde«, daß die Popularität Khomeinis bereits abnehme[68], daß »Arbeiter, Studenten, Intellektuelle, Bazaaris (Bazar-Händler, d. Verf.), Techniker und Religionsführer« sich für ein klassenübergreifendes Bündnis einsetzen würden. Ihre schwierigste Aufgabe aber bestand in der Klassifizierung der iranischen Gesellschaft nach linken Kriterien. Der Aufstand ließ sich definieren als »Geburt des iranischen Proletariats«, mit den Ölarbeitern als Geburtshelfern; davon ausgehend bemühten sie sich, die Bevölkerung in das vorgesehene Klassenschema zu pressen.[69] Das ist, bei einer Gesellschaft wie der iranischen, ein gewagtes Unterfangen. Die Bazaaris ließen sich noch als »nationale Bourgeoisie« bestimmen, aber bei der »Arbeiterschaft« blieb man besser vage, sie wurde generell der Führung der Ölarbeiter unterstellt.[70] Die Bauernschaft verblieb als Restkategorie.[71] Bauern vom Land in die städtischen Slums gewandert, ethnische Minderheiten und sonstige Erscheinungen einer typischen Gesellschaft der Dritten Welt waren immer schon eine gewisse Belastung für linke Theoretiker, die ihnen entweder zuwenig oder zuviel Bedeutung zumaßen: entweder sie übersahen sie vollkommen, oder sie wiesen ihnen die Aufgabe zu, in Abwesenheit eines Proletariats den sozialen Umsturz herbeizuführen. Mit den Analysen über den Iran verhielt es sich nicht anders. Auch die massenhafte Beteiligung der Frauen an den Aufständen – ein in der Tat bemerkenswertes Phänomen – fand bei den Linken wenig Beachtung. Wenn sie es überhaupt erwähnten, diente es eher didaktischen Zielen, nämlich der Zurechtweisung der Frauen in den eigenen Reihen: Nehmt euch ein Beispiel an den iranischen Frauen, die keinen feministischen Wahnideen nachjagen, sondern es verstehen, sich dem gemeinsamen Kampf unterzuordnen.[72] Auch Autoren, deren Artikel eine differenziertere Wahrnehmung der Ereignisse versprechen, beugen sich am Ende den Zwängen ihres theoretischen Modells. Peter Waterman z. B. stellt zuerst ausführlich dar, daß die Veränderungsprozesse in der Dritten Welt ein »auffallend anderes Muster« befolgen als ihre historischen Vorläufer in Europa, und warnt davor, unter diesen anderen Umständen von einer »Arbeiterklasse« zu sprechen, schließt dann aber mit der Feststellung, daß er »trotz aller Unklarheiten und Widersprüchlichkeiten in der Dritten Welt die Konturen eines unumgänglichen Prozesses sehe. Dieser Prozeß ist die Herausbildung der einen *notwendigen* modernisierenden Klasse.«[73] (Hervorhebung im Original) »Notwendig« ist diese Klasse, weil es ohne sie die erwartete und ersehnte internationale Revolution nicht geben kann; das ideologische Modell bestimmt die Ereignisse.

Ervand Abrahamians Bemühungen sind ähnlich. Seine Studie bietet eine ausgezeichnete Analyse bis zu dem Punkt, an dem er sich gezwungen sieht, historische Analogien zu suchen. Den Schiismus vergleicht er dann mit den Methodisten in England im 19. Jahrhundert, und Khomeinis Gegenstück sieht er in John Wesley.[74] Seine Schlußfolgerungen entspringen nicht seiner Analyse, sondern dem Wunschdenken: »Es ist wahrscheinlich, daß die religiösen Reaktionäre bald ihren Einfluß auf die Arbeiterbewegung verlieren werden. Dann wird es für die Linken ein leichtes sein, ihren Platz zu übernehmen und Einfluß zu gewinnen auf die 2,5 Millionen Werktätigen, die die größte städtische Klasse im heutigen Iran darstellen.«[75]

Warum ist es wahrscheinlich, daß die Religionsführer ihren Einfluß verlieren? Welche Linke wird ihren Platz übernehmen? Wieso Arbeiterbewegung? Warum »Klasse«? Abrahamian schrieb seine Studie – das muß man gerechterweise hinzufügen – vor der vollkommenen Ausschaltung der kommunistischen Tudeh-Partei durch die Fundamentalisten. Trotzdem hätte er schon damals erkennen müssen, daß eine Machtübernahme durch die Linken, falls überhaupt möglich, kein »Leichtes« sein würde.

Iran-Experten, die Konservativen unter ihnen blamiert durch den Sturz des Schahs, die Linken dadurch, daß sein Sturz nicht von einem revolutionären Proletariat getragen wurde, stellten sich erneut durch ihre allzu prompten Analysen der Ereignisse in den ersten Wochen nach dem Machtwechsel bloß. Die massenhaften Hinrichtungen und Inhaftierungen, die gewaltsame Eliminierung der anderen Koalitionspartner durch die Fundamentalisten und die brutale Unterdrückung jeglicher Opposition, die Einführung totalitärer Praktiken im Alltag und die Errichtung eines puritanischen Regimes paralysierten aufs neue all jene, die sich aus diesem Umsturz einen Triumph für die Massen in der Dritten Welt erhofft hatten. Die meisten westlichen Beobachter betrachteten die Wende im Iran implizit oder explizit als einen großen Schritt rückwärts, und als einziger Trost blieb die Hoffnung, daß er vorübergehend sein könnte.

Aber welche Deutungsmöglichkeiten haben wir, wenn wir uns diesen Rationalisierungen nicht anschließen wollen? Muß man sich von der Modernisierung, dem sozialen Fortschritt, so wie wir ihn verstehen, verabschieden? Zuerst werden wir uns vielleicht viel prinzipieller überlegen müssen, welche Aspekte der Modernisierung wirklich universell sind. Und es sind gar nicht so wenige. Die Werte der Modernisierung in ihrem ursprünglichen Sinn waren popularistische, allgemeinmenschliche Werte: Aufklärung, Aufhebung der blinden Autoritätshörigkeit gegenüber den alten Eliten, Mitbestimmung, mehr Gleichheit, Emanzipation.

Auch einige der äußeren Veränderungen, die damit assoziiert wurden, können verallgemeinert werden: ein höherer Lebensstandard, verbesserte Kommunikation, stärkeres Gleichgewicht zwischen Zentren und Peripherien des jeweiligen Landes. Die Dependenztheorie machte einen Anfang mit der notwendigen Aufgabe, diesen Werten und Veränderungen ihre rein westlichen Züge zu nehmen, ging aber nicht weit genug.

Das Problem, vor dem die Länder der Dritten Welt stehen, ist aber ein anderes. Für sie hat die soziale Veränderung, die rein objektiv gesehen dringend notwendig ist, eine entscheidende Verzerrung erlitten. Für sie ist die Gleichsetzung von »modern« und »westlich« mehr als ein nur analytisches Problem; es ist der Kern ihres gegenwärtigen kulturpolitischen Dilemmas. Wäre diese Verknüpfung nicht so tief im Bewußtsein ihrer Völker verankert, könnten sie gradliniger die Lösung ihrer sozialen Probleme in Angriff nehmen. Diese Lösung würde vor allem bedeuten, daß der Einfluß der alten Machthaber gebrochen wird. In den meisten Ländern der Dritten Welt wurden sie bereits von ihrem angestammten Platz verdrängt, nicht aber durch einen Sturz von innen, sondern durch die Einwirkung einer Fremdmacht. Pseudo-moderne Eliten und Regierungen sitzen an den Schalthebeln der Macht und arrangieren sich mit den Großmächten und dem internationalen System. Daneben aber existieren die traditionellen Eliten fort und behalten bedeutende Reste ihres Einflusses, sowohl materiell als auch kulturell und ideell. Während sie unter anderen Umständen als die Großgrundbesitzer, die rückständigen Traditionalisten und die privilegierten Eliten, die sie tatsächlich sind, bekämpft werden könnten, hat die Struktur der Nord-Süd-Beziehungen ihnen eine nationalistische und sogar revolutionäre Note verliehen. Heute streiten sie um die Restauration ihrer Macht und ihrer Privilegien, aber sie bedienen sich des Vokabulars der nationalen und kulturellen Befreiung und Selbstbehauptung und der entsprechenden Volksstimmung.

In Europa bekämpften die Revolutionäre selbstverständlich die Macht der traditionellen Eliten, der Aristokratie, der Kirche.[76] Im antikolonialen Kontext aber gelingt es diesen alten Eliten, sich zu Führern der »Revolution« zu stilisieren. Die kulturellen und sozialen Folgen werden, selbst wenn es den Liberalen gelingt, diesen Trend aufzuhalten und selber größeren Einfluß zu gewinnen, lange fortdauern und einen hohen politischen und sozialen Preis einfordern.

II. Die verhängnisvolle Renaissance des Islam

Bis vor wenigen Jahren war der Islam für die westliche Sozialwissenschaft wie für die Politik der westlichen Staaten bloß eine lästige Randerscheinung, ein Irritationsfaktor in ihren Beziehungen zu diesen Staaten. Der Islam galt als irrationale Variable und als Anachronismus, der dem unausweichlich voranschreitenden Modernisierungsprozeß hartnäckig – längerfristig aber vergeblich – Widerstand leistete. Nach dem Umsturz im Iran aber änderte sich diese Sichtweise grundlegend, bis sie das gegenteilige Extrem erreichte. Wurde der Islam früher unterbewertet, ein marginaler Faktor außerhalb der eigentlichen Politik und den pragmatischen Interessen entstehender neuer Staaten, gilt er nur tendenziell als pauschale Erklärung für jedes widrige Ereignis in der islamischen Welt. Dazu schreibt Shaheen Dil: »Früher ignorierten amerikanische Entscheidungsträger die Möglichkeit, daß politische Macht auch eine religiöse Dimension haben kann. Heute machen sie es umgekehrt, sie ignorieren die politischen Hintergründe von Interessen, die sich in religiösen Formeln ausdrükken.«[1]

Die Gefahr liegt dabei nicht in der Überbetonung religiöser Aspekte an sich, sondern in der Tendenz, den Islam abermals undifferenziert und stereotyp zu sehen. Ayoob kritisiert diese Betrachtungsweise:

»Westliche Analytiker machen sich selten die Mühe, die sehr unterschiedlichen Ziele und sozialpolitischen Inhalte zu verstehen und zu erklären, die sich alle des Islams als Vehikel bedienen. Damit übersehen sie die sehr unterschiedlichen und sehr pragmatischen Verwendungen, die Führer, Gruppen und Parteien für den Islam finden. Der erzwungene Puritanismus Saudi Arabiens . . ., die Versuche der pakistanischen Militärregierung, sich durch den Islam zu legitimieren, und die iranischen Bestrebungen, ein bestimmtes sozio-ökonomisches System mittels der politischen Waffe des Islams zu transformieren, werden fälschlicherweise alle zusammengeworfen und als Teil eines einzigen zeitgeschichtlichen Trends gesehen (der Wiedererwachung des Islams nämlich, Anm. d. Verf.).«[2]

Will man diesem modischen Pauschalbild entkommen, empfiehlt es sich zuallererst, sich die Position der islamischen politischen Akteure im internationalen System sowie die Bedingungen und

Zwänge dieser Position zu verdeutlichen sowie die Einflüsse und Bedürfnisse zu identifizieren, aus denen sich ihre politischen Handlungsmöglichkeiten herleiten und die den Rahmen für ihre Entscheidungen festlegen.

Das »Spielfeld«, auf dem politisch Handelnde in der Dritten Welt allgemein agieren müssen, ist von vier Konflikten geprägt: erstens dem *Nord/Süd-Konflikt* in seinen materiellen (ökonomischen, militärischen, diplomatischen) und in seinen ideologischen Aspekten; zweitens dem *Ost/West-Konflikt* mit seinen Beschränkungen und Gefahren für schwächere Länder, vor allem solche, die sich ohne ihr Zutun in einer geographischen Schlüsselposition befinden; drittens dem *Konflikt zwischen Tradition und Veränderung* und viertens dem *Konflikt verschiedener Ideologien.*

Dazu kommen bei jedem Land noch eine Vielzahl zusätzlicher Konfliktherde. Wie politische Akteure sich gegenüber diesen Problemen verhalten, hängt von den Umständen ab und davon, welche anderen Konfliktpunkte (z.B. die Frage der Minderheiten) zusätzlich darauf einwirken. Die Einschätzung der Prioritäten und der taktisch besten Vorgehensweise ändert sich in politisch und sozial instabilen Situationen, wie sie für die politische Kultur der Dritten Welt typisch sind, ständig. Der Islam ist eine der Variablen, die hierbei eine Rolle spielen. Und entscheidend für seinen gegenwärtigen Aufschwung ist, daß er innerhalb jedes Konfliktfeldes Vorteile bietet für die politischen Akteure der Länder dieses Kulturraumes.

Im Nord/Süd-Konflikt verschafft er dem betreffenden Land der Dritten Welt einen positiven Identitätszusammenhang und eine Bindung, zumindest eine abstrakte, an eine ganze Reihe anderer Länder und Bewegungen, die sich ebenfalls als islamisch definieren. Zugleich liefert er einen historischen Hintergrund, der über die Kolonialgeschichte hinausreicht und einen eigenen, positiven Geschichtsbezug bietet.

Im Ost/West-Konflikt ermöglicht der Islam einen über die reine Blockfreiheit hinausgehenden politischen Standort.

In bezug auf die starken Spannungen zwischen Tradition und Moderne und zwischen progressiver und konservativer Ideologie gewährt der Islam eine gewisse kulturelle Kontinuität und eine gemeinsame sprachliche und bildliche Basis für die Artikulation politischer Ziele. Diese Vorteile, die es verführerisch machen, sich des Islams als politischem Instrument zu bedienen, bieten sich allen islamischen Ländern an. Die Art und Weise jedoch, in der verschiedene politische Akteure die »Islam-Karte« ausspielen und welchen Erfolg sie dabei haben, zeigt sowohl wichtige Unterschiede als auch gewisse allgemeine Muster.

Gleichzeitig aber haben in den betreffenden Ländern Entwicklungen stattgefunden, die politisches Agieren zusätzlich prägen und belasten. Drei Aspekte sind besonders hervorzuheben:

Erstens: *Die Radikalisierung der Tradition.* Die Theorie der »Modernisierung« ging im allgemeinen davon aus, daß »anachronistische« Eigenschaften der Gesellschaftssysteme der Dritten Welt, darunter z. B. Ethnizität, Stammesbindungen und die traditionelle Form des religiösen Bewußtseins[3], allmählich eine Entpolitisierung erfahren würden und daß sie im modernen Nationalstaat überholt wären und langsam ihre Bedeutung und Kraft einbüßen würden. Statt dessen schien die Entwicklung teilweise umgekehrt zu verlaufen: statt sie hinter sich zu lassen, verhalfen die Veränderungsprozesse im Zuge der »Modernisierung« den alten Strukturen zu neuem Leben. So konnte sich z. B. die (neue) linke Theorie mit (alten) ethnischen Bewegungen verbinden; die neue Schulbildung verhalf manchen alten Stammesgruppen zu einer vitaleren Führungsgeneration, die alte Konflikte mit neuer Schärfe und Schlagkraft vertrat; der Nationalismus fusionierte mit der Religion; alte Interessensverbindungen, die in der traditionellen Gesellschaft »ruhig vor sich hingeschlummert« hatten, wurden durch die sich anbahnende Modernität aufgeschreckt oder nahmen eine neue äußere Form an, in der sie wesentlich stärker waren (indem sich z. B. traditionelle Elitefamilien als Parteien präsentierten, ohne damit ihren feudalistischen Charakter grundlegend zu verlieren).

Zweitens: *Die Verstrickung innen- und außenpolitischer Konflikte.* Die schwache und abhängige Stellung der Länder der Dritten Welt gegenüber den Supermächten hat unter anderem auch zur Folge, daß interne Probleme und Konflikte in diesen Ländern selten die Chance haben, als innenpolitische Fragen behandelt zu werden. Das gilt vor allem für diejenigen Regionen, die von den Supermächten für besonders wichtig erachtet werden, wie z. B. der Nahe Osten. Das heißt: Die Innenpolitik dieser Länder steht unter der wachsamen Beobachtung einer oder mehrerer Großmächte, die stets bereit sind, zu intervenieren oder auf andere Weise einzugreifen, wenn sie ihre Interessen gefährdet glauben oder eine Gelegenheit sehen, ihren Einfluß auszuweiten. Innenpolitische Fragen gewinnen rasch eine internationale Dimension, wenn die »Stabilität« eines Bündnispartners bedroht ist oder ein der Supermacht genehmes Regime Zeichen der Schwäche zeigt. Außerdem nehmen Krisen in Ländern der Dritten Welt einen kumulativen Charakter an. Auch wenn ein Land seine eigene Situation als einzigartig und die jeweilige Krise als nur innenpolitisch relevant begreift, ist es für die Großmächte mitunter lediglich ein kleines Element im strategischen Gesamtkonzept. Ob ein Land eine Krise oder eine Reform erleben »darf«, kann mitunter davon abhängen, wie riskant dies der zuständigen Supermacht erscheint. Zum Beispiel erklärte Präsident Reagan im Herbst 1981, die USA »würden nicht erlauben, daß aus Saudi Arabien ein zweites Iran wird«[4] und verkündete damit so etwas wie eine regionale Toleranzschwelle für Revolutionen.

Die Akteure der Länder der Dritten Welt können versuchen, diese Situation für sich zu nutzen. Regierungen bzw. die innerstaatliche Oppositionen können versuchen, ihre Interessen im Einklang mit jenen einer Großmacht zu präsentieren, um Unterstützung zu erhalten. Das birgt natürlich neue Risiken in sich, und ein Unterschied zwischen der »Modernisierung« der Länder der Dritten Welt heute im Vergleich zu den historischen Erfahrungen der europäischen Staaten liegt schon darin, daß letztere in ihrer Modernisierungsphase weit weniger durch Interventionen von außen bedroht waren.

Drittens: *Die Multiplizierung von Konflikten.* Weit weniger als im Zeitalter der europäischen Modernisierung können die damit einhergehenden gewaltigen sozialen, politischen und ökonomischen Transformationen von der Dritten Welt heute als aufeinanderfolgende Stufen durchlebt werden. Nasser erkannte das als eine der Besonderheiten der arabischen Situation und sprach von drei gleichzeitigen Revolutionen, die von seinem Kulturraum bewältigt werden müssen.[5] Diese Situation wird dadurch verschärft, daß einige dieser Wandlungsprozesse einander widersprechende Veränderungen verlangen, daß es gravierende politische Zersplitterungen hervorrufen kann, wenn es keinen Konsens über die beste Vorgehensweise gibt, und daß Gruppen, die sich in bezug auf einige der angestrebten Veränderungen einig sind, im Hinblick auf andere heftige Gegner sein können.

Der wichtigste Faktor in der politischen Entwicklung der islamischen Länder war derselbe, der insgesamt für die Dritte Welt zentral war: die Erfahrung der westlichen Vorherrschaft. Dieser Faktor bestimmte und bestimmt auch weiterhin die Wahrnehmungen und die Möglichkeiten der politischen Veränderung in diesen Ländern.

Aufgrund der Überlegenheit der Fremdmächte mußten sie von den politischen Handlungsträgern in den betroffenen Ländern stets in politische Strategien einbezogen werden. Das bedeutet konkret:

Erstens: Sie müssen bestrebt sein, die aggressiven Absichten dieser Fremdmächte zu kennen und nach Möglichkeit abzuwehren oder zu reduzieren.

Zweitens: Sie können versuchen, die Fremdmächte im Sinne der Erreichung der eigenen innen- und außenpolitischen Ziele einzusetzen und Zweckbündnisse mit ihnen einzugehen.

Drittens: Sie können die Fremdbedrohung in regionalen und in innenpolitischen Konflikten als Katalysator benutzen (wie es z. B. die Palästina-Frage schon seit Jahrzehnten für die arabischen Regierungen ist).[6]

Viertens: Sie können die Anwesenheit der Fremdmacht als negative Abgrenzungschance für innenpolitische Koalitionen verwenden.

Historisch leitete die massive Präsenz überlegener Staaten im Rahmen von Kolonialismus und Imperialismus eine Ära der Abhängigkeit und der Unterordnung ein. Es darf aber nicht übersehen werden, daß sich daraus auch Möglichkeiten für politisches Taktieren und Manövrieren ergaben. Es ist falsch, die Länder der Dritten Welt lediglich als passives Handlungsfeld für die Aktivitäten des aggressiv vordringenden Westens zu sehen. Es waren keine naiven Paradiese, die von den bösen Europäern vernichtet wurden, sondern Länder und Kulturen mit Problemen, Konflikten, diffizilen Gleichgewichten und Ungleichgewichten der Macht. Sie waren in eigene innen- und außenpolitische Auseinandersetzungen verwickelt, und einige von ihnen sahen in der Präsenz der Fremdmacht eine Chance, ihre Position zu verbessern. Nicht immer waren es nur Opportunisten und die korrupten Eliten des jeweiligen Landes, die sich von der Anwesenheit der Fremdmacht eine Chance versprachen. Es konnten auch die progressiv denkenden Kräfte sein, die hier endlich eine Möglichkeit sahen, die starre Ordnung ihres Landes aufzubrechen. Eine ausländische Macht konnte Gewehre und Geld geben, sie konnte gegen traditionelle Kräfte oder gegen die neuen linken Strömungen eingesetzt werden, um jeweils einer bestimmten Seite bei der Liquidierung ihrer Rivalen zu helfen; sie konnte dazu beitragen, den Thron zu festigen oder aber den König zu stürzen, und bei all diesen verschiedenen Eingriffen handelte sie in Zusammenarbeit mit inländischen Kräften und Gruppierungen, die eine vorübergehende Koinzidenz ihrer Interessen mit denen der der Fremdmacht erkannten. Bestehende Konflikte wurden in die neuen Strukturen eingefügt, paßten sich der neuen Situation an. Einer ethnischen Minderheit war es möglich, sich eine linke Ideologie anzueignen, in Verhandlungen mit der Sowjetunion zu treten oder Koalitionen mit anderen linken Gruppierungen zu vereinbaren. Im Falle Libyens z. B. konnte ein nationalistischer, eine »Modernisierung« befürwortender Offizier die Macht ergreifen, indem er antimonarchistische, antikolonialistische und antiausländische Strömungen verband. An der Macht bleiben konnte er durch Unterstützung von kommunistischen Ländern und durch Geschäftsverbindungen mit dem Westen. In Afghanistan andererseits verspielten die nationalen Akteure ihre Chancen. Auf die Monarchie folgte nur eine Serie von Regimen, denen es nicht gelang, die internen oder externen Rahmenbedingungen für erfolgreiches Regieren herzustellen und die schließlich eine Besatzungsmacht benötigten, um überhaupt ihre Macht zu erhalten.

Die Einflußnahme mächtiger ausländischer Akteure veränderte grundlegend sowohl die Regeln und Prioritäten in bezug auf die lokalen politischen Prozesse als auch auf die Zusammensetzung der politisch Handelnden. Die aufgesetzten westlichen Termini konnten zwar, wie nun zunehmend erkannt wird, keine authentische Verknüpfung mit der jeweiligen Kultur erreichen, boten in vieler Hinsicht aber auch eine Möglichkeit für schon bestehende politische Strömungen und Interessengruppen, ihre Anliegen zu artikulieren. Ein Beispiel ist der Begriff der »Verfassung«. Die unzufriedenen, aufstrebenden Randgruppen der traditionellen Gesellschaft sträubten sich schon lange vor dem Eingreifen von Europäern gegen die Allmacht ihrer Oberschicht und ihrer Dynastien; ihre Ziele und Ressentiments ließen sich zeit- und weltmediengerecht darstellen in dem importierten Vokabular als Wunsch nach einem »parlamentarischen System« und einer »Verfassung«. Die reformistischen Bestrebungen in der Türkei, im Iran und in

Afghanistan um die Jahrhundertwende bedienten sich alle dieser westlichen Begriffssysteme, um ihre Interessen zu artikulieren: Sie sprachen von einer freien Presse, von einem Mehrparteiensystem und von einer Verfassung, weil diese Begriffe für sie gleichbedeutend schienen mit dem Ziel, die Elitenherrschaft und die erstarrte sozialpolitische Ordnung ihrer Gesellschaften aufzubrechen. Aber auch die regierenden Herrscher benutzten das neue Vokabular, um ihre Interessen zu erhärten, und fügten sich mit echten oder scheinbaren Liberalisierungen in das neue Kategoriensystem des Parlamentarischen Nationalstaats. George Antonius beschreibt ausführlich das Manövrieren mit dem neuen demokratischen Gedankengut durch arabische Herrscher.[7]

Auch die Pahlawis setzten demokratische Kunstgriffe ein, um ihre Position zu festigen, indem sie z. B. je nach Bedarf ein Ein- oder ein Mehrparteiensystem ausriefen und als Geste der Versöhnung bestimmte Elemente des Rechtsstaates verwandten (wie z. B. die gelegentliche symbolhafte Freilassung inhaftierter politischer Gegner). Die Diskussion über Kolonialismus und Imperialismus übersah oft diese Dimension. Natürlich ist es wahr, daß die Interventionen der Industrieländer einen tiefen Riß in den Gesellschaftsordnungen der islamischen Welt verursachten. Das heißt aber nicht, daß das Sozialsystem dieser Gesellschaften nicht schon vorher von Brüchen gekennzeichnet war; im Gegenteil, der Fremdeinfluß erhielt gerade auch dadurch seine Wirkungskraft, daß er sich mit bereits bestehenden Konflikten und Instabilitäten verbinden konnte. Und die Kritik am Imperialismus der Großmächte sollte nicht übersehen, daß der durch den Fremdeinfluß bewirkte Bruch vielen benachteiligten und marginalisierten Gruppen erstmals eine Bewegungschance gab, weil er erstarrte Systeme aufbrach. Es ist daher wichtig, die Reaktionsformen auf den Fremdeinfluß differenzierter zu betrachten.

1. Reaktionen auf Fremdherrschaft

Ein Land, das von einer fremden Macht besiegt wird – sei es wirtschaftlich, militärisch, politisch, kulturell oder in einer Kombination all dieser Bereiche –, kann daraus verschiedene Schlußfolgerungen ziehen. Es kann daraus folgern, daß seine Niederlage die Minderwertigkeit seiner Kultur beweist und sich bemühen, sich dem Sieger anzugleichen. Es muß seine eigene Identität dann umdefinieren, um diese drastischen Veränderungen zu ermöglichen und dabei doch noch ein bestimmtes Maß an Autonomie und Kontinuität zu wahren. Dies ist ein sehr riskantes und, vom sozialpsychologischen Aspekt betrachtet, kein sonderlich befriedigendes Unterfangen, da seine Grundprämisse die eigene Minderwertigkeit ist. Diese Lage wird noch dadurch verschärft, daß die angestrebte *Assimilation* häufig gar nicht stattfinden kann, da die dominante fremde Macht ihre Besiegten und Untergeordneten nicht integrieren will, sondern sie vorzugsweise weiterhin beherrschen möchte oder bestenfalls bereit ist, sie in einer permanent unterlegenen Position zu integrieren.

Eine zweite Reaktionsmöglichkeit auf die Fremdherrschaft besteht darin, sich dem Gegner moralisch überlegen zu fühlen und seine unleugbare faktische Überlegenheit als Beweis für seine moralische Minderwertigkeit zu deuten (nur weil er weniger Skrupel hatte, konnte er so hinterhältig kämpfen und uns besiegen).

Oder man kann, drittens, argumentieren, daß die gegenwärtige Situation nur vorübergehend ist, daß man dem momentanen Sieger ebenbürtig oder sogar überlegen ist und daß nur eine ungünstige Konstellation von Zufällen ihm vorübergehend zur Vorherrschaft verholfen hat. Nun müssen diese ungünstigen Umstände erkannt und eliminiert werden, damit man wieder seinen rechtmäßigen Platz einnehmen und seine Unabhängigkeit zurückgewinnen kann.

All diese Strategien wurden von Gruppen und Bewegungen innerhalb der islamischen Zivilisation gewählt, aber ihr relatives Kräfteverhältnis, ihre Popularität und ihre politische Überzeugungskraft variieren von Epoche zu Epoche und von Land zu Land.

Die westlich orientierten Säkularisten

Diese Gruppe, die sich vorwiegend aus denjenigen rekrutiert, die durch Studium oder Beruf häufigen Kontakt mit dem Westen hatten, strebte eine möglichst vollständige Assimilation an die westliche Kultur (entweder in ihrer kapitalistischen oder in ihrer sozialistischen Variante) an. Um die soziale Lage zu verbessern, den Lebensstandard zu erhöhen, moderne Nationalstaaten zu errichten und in der internationalen Ordnung wieder eine bedeutende Position zu erringen, glaubten die Verfechter dieser Strategie, die Verwestlichung dieser Länder sei notwendig. Sie gingen davon aus, daß man westliche Bildungs- und Verwaltungsinstitutionen übernehmen müsse und die sozialen und wirtschaftlichen Strukturen möglichst dem westlichen Vorbild angleichen solle. Häufig adoptierten sie auch die äußeren Formen der westlichen Kultur, z. B. Kleidung und Umgangsformen. Das bedeutete natürlich, daß weite Teile der eigenen Kultur verschwinden würden. Die Bemühung, die alten Eliten zu stürzen, waren ein zentrales politisches Anliegen dieser Gruppe.

Zu ihren Grundwerten gehörte auch die Säkularisierung. Das Beharren auf der Religion galt als Hindernis für die dringend notwendige soziale Veränderung. Die islamische Gesellschaft sei nicht zuletzt deshalb rückständig, weil sie einige zentrale Wendepunkte der Weltgeschichte versäumt und eine wesentliche Wachstumsphase damit »verschlafen« habe. Hierfür seien zwei Komponenten ihrer Kultur und ihrer Geschichte verantwortlich gewesen: die Religion/Tradition einerseits, und der Imperialismus andererseits. Die Säkularisten führten das Ziel der Modernisierung an, um ihre Gegner, vor allem die Geistlichen, zu schwächen.

Diese Säkularisten waren eine sehr bedeutende politische Kraft in der islamischen Welt. Zu ihnen zählten Nationalisten, Liberale, verschiedene marxistische Gruppen und Sozialdemokraten. In einigen Fällen nahmen sie die Gestalt einer radikalen Oppositionsbewegung an, in anderen konnten sie die Macht ergreifen, wie im Fall Ataturks, teilweise in Afghanistan unter König Amanullah und im Iran unter Reza Khan. Im Iran gehören heute Gruppen wie die Tudeh-Partei, die diversen Fraktionen von Peykar und die Fedajin zu dieser Kategorie.

Die islamischen Modernisten

Nach der Überzeugung dieser Gruppe ist der Islam eine positive Kraft und ein wesentlicher Bestandteil für die Identität seiner Länder und Völker. Ursprünglich sei die islamische Kultur jeder anderen Kultur ebenbürtig oder sogar überlegen gewesen, und sie enthalte nichts, was den Fortschritt blockieren, die Wissenschaft aufhalten oder die soziale Reform verhindern würde. Das zeigten schon die Leistungen der islamischen Medizin, Philosophie und Wissenschaft der Vergangenheit und die Sozialreformen, die seinerzeit vom Propheten Muhammad durchgeführt wurden. Mit der Zeit aber, so argumentiert diese Gruppe, wurde der Islam zum Instrument für gesellschaftliche Kräfte, die ihn zur Förderung ihrer eigenen Interessen mißbrauchten. Er muß nun auf seine ursprünglichen Prinzipien zurückgeführt, den korrupten Eliten entrissen und den Anforderungen eines neuen Zeitalters angepaßt werden.

Radikale Modernisten stehen den traditionellen Religionsführern häufig sehr feindselig gegenüber. Sie meinen, daß der Islam keine Priesterschaft anerkennt und die religiösen Führer keinen Anspruch auf Autorität stellen können. Typisch für diesen Standpunkt ist Ali Schariati:

»Der Islam hat jede Form der Vermittlung zwischen Gott und Mensch abgeschafft, und der Koran hat die Priesterschaft als die dritte Manifestierung vom Fluch Kains bezeichnet, mit den schärfsten Worten attackiert und sie sogar verflucht...

Wir haben zwar Religionsgelehrte, die aber in keiner Hinsicht offizielle Autoritäten auf dem Gebiet sein können... Der Islam hat keine Priesterschaft, sogar der Begriff ist eine Entlehnung aus dem Christentum.«[8]

An anderer Stelle benennt Schariati drei »Unterdrücker« innerhalb der Gesellschaft: »Diese drei werden im Koran bezeichnet als die Gierigen, die Geizigen und die langbärtigen Demagogen«, wobei die dritte Kategorie sich seines Erachtens eindeutig auf die Religionsführer bezieht. Diese religiöse und die weltliche Elite seien es, die den Islam korrumpierten.

»Unter dem arabischen Kaliphat«, schreibt er weiter, »wurde der Islam umgearbeitet, bis er nur mehr eine Rechtfertigungsideologie war für die Taten der brutalsten Herrscher... Er warf eine Aura der Religiosität über die Feudalordnung der Seljuken und Mongolen und band die islamischen Völker mit den Fesseln des Glaubens an die Idee der Vorsehung...«[9]

Schariati und seine Gefolgschaft haben in unterschiedlichem Maße deutlich gemacht, daß islamische Werte und Prinzipien ihrer Ansicht nach die Verstaatlichung der Produktionsmittel und die Etablierung einer klassenlosen Gesellschaft verlangen. Dieser Standpunkt wird heute von den Mudschaheddin vertreten.

Die Modernisten sind im Hinblick auf ihre Ziele oder bevorzugten Methoden keineswegs eine homogene Gruppe; sie sind unterschiedlich radikal und stellen das gesamte Spektrum vom »islamischen Marxismus« bis zur Sozialdemokratie dar. Bei der Mittelschicht finden sie ihre größte Unterstützung – die gemäßigten

Modernisten haben ihren Rückhalt dabei eher in der traditionellen, die radikalen Modernisten eher in der neuen Mittelschicht. Im Iran spielte der islamische Modernismus seit den vierziger Jahren dieses Jahrhunderts eine bedeutende politische Rolle.

Die Traditionalisten

Die Gruppierungen der Traditionalisten sind im klassischen Sinn des Begriffs als konservativ zu bezeichnen. Mit den Modernisten verbindet sie die Hervorhebung der ruhmreichen islamischen Vergangenheit, aber sie ziehen andere Konsequenzen. Anpassung, Reform und Flexibilität, so glauben sie, würden die verbleibende Kraft der islamischen Kultur restlos vernichten; dem Feind würde man damit nur in die Hände spielen. Statt dessen müsse man zu den Ursprüngen zurückkehren und die alten Regeln präzise befolgen, sie so genau und so wörtlich verwirklichen wie nur möglich. Traditionalisten akzeptieren generell das Regierungssystem, wie es sich in ihrem jeweiligen Land herausgebildet hat. Sie bestehen lediglich auf der islamischen Gesetzgebung in den Fragen des Ehe-, Familien- und Scheidungsrechts, und sie verteidigen ihren Einfluß auf das Schul- und Erziehungswesen; manche von ihnen wollen zwar Kontrolle ausüben über die Gesetzgebung (z. B. in Form eines Vetorechts gegen unislamische Innovationen), aber im allgemeinen erkennen sie die Rolle und die Autorität der säkularen Regierungsinstitutionen an.

Im iranischen Kontext bedeutet das, daß die Traditionalisten ein gewisses Maß realer Säkularisierung akzeptierten oder zumindest hinnahmen und nur unter bestimmten Umständen und bei bestimmten Anlässen gegen die Monarchie auftraten, die Macht des Schahs aber nicht prinzipiell in Frage stellten. Bei Konflikten setzten sie ihre keineswegs unbedeutenden Druckmittel ein, um die Regierung zum Einlenken zu zwingen: Sie riefen die Bevölkerung zum Protest auf, setzten den Einfluß ihrer Verwandten und Verbündeten, die Regierungsämter innehatten, ein und unterstützten Oppositionsgruppen. Zeitweise beteiligten sie sich stark an oppositionellen Bewegungen. Aber es war dabei immer nur ihr Ziel, den Status quo ante wieder herzustellen und sich danach wieder aus der aktiven Tagespolitik zurückzuziehen in das, was sie als ihre eigene spezielle Sphäre begriffen. Im fundamentalistischen Iran verkörperte der im Frühjahr 1986 verstorbene Ayatollah Schariat-

Madari diese Position. Er befürwortete eine islamtreue Regierung und eine kontrollierende Funktion der Religionsführer, trat aber nicht generell gegen das Prinzip einer säkularen Regierung auf.

Traditionalisten dulden die weltliche Herrschaft meist nicht nur, sondern betrachten sie sogar als notwendig und stützen sie mitunter auch aktiv. Denn die moralische Macht der religiösen Instanzen hängt für sie auch davon ab, daß sie sich nicht mit den täglichen Kompromissen und Verhandlungen der Politik kompromittieren müssen. Bazargan erinnerte an dieses Argument, als er meinte, daß Religion und Politik deshalb getrennt bleiben sollten.[10]

Da Traditionalisten eine klassisch konservative Haltung einnehmen, sind sie in ihren politischen Haltungen selten expansionistisch. Sie wollen keine fremden Territorien erobern oder andere Völker mit Gewalt bekehren und befürworten keine innen- oder außenpolitischen Abenteuer. Eher neigen sie zum Isolationismus, da sie die potentiellen Bedrohungen fremder Beeinflussung abwehren wollen. Die folgende Aussage z. B. ist typisch für einen Traditionalisten:

> »Kulturelle Nachäffung anderer hat für eine Nation verheerende Konsequenzen; es zerstört ihre innere Vitalität, blendet ihre Wahrnehmung, verzerrt ihre kritischen Fähigkeiten, erzeugt Minderwertigkeitskomplexe und nimmt ihr langsam aber sicher ihre ganze Kraft. Daher hat der Heilige Prophet es den Muslims eindringlich verboten, die Kultur und die Lebensweise der Nicht-Muslims zu übernehmen.«[11]

Eine solche Aussage zeigt die defensive Haltung der konservativen Position: Sie impliziert, daß die eigene Kultur eine Öffnung gegenüber anderen Kulturen nicht überstehen könnte, d. h. hätten die Menschen die freie Wahl, würden sie sich für die andere Kultur entscheiden. Die Traditionalisten sind die älteste unter den vier Gruppierungen. In unserem Jahrhundert beziehen sie ihre Unterstützung überwiegend von der traditionellen Mittelschicht, obwohl sie sporadisch auch die unteren Klassen mobilisieren können.

Die Fundamentalisten

Für diese Gruppe ist religiöse Autorität die primäre gesellschaftliche Autorität, der Staat ist bestenfalls ihr Instrument. Die Fundamentalisten sind radikal, expansionistisch und totalitär in ihrer

Haltung gegenüber internen und externen politischen Fragen. Anders als die Traditionalisten wollen sie ihre Einflußnahme nicht auf bestimmte gesellschaftliche Bereiche beschränken, sondern betrachten sich als die rechtmäßige Regierung und stellen den Anspruch, das gesellschaftliche Zusammenleben grundsätzlich zu regeln und zu bestimmen. In ihrer Argumentation beziehen sie sich auf die Tradition und behaupten, daß die von ihnen beanspruchte umfassende Gesamtautorität vom ursprünglichen Islam vorgesehen war. Ihre Argumente gehen von einem idealisierten Islam-Bild aus, nicht aber von der tatsächlichen Geschichte ihrer Gesellschaft. Für Traditionalisten ist ein islamischer Staat ein Staat, in dem die Gemeinschaft ihr Zusammenleben auf der Grundlage islamischer Prinzipien regelt. Für Fundamentalisten hingegen ist es vor allem wichtig, daß die Regierung islamisch ist und die politischen Führer religiös sind. So ist auch im Programm der Islamischen Republik zu lesen: Ein Land, dessen Bürger alle nach den Prinzipien des Islams leben, sei noch kein islamisches Land. Die Regierung müsse islamisch sein.

Auf Außenstehende machen die Fundamentalisten einen antiquierten, extrem rückschrittlichen Eindruck. Daher könnte man vermuten, daß sie eine sehr alte Weltsicht verkörpern. Paradoxerweise ist der Fundamentalismus die jüngste unter den in der islamischen Welt vertretenen Ideologien.

Diese vier ideologischen Gruppierungen müssen als idealtypische Kategorien begriffen werden. Es gibt zahlreiche Grenzfälle und Überschneidungen. Außerdem ist die Situation dynamisch, und mit den aktuellen Problemen verändern sich auch die Standpunkte. Gruppen können taktische Bündnisse mit anderen eingehen, und einzelne Personen können sich zu verschiedenen Zeiten verschiedenen Richtungen zugehörig fühlen. Außerdem gibt es innerhalb jeder Kategorie wichtige Streitpunkte.

Das deutlichste Beispiel für die Möglichkeit taktischer Bündnisse ist die Koalition aller vier Gruppen, die den Sturz des Schahs herbeiführte. Es gibt aber auch historische Präzedenzfälle, wie z. B. die Koalition zwischen Modernisten und Traditionalisten im Iran um die Jahrhundertwende während der Agitation für eine Verfassung. Ein weiteres Beispiel ist die befristete Koalition zwischen den Fundamentalisten und der kommunistischen Tudeh-Partei, die mit der Eliminierung der Tudeh-Partei und der brutalen Verfolgung ihrer Mitglieder durch die Fundamentalisten ihr Ende fand.

Es gibt auch zahlreiche Beispiele für Überläufer von einer Gruppe zur anderen. Manche Historiker meinen sogar, daß der berühmte Theoretiker und Aktivist al-Afghani Säkularist war, bevor er sich zu einem islamischen Modernisten entwickelte – und daß er diesen Wandel aus der Überlegung heraus vollzog, daß Säkularismus bei der Zielgruppe, die er ansprechen wollte, keine Anhänger finden würde.[12]

Es ist nach wie vor üblich, politische Persönlichkeiten und Strömungen in der islamischen Welt gemäß der westlichen Weltanschauung und politischen Praxis einzustufen. Die politische Realität und die politischen Bedürfnisse sind dort aber anders gelagert, und daraus ergibt sich eine andere Logik, eine andere Kalkulation, eine andere Wertigkeit. Die vier genannten Gruppen stellen Richtungen dar, die in jedem islamischen Land der Gegenwart ihre Entsprechung haben.

2. Der Islam in der Politik

Wie war es möglich, daß der Islam von einer pittoresken orientalischen Religion zu einem der gewichtigsten Faktoren der aktuellen internationalen Politik wurde?

Seine Renaissance in der Politik der Dritten Welt haben Theoretiker verschiedentlich zu erklären versucht. Drei Thesen sind besonders geläufig.

These 1: Der Islam bietet sehr gute Möglichkeiten für die Artikulation politischer und sozialer Ziele.

Laut dieser Erklärung bot sich der Islam geradezu für politische Aktivität an, weil er ein Netzwerk der Organisation und der Kommunikation in Form der überall vorhandenen Moscheen, der regelmäßigen Zusammenkünfte zum Gebet und zur Predigt, sowie der intakten alternativen Führungsschicht der Religionsgelehrten besaß. Er gestattete ferner die Äußerung bestimmer Werte und Gefühle in Worten und Begriffen, die auch der Masse der Bevölkerung vertraut waren. Da der Staat bemüht war, seine Legitimität auch religiös zu untermauern, bot eine Unterwanderung seiner Autorität auf diesem Gebiet eine gute Chance der Entstabilisierung. Der Islam war ein Vehikel für die Artikulierung von Widerstand, da er eine Reihe von kulturellen, politischen und taktischen Eigenschaften besaß, die ihn effektiv machten. Fischer spricht davon, daß der schiitische Islam über eine Reihe von »Paradigmen« verfügte, die »das Bewußtsein über moralische Fehler der Regierung und über soziale Bedürfnisse schärfte« und zugleich »Kanäle für die Solidarisierung und die Organisation von Konflikten bot; zudem eine Symbolik bereithielt, der das Thema der Unterdrückung durch tyrannische Könige und der Widerstand gegen sie vertraut war«.[13]

These 2: Die sogenannte »islamische Revolution« war in Wirklichkeit nur ein interner Konflikt zwischen verschiedenen Teilen der Elite, wobei sich die eine Seite eines weltlichen Vokabulars bediente, während die andere, traditionelle Seite sich von der Ulema, den Rechtsgelehrten, vertreten ließ und ein religiöses Begriffssystem benutzte.

Vertreter dieser Erklärung verweisen auf die äußerst pragmatische, mitunter auch deutlich opportunistische Vorgehensweise der Ulema, wie sie sich in ihrem Umgang mit der Staatsgewalt, der Monarchie und den übrigen Teilen der Elite manifestierte und auch in der Koalitionspolitik ihren Ausdruck fand.[14] Von allen Autoren vertritt Said Amir Arjomand diese Richtung am dezidiertesten. Er sah in der Ulema lediglich eine soziale Interessensvertretung wie andere auch, bewiesen durch ihre wechselnde Bündnispolitik und ihre großen taktierenden Fähigkeiten. Für ihn war die »islamische Revolution« nur ein »klerikaler Coup'Etat«[15], bei dem es um sehr weltliche Interessen ging.

These 3: Der Islam unterscheidet sich von anderen Religionen durch sein Verhältnis zur Politik.

Manche Autoren schränken dieses Argument auf den schiitischen Islam ein und meinen, diese Richtung des Islam eigne sich besonders für oppositionelle und radikale Sozialbewegungen. Diese These ist die momentan gängigste in der westlichen Politikwissenschaft sowie in den Medien. Der Islam, heißt es immer wieder, gestattet keine Trennung zwischen Politik und Religion, da er das gesamte Leben der Gemeinschaft nach seinen Prinzipien regeln will. Und besonders der schiitische Islam, lautet die Fortsetzung dieser Argumentation, hat eine lange Tradition der politischen Opposition seit seinen Anfängen, als er gegen die Dominanz der Araber eingesetzt wurde und zur Herausbildung einer eigenen persischen Identität beitrug.

Jede dieser drei Thesen besitzt eine gewisse Plausibilität. Ihnen allen aber ist gemeinsam, daß sie dazu neigen, »im Kreis« zu argumentieren: »Politik in den islamischen Ländern ist islamisch, weil der Islam politisch ist.«

Darüber hinaus postulieren sie die Einmaligkeit des Islams in einer Art und Weise, wie sie sich bei einer näheren Überlegung als nicht statthaft erweist. Auch das Christentum enthält z. B. Ansätze einer grundlegenden Kritik am Begriff des Eigentums oder des Staates und Aufrufe zum Widerstand im Diesseits. Auch das Christentum kann eine höchst politische Interpretation erfahren, wie z. B. gegenwärtig in der lateinamerikanischen »Theologie der Befreiung«, und auch das Christentum hat eine sehr emotional geladene Symbolik, Paradigmen des Märtyrertums, des Widerstands gegen Tyrannei und Unterdrückung u. ä. m. Relevanter wäre daher wohl die Frage, unter welchen Umständen ein Land der Dritten Welt in seiner Umbruchphase auf die politische Motivierungskraft von Religionen verfällt, statt andere ideologische Formen zu entwickeln.

Insgesamt bergen die gängigen Erklärungen in sich die Gefahr, den Islam zu sehr als undifferenzierte Einheit zu sehen. Es werden auf diese Weise bedeutsame Unterschiede, interne Unstimmigkeiten und Interessenkonflikte vernachlässigt. Es mag sogar falsch sein, die Frage überhaupt in dieser Form zu stellen: Warum artikulierte sich der Widerstand islamisch?

Betrachten wir statt dessen die Ereignisse im Iran vom Blickpunkt der eingangs skizzierten drei Konfliktfelder des internationalen Systems.

Der Iran ist wie jedes andere Land ein politischer Verband, in dem Gruppen, Akteure und Klassen ihre Interessen verfolgen und ihre Wertvorstellungen zu verwirklichen suchen. Die Ulema war schon immer eine Gruppe, die sich intensiv daran beteiligte, ebenso wie die Händler, die Landbesitzer, die Beamten, die Aristokratie usw. Auch das starke Mitmischen von Fremdmächten gehörte fast in jeder Phase der iranischen Geschichte zu den Realitäten der persischen Politik.

Chronologisch gesehen waren die Traditionalisten die erste Gruppe, die aktiv wurde. Sie repräsentierten einen Teil der Elite und standen in wechselnder Beziehung zur Staatsmacht und zu den anderen Teilen der Elite. Es wäre falsch zu behaupten, die religiöse Führung habe dem Staat stets kritisch gegenübergestanden; statt dessen wäre es zutreffender, davon auszugehen, daß die Ulema stets eine Rolle in der Politik spielte, wobei sie in einigen

Fällen in Einklang mit der Regierung und in anderen in Opposition zu ihr stand. Schon immer fällten Religionsgelehrte das Urteil, ein bestimmter Herrscher habe unrechtmäßig die Macht inne, und trugen damit zu seinem Sturz bei, indem sie die Opposition religiös legitimierten – ebenso häufig aber verbündeten sie sich mit der Staatsmacht. Bei historischer Betrachtung erweisen sich zumindest einige Komplikationen des iranischen politischen Prozesses als gar nicht so neu.

Ein Europäer, der im 17. Jahrhundert in Isfahan lebte, berichtete, daß »die Perser unter sich uneinig sind über die Frage, wer das Recht hat, den Platz des ›Zwölften Imam‹ einzunehmen, und in religiöser und weltlicher Hinsicht über sie zu regieren ... ›Wie soll es denn möglich sein‹, sagen die Männer der Kirche, ›daß diese ... ungläubigen Könige, Säufer und Wüstlinge die Vertreter Gottes sein sollen ...?‹«[16]

Umgekehrt aber war auch die Position der Religionsführer nicht unangetastet. Es gab heftige Kontroversen darüber, welche Rechte der Ulema in Abwesenheit des »Zwölften Imam« überhaupt zustanden; umstritten war vor allem ihr Recht, den »Heiligen Krieg« auszurufen und Steuern einzutreiben.[17]

Ihre Stellung kann nicht mit der der katholischen Kirche im Mittelalter verglichen werden; auch gibt es im Islam kein Äquivalent für die Doktrin der Unfehlbarkeit des Papstes. Aber die Ulema hatte eine bedeutende moralische Autorität, zahlreiche materielle und ideologische Ressourcen, gut funktionierende Organisations- und Kommunikationsnetze, die sich mit einer Totalität über das ganze Land erstreckten, die von der weltlichen Zentralregierung niemals erreicht wurde, auch nicht unter dem Schah. Die Ulema hatte aber auch Feinde in den Kreisen, deren Interessen und Ambitionen durch die traditionellen Werte und durch ihre privilegierte Stellung blockiert wurden.

Die Säkularisten und die Modernisten vertraten jene Gruppen in der Gesellschaft, die sich grundlegende Änderungen erhofften. Aus verschiedenen Gründen wandten sich dabei Teile dieser beiden Gruppen dem Westen zu, weil sie von dort Hilfe erhielten oder erhofften; weil sie von dort ein begriffliches System entlehnen konnten, das dem traditionellen entgegenzuhalten war; weil es bewies, daß die angestrebten Reformen nicht nur möglich, sondern mächtiger als das alte System waren, das man stürzen wollte. Das war ein langer und wechselhafter Prozeß, und sein vorläufiges

Produkt waren westlich ausgebildete Nationalisten, die in vielen Ländern den anti-kolonialistischen Unabhängigkeitskampf anführten. Ihr Erfolg gegen die Kolonialländer verschaffte ihnen Popularität – »trotz und nicht wegen ihrer säkularen Haltungen«.[18] In einigen Ländern, vornehmlich in der Türkei, erlaubten eine Reihe von Faktoren den Aufstieg und die Machtergreifung der Säkularisten: ihr militärischer Erfolg, eine charismatische Führungsperson, ein kultureller Hintergrund, der neben dem Islam noch andere Identitätsfelder bot. Im Iran wurden die Sozialreformen zunächst innerhalb des Rahmens der staatlichen Autorität eingeführt, nämlich durch den Monarchen. Die Säkularisten blieben schwach und neigten entweder dazu, Modernisten zu werden – in der Hoffnung, damit ihre Basis auszuweiten – oder ihren Einfluß an die Modernisten zu verlieren. Die Traditionalisten verhielten sich so wie bisher auch; sie unterstützten den Monarchen oder setzten ihn unter Druck, je nach Einschätzung ihrer Interessenskonvergenz im Einzelfall.

Khomeini selbst scheint in den vierziger und fünfziger Jahren ein Traditionalist gewesen zu sein. Anfangs kämpfte er vornehmlich gegen die Veränderungen der traditionellen Lebensweise, die er als unvereinbar mit islamischen Werten betrachtete: die Abschaffung des Schleiers der Frauen, die Einführung koedukativer Schulen und des Frauenwahlrechts, die Übernahme westlicher Kleidung, die Reform der Familiengesetzgebung. Er setzte sich für die Beteiligung der Ulema an der Regierung ein, aber nur in Form einer Kontrollinstanz, wie es bereits in der Verfassung vorgesehen war. Die Zielvorstellung einer Regierung, gebildet aus Religionsführern, existierte damals noch nicht. In seinem Buch *Kashf-al-Asrar* spricht Khomeini sich sogar deutlich dagegen aus.

»Wir sagen nicht, daß die Regierung in den Händen des ›Faqih‹ (des religiösen Führers) liegen soll. Wir wollen nur, daß die Regierung den Gesetzen Gottes folgt, wie es das Wohlergehen der Gemeinschaft und des Landes verlangt, und dies ist nur mit der Beaufsichtigung durch die Religionsführer möglich. Dieses Prinzip ist in der Verfassung verankert, und es widerspricht in keiner Hinsicht der Stabilität der Regierung oder der öffentlichen Ordnung.«[19]

Er geht noch weiter und schreibt, daß »alle, die im Land leben, ohne Ausnahme, ob Religionsführer oder Händler, ob Soldaten oder Geschäftsleute, mit der Regierung kooperieren würden, wenn die Aufsicht der Ulema über die Gesetzgebung gewährleistet wäre«. Shahrough Akhavi[20] beschreibt das Buch *Kashf-al-Asrar* sogar als eine Verteidigung des monarchischen Prinzips; auf jeden Fall erkennt Khomeini darin die Richtigkeit und Notwendigkeit einer weltlichen Regierung an und argumentiert sogar, daß »eine schlechte Regierung besser ist als gar keine«, da sie zumindest teilweise die öffentliche Ordnung garantiert.

Das ist die klassisch konservative, in diesem Fall traditionalistische Haltung. Wieso wurde Khomeini ein Fundamentalist?

Möglicherweise liegt die Erklärung darin, daß innere und äußere politische Prozesse den Ländern der Dritten Welt unter bestimmten Umständen eine Radikalisierung der Tradition aufzwingen können. Die Kombination von neuen, explosiven sozialen Kräften, ausländischer Intervention und den vielfältigen Belastungen der Innen- und Außenpolitik mag einige unter den Traditionalisten, darunter Khomeini, überzeugt haben, daß ihre traditionelle Ordnung unter einer zu massiven Bedrohung stand, als daß man sich auf die althergebrachten Verteidigungsmittel verlassen könnte. Er könnte zu dem Schluß gelangt sein, daß der konservative Kampf für eine Restauration des alten Kräftegleichgewichtes diesmal scheitern und daß die Ulema selber die Macht übernehmen und die Gesellschaft radikal umgestalten müsse, um nicht gänzlich ausgeschaltet zu werden. Für eine solche Interpretation spricht einiges. Mehrere der bedeutendsten islamischen Gelehrten des Irans hatten ihre Sorge über die Veränderungen geäußert, die ihrer Ansicht nach nicht mehr in das alte Muster des Machtgleichgewichts paßten, sondern eine qualitative Veränderung in den Beziehungen zwischen Staat und Religionsautorität und sogar die vollständige Beseitigung des Einflusses der Religion ankündigten. In seinem Vortrag »Die Grenze zwischen religiösen und sozialen Fragen« vertrat Mehdi Bazargan, der nach dem Sturz des Schahs die erste Regierung bildete, schon 1962 eindeutig diese Position. Politik und Religion, argumentierte er hier, müßten getrennt bleiben, sich aber gleichgewichtig gegenüberstehen, müßten sowohl durch Formen der Zusammenarbeit als auch durch institutionalisierte Rivalitäten miteinander verbunden sein. Nun aber drohe die Politik, die Religion vollständig zu dominieren, und der nächste Schritt könne sehr wohl die Eliminierung der Religion sein. Es sei der Punkt erreicht, an dem es für die religiöse Autorität um »Leben oder Tod« ginge. Daher müßten sich die religiösen Kräfte sammeln, nicht nur um ihr eigenes Überleben zu sichern, sondern vor allem auch um die Gesellschaft vor den Folgen der Alleinherrschaft weltlicher Autorität zu bewahren.[21]

In einer Ansprache, die er 1964 in Ghom hielt, drückte auch Khomeini seine Sorge über einen schweren Angriff der weltlichen Institutionen auf die Religion aus. Er zitierte einen Satz aus einem Schulbuch, in dem es hieß: »Im Interesse unserer Nation muß der Einfluß der religiösen Führer ausgeschaltet werden.«[22]

Der Groß-Ayatollah Schariat-Madari, ein Traditionalist mit der festen Überzeugung, daß die religiöse Autorität sich auf deren spezifischen Wirkungskreis beschränken solle und daß sie ihre Geltung verliere und ihre Aufgaben verrate, wenn sie sich in die täglichen Geschäfte der Politik und der Bürokratie verstricken ließe, war sich des Kollisionskurses von staatlicher und religiöser Autorität sehr bewußt. 1970 boykottierte er einen Streik, zu dem Studenten in Ghom und Teheran aufriefen, und wurde als »anti-nationalistisch und anti-religiös« kritisiert. Er versuchte generell, eine Radikalisierung der Situation zu verhindern und statt dessen die alte Ordnung wieder herzustellen, in der Religionsführer innerhalb festgelegter Grenzen einen anerkannten Einfluß ausgeübt hatten. In seinen Aussagen wird deutlich, daß er sich der Gefahr der Radikalisierung durch einen Übergang des Traditionalismus in den Fundamentalismus bewußt war und daß er ihr entgegenzuarbeiten versuchte. Als er sich z. B. im November 1978 gegen die Ausrufung des Kriegsrechts aussprach, warnte er die Regierung davor, daß »wir (Religionsführer, d. Verf.) uns noch nicht für den bewaffneten Kampf entschieden haben, aber wenn die Regierung uns alle anderen Wege versperrt, werden wir gezwungen sein, diesen Pfad einzuschlagen«.[23]

In der Dynamik der Radikalisierung, in die Staat und Ulema sich letztlich verstrickten, ist es schwer zu erkennen, welche Seite als Initiator des totalen Konflikts betrachtet werden soll. War es der Staat, der mit seiner Offensive gegen die Religionseliten, mit den Repressionen gegen oppositionell eingestellte Religionsführer und dem Eingriff in die religiöse Sphäre durch die Schaffung einer »Religionsbrigade« monarchiefreundlicher Modernisten die Weichen für die Konfrontation gestellt hatte? Oder ergriff der Schah diese Maßnahme, weil er erkannte, daß die Religionsführer sich radikalisierten und im Begriff waren, einen Angriff auf seine Position zu unternehmen?

Jedenfalls hatte Khomeini, als er sein Buch *Islamic Government* schrieb, den Wechsel vom Traditionalisten zum Fundamentalisten bereits vollzogen. Nun forderte er dezidiert, daß die Ulema die Funktion des Regierens übernehmen müsse. Darüber hinaus jedoch sind seine Vorstellungen noch sehr vage und unverbindlich. Er äußerte sich nicht zu den Fragen, welche Form ein solcher Staat haben sollte, ob es politische Parteien geben werde, ob eine Gruppe der Ulema oder eine einzelne Person aus ihrem Kreis an der Spitze stünde, und wenn letzteres, wie sie ausgewählt würde – er kündigte lediglich das neue Prinzip an.

Die Aussagen Khomeinis im französischen Exil waren, wie sich aber erst später herausstellen sollte, eher taktisch als programmatisch. Seine Koalition mit den Modernisten funktionierte damals noch. Angehörige vieler linken Gruppierungen trafen sich in Paris mit Khomeini, sprachen mit ihm und seinen Gefolgsleuten und gewannen aus ihren Gesprächen den Eindruck, daß in Khomeinis neuem Iran auch für sie Platz sein würde.

Teilweise verfolgte er mit seiner programmatischen und ideologischen Undeutlichkeit hier offenbar das Ziel, seine Anhängerschaft möglichst breit zu halten. Sein Verbindungsmann Yazdi unterrichtete die Gefolgsleute Khomeinis in Paris, im Umgang mit der internationalen Presse vor allem drei Punkte zu betonen: die Rechte der Minderheiten, die Rechte der Frauen und die geplante Abhaltung demokratischer Wahlen.[24] Wie sich schnell herausstellen sollte, entsprach keiner dieser drei Punkte dem tatsächlichen Verhalten der Fundamentalisten nach ihrer Machtergreifung, im Gegenteil. Zu diesem Zeitpunkt ließ sich Khomeini anscheinend von seinen modernistischen Beratern »willig« lenken. Bani-Sadr berichtet, daß er und Yazdi gemeinsam eine Liste von 18 Punkten erstellten und sie Khomeini als Leitfaden für seine Interviews mit der westlichen Presse überreichten; er hielt sich strikt daran. Aus ihrem Umgang mit Khomeini gewannen sie den Eindruck, daß er ihre größere Kompetenz in der Führung der Staatsgeschäfte prinzipiell anerkenne und sich auch nach der Machtübernahme weiterhin von ihnen leiten lassen würde, da sie im Gegensatz zu ihm die entsprechende Ausbildung und Erfahrung hatten. Daß es Khomeini gelang, die Modernisten so lange und trotz derart enger Zusammenarbeit im Hinblick auf seine politischen Absichten zu täuschen, ist ein weiterer Beweis für die große Fähigkeit der Fundamentalisten zu pragmatisch politischem Handeln. Dazu merkt Nikki Keddie an: »Die Reaktionen der Ulema erscheinen ›reaktionär‹, wenn sie gegen Modernisierung und Zentralisierung gerichtet sind, und ›progressiv‹, wenn sie gegen den Imperialismus auftreten. Aber in beiden Fällen handelte die Ulema lediglich im Sinne der Erhaltung ihrer eigenen Macht.«[25]

Für die Traditionalisten unter den Religionsführern waren nicht alle Mittel gestattet. Ihnen war es vor allem ein Anliegen, Anarchie und soziales Chaos um jeden Preis zu vermeiden. Sie fürchteten einen Volksaufstand, zum Teil auch deshalb, weil sie sich selber zur Elite rechneten und keinen Vorteil darin sahen, die bestehenden Hierarchien zu Fall zu bringen. Khomeini, bereits im Exil, hatte dagegen keine anerkannte Position mehr zu verlieren und entwikkelte in dieser Situation eine andere Perspektive. Er befürwortete geradezu, die Radikalisierung voranzutreiben und den Bruch der traditionellen religiösen Haltung mit der Staatsmacht herbeizuführen.

Die Feststellung, daß die Traditionalisten sich immer schon aktiv an der iranischen Politik beteiligt hatten, ist sehr wichtig, denn sie zeigt, daß die Ulema – im Gegensatz zur oft gehörten Ansicht, der Islam kenne keine »Priesterschaft« – eben doch in gewisser Hinsicht auch eine Interessensgruppe und Teil einer Klasse war. Morris Janowitz[26] kritisiert die verhängnisvolle Neigung der Modernisierungstheorie, die politische Handlungsfähigkeit traditioneller Akteure zu unterschätzen; der Iran ist hierfür eine besonders einprägsame Illustration.

Nachdem die traditionelle Beziehung zwischen Monarchie und Ulema also einen ernsten Bruch erlebt hatte, begann die Ulema, sich nach neuen Bündnispartnern umzusehen. Sie fand sie in den Modernisten, die zwar viele Aspekte des Modernisierungsprogramms des Schahs unterstützten, die aber mit seinen Repressionen und seinem Herrschaftsstil nicht einverstanden sein konnten. In ihrer Opposition zum Schah waren beide bemüht, ihre Basis zu erweitern, und diese Bemühung brachte sie einander näher. Unter soziologischen Gesichtspunkten waren sie einander auch nicht so fremd, wie eine rein äußerliche Betrachtung ihrer Standorte vermuten lassen könnte: Zwischen ihren jeweiligen Führungspersonen gab es zahlreiche soziale und verwandtschaftliche Beziehungen (Bani-Sadrs Vater war ein Ayatollah, Ayatollah Taleghanis Sohn wurde Marxist usw.). Beide Teile erhofften sich aus ihrer Verbindung eine Erweiterung ihrer jeweiligen Basis.

Die Modernisten rechneten mit einem besseren Zugang zu den

traditionell und religiös denkenden Massen; die Fundamentalisten erwarteten einen Nutzen von der größeren Schlagkraft und der international wirksameren Organisation der Modernisten sowie einen Zugang zur neuen Mittelschicht.[27]

Um sich ein genaueres Bild über die Inhalte dieser Koalition machen zu können, ist es interessant, die Positionen ihrer zwei prominentesten Vertreter gegenüberzustellen.

Wie wir bereits festgestellt haben, sieht die Politikwissenschaft die Dritte Welt vornehmlich aus dem westlichen Blickwinkel. Aus dieser Perspektive erscheint die Koalition zwischen Modernisten und Fundamentalisten unwahrscheinlich und unsinnig. Die politische Perspektive der Betroffenen kann die Situation aber anders erscheinen lassen.

Der Modernist Ali Schariati und der Fundamentalist Khomeini weisen in mancher Hinsicht erstaunliche Gemeinsamkeiten auf.

3. Die Theoretiker der Koalition: Ali Schariati und Khomeini

Schariati ist die Verkörperung des modernistischen, in gewisser Hinsicht auch des sozialistischen Islam. Sein Tod im Jahr 1977 (verschiedentlich als Folge einer Krebserkrankung oder eines Attentats beschrieben) macht es unmöglich zu sagen, wie er sich in der Auseinandersetzung zwischen Modernisten und Fundamentalisten verhalten hätte. Seine Schriften sind nach wie vor von zentraler Bedeutung für seine zahlreichen Anhänger, die die Gedanken ihres Meisters nun beliebig interpretieren können.

Die vorliegenden Biographien über Schariati weichen zwar voneinander ab, aber es steht fest, daß er aus einer Familie ländlicher Religionsgelehrter stammte. Sein Vater lehrte und schrieb, Schariati selbst bereitete sich darauf vor, Lehrer zu werden. Er war Dozent am »Zentrum für die Verbreitung der Islamischen Lehre« in Meshed, einer Einrichtung, die sein Vater mitbegründet hatte. Danach verbrachte Schariati fünf Jahre an der Universität in Paris, ein Aufenthalt, der seine späteren Schriften unverkennbar geprägt hat. Der französische Existentialismus, studentische Diskussionen über Marxismus und Antikolonialismus sowie eine stilistische Anlehnung an Fanon sind unverkennbar. Schariatis Buch *Man, Marxism, and Islam* zeigt diesen Einfluß am deutlichsten; es liest sich streckenweise wie eine Seminararbeit, in der der Verfasser pflichtbewußt alle wichtigen Denkrichtungen der westlichen Philosophie streift. Andere Aufsätze, vor allem *Philosophy of History: Cain and Abel*, verraten den Einfluß der französischen Strukturfunktionalisten und Lacans. Es ist hier gewiß nicht unsere Absicht, Schariati einer Literaturkritik zu unterziehen. Wir halten jedoch die biographische Komponente zur Erklärung mancher Phänomene des politischen Prozesses in der Dritten Welt für wichtig. Die Modernisten hatten infolge ihrer persönlichen Lebenserfahrung eine sehr eklektische ideologische und kulturelle Identität verinnerlicht. Schon allein deshalb mußte ihr Verhältnis zur Masse der Bevölkerung anders sein als das der Fundamentalisten, die auch persönlich ein noch viel ungebrocheneres Verhältnis zum kulturellen Status quo besaßen. Für die breite Masse mußte die Sprache Khomeinis vertrauter und glaubwürdiger sein als die fremderen und komplizierteren Abhandlungen der Modernisten.

Schariatis Schriften spiegeln widersprüchliche Einstellungen zur Frage der Religion und Politik wider. Darüber hinaus sind sie meist nur in Neuauflagen verfügbar, die nach seinem Tod von seinen Anhängern veröffentlicht wurden, häufig in neuer Zusammenstellung und mit neuen Titeln. Aus *Man, Marxism, and Islam* wurde z.B. *Marxism and Other Western Fallacies*. Schariati beschreibt zwar die sozialen Reformen, die seiner Ansicht nach unbedingt durchgeführt werden müssen, aber er bestimmt nicht, wer der Träger der sozialen Veränderung sein soll oder auf welchem Wege sie durchzusetzen ist. Das wird zum Teil darin begründet sein, daß er vor der tatsächlichen Realisierungsphase starb und hauptsächlich in jener Zeit aktiv war, in der es mehr um die programmatische Linie und die ideologische Arbeit ging.

Stellt man nun die Schriften von Schariati und Khomeini gegenüber, so zeigen sich drei Konsenspunkte:

Erstens das Argument, daß der schiitische Islam immer schon Instrument für politische Veränderung war, zweitens eine elitäre Einstellung zur Führung und zum Regieren sowie drittens eine starke nationalistische Komponente und eine Definition des Iran, die sich stark an die Zugehörigkeit zur Dritten Welt anlehnt.

In ihren Schriften vermischten sowohl Schariati wie auch Khomeini Anti-Imperialismus, anti-kolonialistischen Nationalismus und militanten Islam. Und beide skizzierten ein nur sehr vages

Bild von dem, was auf die Veränderungen folgen sollte. Darüber hinaus gibt es noch eine Reihe von interessanten inhaltlichen Überschneidungen. Beide kritisieren sehr heftig den Materialismus der Eliten und attackieren die Korruption; beide bedienen sich in ihrer Kritik einer religiösen Symbolik. Schariati: »Schiiten kehren den prächtigen Moscheen und den reichen Palästen der Kalifen des Islam den Rücken und wenden sich dem einfachen Lehmhaus der Fatima (Tochter des Propheten, d. Verf.) zu.«[28]

Und Khomeini:

»Ali lebte ein Leben vollkommener Kargheit und Bescheidenheit, obwohl er einen mächtigen Staat regierte, in dem der Iran, die Hejaz und der Yemen nur Provinzen unter seiner Herrschaft waren. Ich glaube nicht, daß selbst die armen Leute in unserem Land heute ein so einfaches Leben führen wie damals der Imam... Trotz all ihrer Macht beschäftigten sich die Propheten nie mit den Freuden des Lebens und sie kümmerten sich nicht um irdische Dinge... Das Leben des Propheten Mohammed war von vollkommener Einfachheit. Er selber besaß überhaupt nichts...«[29]

Hinter der oberflächlichen Ähnlichkeit der Argumentation verbergen sich tiefgreifende politische Ambivalenzen. Der linke Schariati bezog sich auf Fatima, die Tochter des Propheten und eine bedeutende Kultfigur der Schiiten. Khomeini verdammte Besitz- und Eigentumsdenken, obwohl gerade auch die traditionelle Schicht der Händler, die Bazaaris, das Rückgrat seiner Gefolgschaft bildeten. Khomeini betonte daher zugleich, daß das Eigentum der einzelnen Muslims unter einer echten islamischen Regierung unantastbar sein würde, daß es sogar sicherer sein und besser gedeihen werde als unter dem Schah, dessen Fehlplanung und Korruption der Wirtschaft und dem Handel nur schadeten. Aber die politische Führung selbst solle erhaben sein über die Sorge um Privilegien und Wohlstand. Die wahre Macht zeige sich nicht in ihren weltlichen Attributen, sondern in einer tiefen moralischen Mißachtung von Vorteil und Besitz. Dem »Theaterstaat« des Schahs, in dem Prunkeinrichtungen, kolossale Bauten und spektakulärer Reichtum die Macht der Dynastie demonstrierten, stellte Khomeini das Modell des kargen puritanischen Moralstaates gegenüber.

Die Opposition gegen den Schah mußte im Iran auch die Frage des Monarchismus aufgreifen. Schariati und Khomeini waren sich darin einig, daß der Kampf nicht nur gegen *diesen* Kaiser, sondern gegen die Monarchie prinzipiell gehen sollte.

Schariati: »Die Geschichte des Islam folgt einem seltsamen Pfad;

einem Pfad, auf dem alle möglichen Räuber und Verbrecher aus arabischen, persischen, türkischen und mongolischen Dynastien sich das Recht auf Herrschaft über die islamische Gemeinschaft nehmen, zum Ausschluß der Familie des Propheten und der rechtmäßigen Imame des Islam.« (Schariati, *Red Shi'ism*, S. 10)

In seinem Buch *Islamic Govenment* äußert Khomeini unmißverständlich, daß die Monarchie keine politische Autorität habe. Entscheidungen oder Urteile, die von der monarchischen Ordnung getroffen werden, seien falsch und unverbindlich, auch wenn das ihnen zugrundeliegende Prinzip objektiv richtig sei, denn sie stammten dennoch von der falschen Quelle und könnten daher nicht rechtmäßig sein. Der »Sultan« kann höchstens eine »Person im Dienst der Gelehrten (d.h. der Ulema) sein«.

Die politischen Werte des islamisch gelenkten Widerstandes drückten eine eigentümliche Verbindung von Populismus und Elitedenken aus. Der Volkswille hat sich in spontanen Kundgebungen der Massen zu äußern; Veränderungen haben stattzufinden, indem dieser Massenwille durch die zuständigen Führer interpretiert und, falls legitim, in die Tat umgesetzt wird; regieren bedeutet, die Massen zu verwalten und anzuführen. Insofern zeigten die politischen Ansichten sowohl Khomeinis als auch Schariatis einen deutlichen Hang zur totalitären Demokratie. Sie teilten den Glauben an die Rolle einer revolutionären Vorhut der »Erleuchteten«, die befugt ist, im Namen der Bevölkerung eine gerechte und rechtmäßige Ordnung zu etablieren. Beide betrachteten das Volk als unfähig zum Selbstregieren. Am deutlichsten tritt dies in den Schriften Khomeinis zutage: »Die Herrschaft des Religionsgelehrten wird von der Scharia (der religiösen Tradition) festgelegt, denn die Scharia sieht in uns den Vormund über Minderjährige. Die Aufgabe desjenigen, der Vormund über ein ganzes Volk ist, entspricht der Aufgabe desjenigen, der die Vormundschaft über einen einzigen Minderjährigen innehat.« (Khomeini, S. 38)

Khomeini führte an dieser Stelle noch nicht aus, welche Regierungsform die Regentschaft des Religionsgelehrten annehmen solle. Er ließ explizit offen, ob die Gelehrten »gemeinsam oder einzeln« regieren sollten (d.h., ob sie alle zusammen die Regierung bilden oder ob einer aus ihrer Mitte das Führungsamt übernehmen sollte), ob die Regierung »aus einer Person bestehen« oder »in gleichem Maße geteilt werden soll« (Khomeini, S. 39).

Deutlich war dagegen eines: die Ulema hat die Regierung zu sein, da weder das Volk noch eine weltliche Herrschaft den rechtmäßigen Weg erkennen und einschlagen kann.

Schariati schrieb zwar progressiver, war aber dennoch nicht minder elitär. Nur leitet sich die Legitimität seiner »Vorhut« nicht von der religiösen Tradition, sondern von der »Revolution der Dritten Welt« ab. Er plädiert für eine Art Diktatur der Intelligenzija und begründet sie mit folgenden Gedanken:

»Auf diesem Prinzip bauen heute alle Intellektuellen der Dritten Welt ihre Gesellschaften auf, sei es in Lateinamerika, in Afrika oder in Asien, und das vor allem in denjenigen Ländern, die erst kürzlich ihre Unabhängigkeit erringen konnten... Zuerst führen sie eine Revolution durch. Mit der Hilfe ihrer Intellektuellen und Theoretiker befreien sie sich und ihr Land von den Kolonialisten. Danach aber müssen sie erkennen, daß das Volk, auf dessen demokratisch geäußerten Willen sie sich verlassen wollten, aus Leuten besteht, die ihre Stimme für 50 Pfennig verkaufen. Man kann leicht 100 Stimmen gewinnen, indem man den Menschen eine Schüssel heiße Suppe verspricht... Wenn wir also mittels allgemeiner Wahlen unseren Führer wählen, dann bekommen wir auf diese Weise nur eine Person, die dem Feind dienen wird.«[30]

Aus dieser Erfahrung, fährt Schariati fort, zogen die wenigen erfolgreichen Länder der Dritten Welt die einzig mögliche Konsequenz, nämlich daß man »die Macht nicht in die Hände eines Volks legen darf, das von Macht nichts versteht«. Statt dessen muß man »die Macht der revolutionären Gruppe, die auch die Revolution erfolgreich angeleitet hat, aufrechterhalten. Dieses politische System ist als revolutionär oder als Demokratie in sozialer Bewegung zu bezeichnen: die revolutionäre Gruppe und die von ihr gewählten Nachfolger regieren, und zwar ohne Abstimmung oder Wahlen.« (Schariati, *Selection or Election*, S. 14)

Diese Phase dauert nach Schariati solange an, bis die Bevölkerung sich zu gebildeten und unabhängig denkenden Bürgern entwickelt hat. Dieses Prinzip der Herrschaft durch eine Elitegruppe ist, wie er an mehreren Stellen betont, nicht nur ein zwingendes Fazit aus der Erfahrung revolutionärer Länder der Dritten Welt, es ist auch »ein islamisches Prinzip«. »Wenn sich die islamische Gesellschaft rechtmäßig entwickelt hätte, wenn die Nachkommen Alis und nicht eine Serie von Tyrannen, korrupten Kalifen und Opportunisten regiert hätten, dann hätten wir heute schon den Entwicklungspunkt erreicht, an dem Wahlen möglich sind.« (Shariati, *Selection or Election*, S. 14)

Auch beim Modernisten Bani-Sadr zeigte sich der eklektische Zugang. Als Beispiel können wir seine Reden heranziehen, die unter dem Titel *Work and the Worker in Islam* veröffentlicht worden sind.[32] Das Deckblatt ist dem sozialistischen Realismus entlehnt; muskulöse Arbeiter zerschmettern mit ihren Spaten eine Eisenkette, die sie fesselt. Aber den Hintergrund für diese Szene bietet ein überdimensionales, mit Bleistift schemenhaft skizziertes Abbild von Khomeinis Gesicht, und in der Einleitung des Buchs wird betont, daß Bani-Sadr der Sohn des Ayatollah Sayyid Nasrollah Bani-Sadr ist. Auch der Inhalt des Bandes besteht aus einer Reihe verschiedener Themen, von einer Befürwortung der Polygamie und der schiitischen Einrichtung der Ehe auf Zeit mit modernistischen Gründen bis hin zu ökonomischen Theorien und einer Kritik des Marxismus, vor allem der iranischen Marxisten. Auch bei religiösen Fragen ist die Argumentation nicht traditionell, sondern modernistisch. Die Ehe auf Zeit z. B. wird verglichen mit der westlichen Praxis, vor der Ehe »probeweise« zusammenzuleben. Die Polygamie ermögliche in Zeiten der Männerknappheit allen Frauen sexuelle Erfüllung sowie die finanzielle und soziale Sicherheit der Ehe. Diese Art der Argumentation ist typisch für die Modernisten: für ein imaginäres Publikum des Westens, vor dem man sich rechtfertigen, vor dem man nicht als rückständig und abergläubisch dastehen will, stets bestrebt, eine rationale Begründung vorzuweisen.

Als die Modernisten sich auf eine Koalition mit den Fundamentalisten einließen, begaben sie sich in eine Situation, aus der sie niemals als Sieger hervorgehen konnten. Sie taten dies, weil sie darin Vorteile für sich sahen und vielleicht auch weil sie – wie so viele andere – nicht erkannten, wie stark sich die Traditionalisten radikalisiert hatten und daß sie nun ganz neue Ziele verfolgten. Die Fehler der Modernisten, sowohl ihre internen wie auch jene gegenüber der Bevölkerung, sind für ein besseres Verständnis der politischen Ereignisse in der gesamten islamischen Welt von Interesse. Um diese Fehler zu erklären, möchten wir im Hinblick auf die eingangs angeführten Hypothesen zum politischen Prozeß in der Dritten Welt vor allem folgendes festhalten:

Erstens: Die Interaktion zwischen dem Schah und den neuen gesellschaftlichen Kräften wurde entscheidend von der Fähigkeit des Schahs, Unterstützung von Fremdmächten zu erhalten, geprägt. Ohne diese massive Fremdeinwirkung hätten die neuen

Akteure wahrscheinlich eine wesentlich stärkere Position gegenüber der Monarchie gehabt; auf sich allein gestellt hätte der Schah entweder mehr Zugeständnisse machen und Anpassungen durchführen müssen, oder die Konfrontation hätte viel früher stattgefunden.

Es ist auch durchaus wahrscheinlich, daß die Nationale Front sich ohne die amerikanische Opposition gegen Mossadegh vollkommen anders entwickelt hätte.

Zweitens: Das Verhältnis zwischen den verschiedenen Parteien und Gruppen wies die für die Dritte Welt typische Verzerrung auf. Der Nationalismus, vor allem in seinen kulturellen Dimensionen, machte es den Modernisten unmöglich, diejenigen Aspekte der Tradition effektiv anzugreifen, deren Eliminierung und Bekämpfung in der europäischen Geschichte den Kern der sozialen Reform ausmachten.

Wäre der Schah von den USA weniger stark abhängig gewesen, hätte er sich vielleicht zu einer für die Nationalisten akzeptablen Führungsperson entwickeln können; hätte er nicht stets mit dem Rückhalt der USA rechnen können, wäre er vielleicht gezwungen gewesen, bei den modernistischen Gruppen nach Bündnispartnern zu suchen; wären die Säkularisierung und die Einführung moderner Institutionen nicht so untrennbar mit dem fremden Westen und einem repressiven Monarchen verbunden gewesen, hätte sich die Religion nicht zu einem derart effektiven Symbol für den Widerstand aufspielen können; statt dessen hätten ihre Vertreter als Symbole für alte Privilegien und überkommene Hierarchien bekämpft werden können.

III. Was geschah im Iran?

Es ist üblich geworden, von der »iranischen Revolution« zu sprechen. Und es mag wie akademische Haarspalterei klingen, wenn man die Frage stellt, ob es sich hier tatsächlich um eine Revolution handelt. Aber dies ist keineswegs eine bloß akademische Frage. Eine Revolution ist eben kein Umsturz wie jeder andere auch; sie hat tiefgreifende Konsequenzen für das betroffene Land, seine Nachbarn, für die Weltgeschichte. Wenn das, was im Iran stattfand, wirklich eine Revolution war, dann müssen wir nicht nur diesen Begriff, sondern auch unsere Erwartungen an die politische Zukunft unserer Welt und an die Art und Weise, in der sie sich in den nächsten Jahren verändern wird, neu überdenken. Denn diese Revolution entstand nicht aus jenen Bedingungen, die wir sonst als Voraussetzung nennen würden. Ihre Werte sind nicht die, die wir normalerweise mit Revolution verbinden. Wenn es eine Revolution war, dann können wir erwarten, daß sie sich verstärkt in ihrer eigenen Region ausbreitet. Da es sich um ein Gebiet handelt, das von zentraler strategischer Bedeutung für beide Supermächte ist, ist das keine triviale Aussicht. Wieviel Unruhe, wie viele Verluste werden die Supermächte in dieser Region dulden, bevor sie einen Versuch unternehmen, die Ereignisse in ihrem eigenen Interesse zu steuern? Wenn es hingegen keine Revolution war, was war es dann? Ein passendes Etikett und ein historisches Äquivalent für die Geschehnisse im Iran zu finden bedeutet natürlich noch nicht, daß man den Ausgang mit annähernder Gewißheit errechnen kann. Alexander Gerschenkron warnt deshalb auch eindringlich vor »allzu leichten Extrapolationen«.[1] Trotzdem ist es interessant, die Entwicklungen im Iran mit Ereignissen in anderen Zeiten und anderen Ländern zu vergleichen. Da der Iran nicht der erste Fall eines Landes ist, für das die Einordnung als »revolutionär« schwerfällt, werden wir dabei öfter auf Grenzfälle stoßen.

Bei der Definition von »Revolutionen« gibt es zwei wesentliche Denkrichtungen. Die eine Richtung gibt dem *Inhalt* der Veränderung Priorität. Welche Veränderungen strebte die jeweilige Bewegung an, welche wurden tatsächlich erreicht? Welche Werte motivierten ihre Anhänger? Die zweite Richtung legt den Schwerpunkt auf die *Form* der Veränderung. Nur ein sehr dramatisch und sehr schnell vollzogener Wandel kann demnach als Revolution bezeichnet werden; es ist die Heftigkeit der Ereignisse, die aus ihnen eine Revolution macht. Für die Anhänger der ersten Richtung ist es weit schwerer als für die der zweiten, die iranische Situation als »Revolution« zu bezeichnen. Denn Dramatik und Heftigkeit kann man dem Iran Khomeinis nicht abstreiten. Inhalte dagegen geben Anlaß zu Zweifeln. Scharen finster gekleideter Menschen mit puritanischen Moralvorstellungen entsprechen nicht unseren üblichen Vorstellungen von »Revolutionären«; der Elan, die Freude am Bruch der Konventionen – diese Dinge fehlen. Die Werte, die etabliert werden sollen, die Mittel, die dazu eingesetzt sind, und die Agenten ihrer Durchführung, all das stimmt nicht nur die ausländischen Betrachter nachdenklich, sondern auch die iranischen liberaleren und linken Oppositionellen.

1. Revolution als Inhalt

»Die Welt dreht sich wie eine Töpferscheibe. Dienerinnen sind rebellisch. Der Pöbel geht in den Regierungshäusern ein und aus. Alles ist in Unordnung.«[2] Mit diesen Worten beschrieben konservative zeitgenössische Autoren die sozialen Aufstände, die das pharaonische Ägypten vor vielen Jahrhunderten erschütterten. Nach dieser Darstellung könnte man auf eine »revolutionäre« Situation schließen – die Massen protestierten gegen Ungleichheit, Korruption und Hierarchien. Die meisten Revolutionstheoretiker unseres Zeitalters würden jedoch das Etikett »Revolution« für diese Aufstände nicht verwenden. Für sie sind Revolutionen typisch für unser eigenes Zeitalter, ein Phänomen der Veränderungen und sozialen Brüche, die im Zuge der Modernisierung entstehen.

»Die Geschichte der Revolution und der Reform ist relativ jung«, schreibt z. B. Michael Walzer, der glaubt, daß der »aktive, ideologisch engagierte Radikale ein Produkt unseres Zeitalters« ist.[3] »Revolution«, stimmt Huntington ihm zu, »ist verbunden mit Modernisierung.« Große Zivilisationen der Vergangenheit wie die Ägypter, die Babylonier, die Inkas, die alten Perser, die Römer und die arabische Welt mögen »Revolten, Aufstände und Dynastiewechsel erlebt haben, aber keine sozialen Revolutionen«.[4] Hannah Arendt, auf die er sich beruft, betont in ähnlicher Weise:

»Und Tatsache ist, daß zwar die Geschichte immer die Männer... vom Schlage des Catalina (hervorgebracht hat), die, gierig nach neuen Dingen, ..., die Unruhe um der Unruhe begehren, daß aber der revolutionäre Geist der letzten Jahrhunderte, nämlich das Verlangen, zu befreien *und* der Freiheit selbst eine neue Stätte zu gründen, zumindest in den Jahrhunderten unserer Zeitrechnung beispiellos ist und nicht seinesgleichen hat.«[5]

Diese Abqualifikation vorangegangener sozialer Bewegungen dient dazu, unser Zeitalter als das Zeitalter der Revolutionen und den industrialisierten Westen als ihren Träger zu definieren. Das Argument dreht sich im Kreis: weil wir modern sind, haben wir echte soziale Revolutionen; weil wir soziale Revolutionen gehabt haben, sind wir modern. Diese Vorstellung gehört zum Weltbild, zum Selbstbild der westlichen Industrieländer.[6] Daraus erklärt sich, warum andere für diese Länder typischen Kennzeichen zu Merkmalen der »Revolution« werden. Hannah Arendt z. B., vielleicht die prominenteste unter den nicht-marxistischen Revolutionstheoretikern, betrachtet Säkularisierung als unabdingbares Ziel einer Revolution:

Es »ist natürlich erst einmal zuzugeben, daß die Säkularisierung im Sinne einer Trennung von Religion und Politik und das Entstehen eines eigenständigen weltlichen Bereichs für das Phänomen der Revolution von großer Bedeutung sind. Es mag sich sogar schließlich herausstellen, daß das, was wir ›Revolution‹ in der Neuzeit nennen, eben jene Übergangsphase ist, in welcher ein neuer, säkularer Bereich zum Vorschein kommt«.[7]

An anderer Stelle definiert Arendt eine Revolution wie folgt:

»... nur wo durch Wechsel ein Neuanfang sichtbar wird, nur wo Gewalt gebraucht wird, um eine neue Staatsform zu konstituieren, einen neuen politischen Körper zu gründen, nur wo der Befreiungskampf gegen den Unterdrücker die Begründung der Freiheit wenigstens mitintendiert, können wir von einer Revolution im eigentlichen Sinne sprechen.«[8]

Die zweite Definition ist viel breiter und problematisiert zugleich die erste. Warum sollen die heftigen sozialen Umstürze vergangener historischer Epochen keine Revolutionen gewesen sein, wenn sie sich gegen herrschende Eliten, alte Privilegien und Unterdrükkung richteten? Und warum müssen sie weltlich sein? Warum soll die Bewegung unter der Führung Mohammeds nicht »revolutionär« gewesen sein, obwohl sie eindeutig zu tiefgreifenden sozialen, wirtschaftlichen und politischen Veränderungen führte und die alten Machthaber stürzte? Warum müssen die linken Priester Lateinamerikas automatisch als nicht-revolutionär ausscheiden, weil sie nicht unter weltlichen, sondern unter religiösen Auspizien rebellieren?[9] Kann es eine »Kirche der Befreiung« nicht geben? Vielleicht soll dieses Kriterium der Tatsache Rechnung tragen, daß die Religion als Institution meist auf der Seite der alten Machthaber steht, sie materiell und ideologisch unterstützt und den Widerstandsgeist des Volkes durch religiöse Drohungen und Versprechungen lähmt. Diese Sichtweise wäre nicht unberechtigt, müßte aber Ausnahmen gestatten. Was ist, wenn eine weltliche Führungsschicht ein seiner Religion verhaftetes Volk unterdrückt und die Kirche eine politische Funktion im Untergrund erfüllt – wie es teilweise im amerikanischen Süden zu Zeiten der Sklaverei der Fall war? Oder wenn zwei verschiedene Religionen sich bekämpfen, wobei die eine von der Oberschicht, der Kolonialmacht oder dem aggressiven Nachbarland vertreten wird und die andere von den Unterlegenen und Unterdrückten? Aber Hannah Arendt läßt keine Ausnahmen gelten.

»So hat ja auch der in gewissen, ausgesprochen religiösen Bewegungen ganz offenkundig rebellische Geist immer in irgendeinem *great awakening* oder einem *revivalism* geendet, also in jenen halb hysterischen Glaubenserweckungen vor allem puritanischer Prägung, die weder politische noch eigentlich geschichtliche Folgen gehabt haben.«[10]

Selbst wenn diese Aussage für die Epoche der europäischen Revolutionen gelten sollte – kann man sie verallgemeinern?

Auch wenn wir den Aspekt der Säkularisierung vernachlässigen, wird die Bestimmung des Begriffs »Revolution« nicht einfacher. Alle Theoretiker sind sich soweit einig, daß die Veränderung abrupt und bedeutend sein muß, daß die Massen sich daran beteiligen müssen und daß eine neue Gesellschaftsform entstehen muß, in der sich soziale Gruppen und Kräfte, deren Aufstieg bisher blockiert war, entfalten. Darüber hinaus müssen all diese Veränderungen im Namen gewisser Prinzipien stattfinden, zu denen soziale Gerechtigkeit, Emanzipation, mehr Mitbestimmung und größere politische Freiheit gehören.

Dabei bleiben zwei bedeutende Probleme offen. Wenn es eine Bedingung ist, daß die Revolution im Gegensatz zu anderen Gewalt anwendenden und heftigen politischen Aufwallungen eine neue und bleibende Gesellschaftsform zurückläßt, dann bedeutet das de facto, daß Zeitgenossen nie bestimmen können, ob eine Revolution stattgefunden hat oder nicht. Diese Entscheidung wäre immer eine retrospektive, ein Urteil, das nur die Geschichte fällen kann. Auf ein zweites Problem macht Charles Tilly[11] aufmerksam: Unser Verständnis von Revolutionen sei präjudiziert durch die Tatsache, daß immer nur die erfolgreichen Revolutionen analysiert werden. Bedeutet das aber, daß eine Bewegung Erfolg haben muß, um »revolutionär« zu sein? Gibt es nicht vielleicht »Teilrevolutionen«, die Bestandteil einer Serie von Revolutionen in ihrer Region sind, obwohl sie nicht dieselben Ereignisse zeitigen wie die anderen? Können sie nicht trotzdem zur Gesamtrevolution beitragen, auch wenn sie erst später die strukturellen und sozialen Folgen erleben werden? Kann es tatsächlich keine »gescheiterte Revolution« geben?[12] Implizit scheint es so, daß die meisten Revolutionstheoretiker von einem Aufstand nicht nur Erfolg, sondern bleibenden Erfolg verlangen, bevor sie ihn als Revolution anerkennen. Wann aber kann man diesen Erfolg beurteilen? Sofort, indem man aufgrund der Art des Aufstandes seine Konsequenzen voraussieht? Nach zehn Jahren? Nach zwanzig Jahren? Nach hundert Jahren? Wenn die ökonomischen, politischen, militärischen Probleme der Fundamentalisten im Iran sich weiter verschärfen und dieses Regime von einer Militärregierung abgelöst oder gar die Monarchie restauriert werden sollte, kann man dann trotzdem von einer »iranischen Revolution« sprechen, die wir 1979 erlebten? Die Sofortdiagnose jedenfalls ist sicherlich problematisch. Wenn man die sehr wechselhaften Phasen z. B. der Französischen Revolution bedenkt, dann ist sehr zweifelhaft, daß ein zeitgenössischer Politologe den Ausgang der Dinge vorhergesehen, die turbulenten Ereignisse zielsicher als »Französische Revolution« erkannt hätte.

2. Revolution als Form

Die zweite Definition entgeht all diesen Problemen, indem sie Revolutionen strukturell zu bestimmen versucht: Wenn eine politische Bewegung gewisse Eigenschaften hat, dann ist sie eine Revolution.

Der oben zitierte Charles Tilly verfolgt das Ziel, Revolutionen zu entmystifizieren. Er will sie definiert wissen als eine bestimmte Art von Machtkampf, nicht als etwas Quasi-Metaphysisches. In einer Revolution gibt es die Machthabenden und ihre Opponenten. Die Opponenten unterteilen sich in die, die von den

Machthabenden anerkannt werden, und jene, die nicht anerkannt werden (entweder eine Oppositionspartei einerseits, eine Terrororganisation andererseits). Eine Revolution findet laut Tilly statt, wenn signifikante Teile der Bevölkerung die Ansprüche der Opposition befürworten, die Opposition bereit und fähig ist, gegen die Regierung vorzugehen und die Regierung nicht in der Lage ist, diese Opposition zu unterdrücken. Daß damit die Grenzen zwischen Revolutionen und einigen anderen Formen des gewaltsamen Regierungswechsels verlorengehen, ist von Tilly beabsichtigt. Ein Staatsstreich und sogar eine fortgesetzte Periode des politischen Chaos in einem Land kann, meint er, dieselben sozialpolitischen Konsequenzen wie eine Revolution haben. Für Tilly wäre es wohl überhaupt keine Frage, daß der Umsturz im Iran eine Revolution war.[13]

Crane Brintons, obwohl ebenfalls mehr strukturell als inhaltlich orientiert, geht von viel rigoroseren Kriterien aus.[14] Brinton nennt bestimmte allgemeine Vorbedingungen, die das Entstehen einer revolutionären Situation begünstigen. Dazu gehört erstens, daß der Staat Finanzierungsprobleme hat. Die Wirtschaft befindet sich in einer Krise. Es bestehen z.B. Zahlungsschwierigkeiten, oder bestimmte gesellschaftliche Gruppen werden systematisch benachteiligt. »In der Regel ist es die Regierung, die wirtschaftliche Probleme hat, und nicht die Wirtschaft oder das Land selbst«, fügt Brinton hinzu. Produktivität und Volkseinkommen können sogar recht hoch sein, und der Lebensstandard muß nicht unbedingt niedrig sein. Wesentlich ist, daß tiefgreifende Widersprüche existieren entweder zwischen den Erwartungen der Bevölkerung und den tatsächlichen Gegebenheiten oder zwischen verschiedenen Klassen, Schichten oder Gruppen. Auf jeden Fall wird es Gruppen geben, die ernsthafte wirtschaftliche Gründe zur Klage haben, und die Regierung wird eine – oft politisch bedingte – Zahlungskrise erleben. Ein gewisser Teil der Bevölkerung wird zu der Schlußfolgerung gelangen, daß ihre eigenen Möglichkeiten durch dieses Regime eingeschränkt werden.

Diese theoretische Bestimmung trifft exakt auf die Situation im Iran zu. Das Öleinkommen war zwar groß, aber die wirtschaftlichen Ressourcen des Landes standen in keinem Verhältnis zur Finanzpolitik der Regierung. Vor allem die Waffenkäufe belasteten das Budget. Die »International Labor Organization« (ILO) warnte 1971 vor den Folgen eines fortgesetzten extremen Ungleichgewichts bei der Verteilung des Budgets auf die verschiedenen Sektoren, der Vernachlässigung der Landwirtschaft zugunsten der Importe von Luxusgütern. Ein Bericht für den US-Kongreß im Juli 1978 hob die wirtschaftlichen Probleme hervor, die aus schlechter Planung, Verschwendung, ungleichgewichtigem Wachstum und planlosen Ausgaben entstanden.[15] Daß der Iran sich trotz seiner hohen Öleinkünfte immer tiefer verschuldete, wurde von vielen Seiten als Warnsignal betrachtet[16] – nur nicht von der iranischen Regierung, die unerschütterlich ihren Kurs beibehielt. Zwischen 1974 und 1975 stiegen die Regierungsausgaben um 208%; Importe nahmen um fast 100% zu, bis sie die Höhe von 1,2 Milliarden Dollar im Monat erreichten[17]; und im Jahr 1978 hatten die Militärausgaben das Budget um 10 Milliarden Dollar überschritten.[18] Vor allem die traditionellen Wirtschaftssektoren fühlten sich durch diese Ungleichgewichtigkeiten benachteiligt und gefährdet.[19] Daß die Ulema Reduktionen ihrer jährlichen Zuschüsse durch den Schah hinnehmen mußte, war nur ein Aspekt.[20]

Ein weiteres Symptom für eine vorrevolutionäre Situation sieht Brinton in der Unfähigkeit der Regierung, die Verwaltung des Landes in den Griff zu bekommen. Entlegenere Landesteile wehren sich gegen die Ausdehnung der Autorität der Hauptstadt, alte Verwaltungseinheiten bestehen neben den neuen fort; vor allem in bezug auf Steuern und Wehrdienst sabotieren die ländlichen Gebiete die Kontrollversuche der Regierung und verhindern, daß die Staatsmacht tatsächlich das ganze Land regiert. Die zentrale Staatsgewalt ist gerade stark genug, daß sich die traditionellen Autoritäten ernsthaft gefährdet fühlen, aber nicht stark genug, um ihren Widerstand zu brechen.

Auch diese Vorbedingung gilt für den Iran. Zwar hatte der Schah bedeutende Fortschritte bei seinen Zentralisierungsbestrebungen erzielt. Zugleich aber hatte sein Herrschaftsstil einen Erfolg dieser Bemühungen verhindert. Denn der Schah verhielt sich ambivalent gegenüber den Institutionen, die er errichtete. Sein Regieren war ganz um seine eigene Person zentriert, er wollte nicht von allzu effektiven, funktionsbetonten Institutionen ersetzt werden. Der Amerikaner Arthur Millspaugh hatte in seinen Reflexionen über die Herrschaftsjahre des Gründers der Pahlawi-Dynastie, die er teilweise miterlebt hatte, geschrieben, daß der alte Schah, »dem Rat des griechischen Diktators folgend, alle Köpfe, die über die

Masse hinausragten, wie ein Weizenfeld abmähte«.[21] In gewisser Hinsicht folgte auch sein Sohn dieser Praxis. Einzelpersonen, die zu beliebt oder zu erfolgreich waren, erschienen ihm suspekt und gefährlich, und er eliminierte sie. Eine ausführliche Beschreibung seiner Politik, Leute und Abteilungen gegeneinander auszuspielen, sie zur gegenseitigen Denunzierung und Bespitzelung zu animieren und durch regelmäßige Säuberungsaktionen Unsicherheit zu verbreiten, liefert Amin Seikal.[22] Jedenfalls hatte die Halbherzigkeit, mit der die Errichtung moderner Institutionen vom Schah betrieben wurde, bestimmte Konsequenzen. Er wollte den Aufbau von Industrien, aber er wollte keine Arbeiterklasse, keine Gewerkschaft. Er wollte ein Parlament, eine moderne Presse, eine moderne Polizei usw., aber zugleich wollte er sicher sein, daß die Fäden immer in seinen Händen zusammenliefen. Robert Graham beschreibt die Taktik des Schahs, diese Vorstellungen zu realisieren: Für jede Institution bestand eine Art Schatteninstitution mit dem Zweck, ihren »Zwilling« im Auge zu behalten und jene Aktionen durchzuführen, die mit dem Verständnis moderner Institutionen nicht vereinbar waren. Zu diesen Schatteninstitutionen gehörten das Kaiserliche Inspektorat, der Geheimdienst SAVAK, die Militärtribunale sowie darüber hinaus die Zensur, die Korruption und die Plazierung von Angehörigen des Königshauses in allen zentralen Bereichen.[23]

Ein gutes Beispiel für diese Politik bietet das Militär. Nun war das Militär, wie sich bereits an den finanziellen Aufwendungen zeigt, zentraler Bestandteil des Herrschaftssystems des Schahs.[24] Um jedoch die Gefahr eines Staatsstreichs zu reduzieren, führte der Schah eine Reihe von Maßnahmen ein, die das Militär gleichzeitig entscheidend schwächten. Er unterbrach die Befehlsketten an kritischen Stellen. Er mißtraute vor allem seinen erfolgreichsten Offizieren; hier folgte er ebenfalls dem Vorbild seines Vaters, der laut zeitgenössischen Berichten »einen Offizier, der sich als zu erfolgreich zeigte, sofort entließ ...«.[25] Um Rivalitäten und Mißtrauen unter den Offizieren zu begünstigen und seine eigene Position als unersetzliche Kommandozentrale zu bewahren, baute der Schah in das Militär eine Reihe von »Sicherungen« ein. So gab es nicht weniger als zwölf verschiedene Verteidigungsorganisationen, die alle miteinander rivalisieren sollten. Den Oberbefehlshabern war es untersagt, sich in Abwesenheit des Schahs miteinander zu treffen. Militärhauptquartiere sollten jeden Tag um fünf Uhr schließen, weil Staatsstreiche meist in den Abendstunden stattfinden. Auch die Personalpolitik diente dem Zweck, die Kohäsion der Befehlsstruktur zu verhindern. So wurde z. B. der Luftwaffengeneral Rabbii im Gegensatz zu der normalen Aufstiegsstruktur ernannt, wobei es zu seinen Vorzügen gehörte, daß er als Kurde mit den anderen hochrangigen Offizieren kaum würde konspirieren können. Der Zweck all dieser Maßnahmen war es, die Armee als persönliche Institution des Schahs zu bewahren, nur ihm gegenüber loyal und nur ihm verpflichtet.

James Bill und Carl Leiden sprechen von der »institutionellen Spannung«, die dem Schah die Macht sicherte.[26] Ironischerweise aber trug gerade dieser Faktor zu seinem Sturz bei, denn er reduzierte die Effektivität dieser Institutionen, auch die des Militärs. Als sich die Krise zuspitzte, waren die Offiziere gegenüber der scheinbaren Reaktionslosigkeit des Schahs ratlos.[27]

Da er als Autokrat immer das letzte Wort über militärische Fragen behalten hatte, nahmen sie zunächst an, daß er einen geheimen Plan befolge, in dessen Details er sie erst später einweihen würde. Als sie nach einer Weile noch immer keine Befehle erhielten, fühlten sie sich durch sein seltsames Verhalten beunruhigt – in Generalstabsitzungen konnte es geschehen, daß er in Tränen ausbrach oder desorientiert wirkte. Da aber Kritik oder Fragen zuvor nie willkommen gewesen waren, zogen die Offiziere es vor, die Amerikaner zu konsultieren und sie zu bitten, den Schah zu irgendwelchen Schritten zu bewegen. Manche kamen zu der Schlußfolgerung, daß der Schah nicht mehr in der Lage war, diese Krise zu bewältigen, und dachten über einen Staatsstreich nach. Das System des gegenseitigen Mißtrauens trug dazu bei, diese Pläne zu zerschlagen. Statt dessen zogen die hochrangigen Offiziere es vor, persönliche Konsequenzen zu ziehen. Viele von ihnen brachten ihre Familien und ihren Besitz ins Ausland. Das Militär, mit seiner Ausrüstung und Ausbildung eine mächtige Streitkraft, erwies sich infolge der eingebauten Schwachstellen als unfähig, in dieser Gefahrensituation zu handeln.

Aber auch in anderen Bereichen hatten die Zentralisierungsversuche des Schahs nicht die erwarteten Erfolge gehabt.[28] In den letzten Phasen der vorrevolutionären Situation wird das betroffene Land laut Brintons Theorie eine Legitimitätskrise erleben. Unzufriedenheit erreicht hohe Ausmaße auch dort, wo sie keine explizit politische Gestalt annimmt. Die gebildeten Schichten und

Teile der Oberschicht fühlen sich der Regierung und ihrer Klasse entfremdet. Dieses Gefühl findet seinen Ausdruck in zahllosen polemischen Veröffentlichungen und Propagandaschriften, in der Entstehung politischer Zirkel und Diskussionskreise und in einer verstärkten Bereitschaft, radikalen Ideen Gehör zu gewähren. Angehörige der herrschenden Klassen sind bereit, ihre Gruppe zu verraten; zumindest sind sie nicht bereit, sie zu verteidigen. Hinzu kommen Selbstzweifel innerhalb der Regierung, die nach Beginn der Revolution in Unentschlossenheit, in plötzlichen exzessiven Reaktionen oder in einer Mischung aus beiden zu finden sein werden. Im Iran war die Legitimitätskrise mehr als augenfällig. Sowohl die traditionellen als auch die modernen Bevölkerungsteile fühlten sich der Regierung entfremdet. Die politische Repression hatte zu einer riesigen Diaspora iranischer Studenten und Intellektueller geführt. Außerdem verharrte ein großer Teil der Dissidenten im Iran. Die ambivalente Politik sowohl des Schahs wie auch des Militärs fand nach Ausbruch der Krise in vielen westlichen Hauptstädten ihren Ausdruck in fataler Unentschlossenheit, begleitet von der brutal-exzessiven Reaktion auf die Demonstration auf dem Jaleh-Platz (Schätzungen über die Zahl der getöteten Demonstranten schwanken zwischen mehreren Hundert und mehreren Tausend).[29] Ob die Geschichte des Iran anders verlaufen wäre, wenn der Schah schon früher seine eigenen Funktionen begrenzt und die Rolle eines eher symbolischen Monarchen eingenommen hätte, der den Prozessen der »Modernisierung« – zumindest der Entwicklung moderner Institutionen und der politischen Beteiligung der hochpolitisierten modernen Teile der Bevölkerung – Rechnung getragen hätte, läßt sich nicht beurteilen.[30] Trotzdem erhält man teilweise den Eindruck, daß der Schah gerade durch seine Macht, bei deren Erhalt er mit der vollen Unterstützung der USA rechnen konnte[31], die Entwicklung jener modernen Institutionen blockierte, die den Aufschwung der Fundamentalisten verhindert hätten.

Unter rein formalistischen Kriterien ließe sich behaupten, daß im Iran eine Revolution stattgefunden hat. Die formale Definition schließt aber nicht aus, daß es sich um eine der verwandten politischen Formen handelte, die andere soziale und politische Konsequenzen hervorbringen. Vor allem vier andere Erklärungen bieten sich an: der Bauernaufstand, die charismatische Bewegung, der Totalitarismus und die Möglichkeit, daß es sich um eine spezifisch iranische Form der politischen Veränderung handelt, z. B. um die jüngste Variante der typisch iranischen Fluktuation zwischen Zentralgewalt und antizentristischem Widerstand.

3. Aufstand der Bauern

Die iranischen Entwicklungen folgten zwar in groben Zügen dem Muster einer Revolution, aber sie haben auch große Ähnlichkeit mit Bauernaufständen.

Ein Bauernaufstand entsteht typischerweise dann, wenn die sozialen und wirtschaftlichen Grundlagen einer Gesellschaft starken Veränderungen unterliegen, ohne daß die Masse der Bevölkerung integriert wird und sich der neuen Lage anpassen kann. Alte Autoritäten werden verdrängt und von neuen ersetzt, und die Staatsgewalt unternimmt Zentralisierungsversuche. Alt und neu bestehen nebeneinander fort, aber die alten Eliten und Wirtschaftsformen sehen sich zunehmend an den Rand gedrängt. Die Masse der Bevölkerung lebt in Armut. Sie ist sich der bedeutenden Veränderungen und der riesigen Besitzunterschiede bewußt, aber sie ist nicht in der Lage, diese Veränderungen zu verstehen oder sich eine annehmbare politische Ordnung vorzustellen. Sie bildet einen fruchtbaren Boden für charismatische Führer, ist aber auch ansprechbar durch die traditionellen Führer und Eliten, die ihnen wenigstens bekannt sind und verständlich erscheinen.

Der Unmut dieser Bevölkerungsschichten äußert sich notwendigerweise in den Begriffen und Worten, die ihnen vertraut sind; sehr oft sind das religiöse oder pseudo-religiöse Begriffe. Die Ziele hingegen sind nicht wirklich traditioneller Natur. Zwar rechtfertigen sie sich durch die Berufung auf die Tradition, aber ihre Inhalte sind oft fortschrittlich, sogar utopisch und gehen weit über die traditionellen Ziele und Werte hinaus. Wenn sie in religiösen Kategorien denken, erwarten sie meist eine irdische Erfüllung der Verheißungen, die in der orthodoxen Variante ihrer Religion für das Jenseits aufgespart bleiben.[32] Ihre Zielsetzung kann häufig starke kommunistische Züge haben, obwohl sie sich selbstverständlich nie als Kommunisten bezeichnen würden.

Im allgemeinen werden solche Bauernaufstände als »reaktionär« eingestuft, da sie darauf gerichtet seien, gesellschaftliche Veränderungen aufzuhalten. In der Tat sind ihre Konsequenzen oft reaktionär, aber das ist nicht die Schuld der Bewegung. Die fundamentale Tragik von Bauernaufständen liegt darin, daß die Träger – die Armen, die Masse der landlosen Bauernschaft, die entwurzelten Menschen, die in den Städten am Rand des Existenzminimums vegetieren – machtlos sind. Sie verfügen nicht über den Überblick und die Vorkenntnisse, um die sich vollziehenden Veränderungen zu durchschauen. Sie wissen oft nicht einmal, wo die wirklichen Zentren der Macht liegen, kämpfen am falschen Ort und versuchen, die falschen Ziele zu verwirklichen. Ihre Wahrnehmung der Ungerechtigkeit und Unterdrückung ist ausgeprägt und zutreffend, aber sie haben keine reale Chance, die Machtverhältnisse zu ihren Gunsten zu ändern.[33] Sogar der arabische Historiker und Philosoph Ibn Khaldun (1332–1406) vertrat schon diese Ansicht:

»Das Volk ..., das an den Mahdi (der von den Mohammedanern erwartete letzte Prophet, d. Verf.) glaubt, und nicht durch Intelligenz und Wissen geführt wird, glaubt daran, daß der Mahdi ihm überall erscheinen kann ... Meist nimmt die Bevölkerung an, daß diese Erscheinung sich in einer entlegenen ländlichen Provinz außerhalb der Reichweite der herrschenden Dynastien und ihrer Autorität vollziehen wird ... Viele leicht lenkbare Menschen begeben sich in diese Provinzen, um sich einer hoffnungslosen Bewegung anzuschließen, von der sie in ihrer Unwissenheit und der Verführbarkeit ihrer Seelen glauben, daß sie erfolgreich verlaufen wird. Sehr viele von ihnen sind schon getötet worden ...«[34]

Dieser Absatz macht bereits zwei sehr wesentliche Unterschiede zwischen dem klassischen Bauernaufstand vergangener Zeiten und den Ereignissen im heutigen Iran deutlich. Erstens waren die »ländlichen Massen« infolge der sozialen und wirtschaftlichen Veränderungen während des Schah-Regimes nicht mehr auf dem Land anzutreffen, und ihre Aufstände beschränkten sich nicht mehr auf die entlegenen Provinzen. Große Teile der Landbevölkerung lebten zunehmend in städtischen Gebieten, zwar weiterhin durch die Mentalität und die sozialen Werte einer Landbevölkerung geprägt, aber nun in der Nähe des Machtzentrums. Das machte ihre Aktivitäten meist wirkungsvoller, denn anders als beim historischen Bauernaufstand wurde das Machtzentrum direkt getroffen, beschränkten sich die Unruhen nicht auf irrelevante Peripherbereiche.

Zweitens war es ihr daher möglich, sich mit der Oppositionsbewegung der städtischen Intellektuellen zu verbinden. Damit verfügte sie über ein ideologisches und technisches Potential, das die traditionelle Bauernbewegung niemals haben konnte.

Trotzdem wies diese Masse, die sich so eindrucksvoll an den Aufständen beteiligte, viele Eigenschaften von aufständischen Bauern auf. Ihr politisches Verständnis konnte nur vage sein. Es bestand aus dem Wissen über ihre eigene untragbare Situation, über die Korruption und die krassen sozialen Unterschiede. Im Hinblick auf Ursachen und Bedeutung dieser Mißstände konnte man von ihnen jedoch keine präzisen und subtilen Analysen erwarten. Wenn der Bauernaufstand generell negativ bewertet wird, dann deshalb, weil die Beteiligten selber letztendlich kaum von ihrer Vorgehensweise profitierten. Dennoch können die ländlichen Massen Prozesse einleiten, die ihre Gesellschaft vollständig verändern – wenn auch nicht in Richtung auf ihre ursprünglichen Ziele. Eric Wolfe, einer der bekanntesten Experten über dieses Thema, betont gerade diesen Aspekt.[35] Wolfe beschreibt den Bauernaufstand als »kurzsichtige Reaktion auf schwerwiegende soziale Erschütterungen«.[36]

Die Bewegung selbst ist zum Scheitern verurteilt, aber »wenn der Kampf beendet ist, werden die Strukturen verändert sein«.[37] Der Bauernaufstand ist also, wenn diese Sichtweise richtig ist, nicht mehr als das Instrument, das Vehikel zur Veränderung. Er führt die Krisensituation, das Ungleichgewicht, das Chaos herbei, aufgrund derer andere politische Akteure die Macht ergreifen können. Allerdings läßt sich kaum eine Revolution denken, in der die Masse der Beteiligten diese Funktion nicht erfüllt; sie wird oft von anderen Erwartungen getrieben als diejenigen, die schließlich als Führer hervortreten.

4. Eine chiliastisch-charismatische Bewegung

Auch in den klassischen Bauernaufständen Westeuropas spielte die religiöse Motivation meist eine sehr zentrale Rolle. Die folgende Beschreibung zeigt die Verallgemeinerbarkeit bestimmter instabiler Situationen ungeachtet von Zeit und Kultur:

»Die Bevölkerung wächst schneller als die Produktion. Die ländlichen Massen verlieren ihre traditionelle Existenzgrundlage und flüchten in die Städte, wo sie ein unzufriedenes städtisches Proletariat bilden. Die sich entwickelnde Industrie expandiert. Die Modernisierungsansätze wecken

Hoffnungen und Erwartungen, die nicht erfüllt werden. Die Halt gewährenden sozialen Bindungen der alten Ordnung haben sich aufgelöst, der einzelne fühlt sich isoliert und bedroht. Die Bestrebungen der Intelligenzija werden blockiert – ohne angemessene Aufstiegsmöglichkeiten werden sie unzufrieden. Messianische Bewegungen entstehen, wobei möglicherweise die Führer, die den Enthusiasmus der Masse für ihre eigenen Ziele mißbrauchen wollen, die Kontrolle über ihre Gefolgschaft verlieren. Ihre tatsächliche Schlagkraft gewinnt die chiliastische Bewegung aus jenen Klassen, die am Rande der Gesellschaft vegetieren und keine anerkannte und sichere gesellschaftliche Stellung haben.«[38]

Mit dieser Beschreibung meint Norman Cohn das Europa des Mittelalters seit dem 11. Jahrhundert, aber die Parallelen zur heutigen Dritten Welt sind offensichtlich.

Religiöse Bewegungen zeichnen sich durch ihre große Gefolgschaft aus, die sich oft aus der Bauernschaft oder dem städtischen Subproletariat rekrutiert (es wäre vielleicht treffender, statt dessen von einer ländlichen und einer städtischen Bauernschaft zu sprechen, da die Begriffe Proletariat und sogar Subproletariat irreführend sind).[39]

Auch die chiliastische Bewegung ist zum Scheitern verurteilt, auch sie läßt sich durch andere politische und gesellschaftliche Kräfte gebzw. mißbrauchen. Man kann, wie es in der Literatur üblicherweise geschieht, die Mitglieder dieser Bewegungen als irregeleitete Menschen ohne Bildung und ohne Verständnis der politischen Gegebenheiten darstellen. Genausogut könnte man aber davon ausgehen, daß diese Menschen begriffen haben, daß sich die in die Wege geleiteten sozialen Veränderungen – unabhängig von ihrem Ausgang – auf jeden Fall zu ihren Ungunsten auswirken müssen. Barrington Moore sieht in der »ungelösten Bauernfrage« den wichtigsten Faktor für die Entstehung einer »kommunistischen Diktatur«[40], aber diese Prognose wird ansonsten von niemandem vertreten.

Außer den Ähnlichkeiten zwischen der fundamentalistischen Massenbewegung im Iran und den chiliastischen Bewegungen anderer Länder existiert also auch ein wesentlicher Unterschied. Die charismatische religiöse Bewegung ist immer eine Bewegung der Häretiker, sie steht per definitionem in Opposition zur herrschenden Kirche. Im Iran hingegen waren es die anerkannten Religionsführer, die an der Spitze dieser Bewegung standen, und sie bezog ihre Kraft gerade aus der Legitimität traditioneller religiöser Autorität. Das macht sie dem Bauernaufstand ähnlicher.

Es war Manfred Halpern, der – bereits in den sechziger Jahren – auf die große potentielle Bedeutung religiöser Bewegungen im Nahen Osten hinwies. Er sprach damals vom »neo-islamischen Totalitarismus«, den er als ein »faschistisches Element« im politischen Leben der islamischen Länder betrachtete. »Als eine Bewegung, die sich den heftigen Streßsituationen kumulativ auftretender sozialer Veränderungen widersetzt, hat diese nahöstliche Variante des Faschismus auch gewisse Ähnlichkeiten ... mit den religiösen Bewegungen, die sich in Europa zu Beginn der Neuzeit ausdehnten.«[41] Halpern behauptete auch Ähnlichkeiten mit dem europäischen Faschismus unseres Jahrhunderts zu erkennen, bloß mit einer stärkeren traditionalistischen Komponente.

Auf die Frage des Faschismus werden wir später noch einmal zurückkommen. An dieser Stelle aber erscheint es zweckmäßig, die religiöse Komponente der iranischen Massenbewegung gesondert herauszugreifen. Eine chiliastische Massenbewegung, wie wir sie aus der Geschichte vielfach kennen, strebt sofortige und massive soziale Veränderungen an. Die vorherige korrupte Ordnung der Welt soll durch Intervention eines göttlichen oder göttlich inspirierten Führers durch eine gerechte Ordnung ersetzt werden. Solche Bewegungen erwarten einen sofortigen Umbruch und die Herstellung von sozialer Gerechtigkeit; darin sind sie anderen revolutionären Bewegungen ähnlich: Die Welt muß sofort und gänzlich umgestellt werden. Wie der Bauernaufstand bezieht auch die messianische Bewegung ihre Kraft aus einer breiten Beteiligung der Massen. Ihre Weltsicht hat totalitäre Züge: der Feind verkörpert das Böse, Kompromisse sind unvorstellbar. Diese Bewegungen behalten ihren Charakter nur, solange sie in der Opposition sind; einmal an der Macht, verändern sie ihre Form. Chiliastische Bewegungen und revolutionäre Ideologie sind sich ähnlich, da revolutionäre Ideologie meist eine millennialistische Dimension hat. Beide Arten von Bewegung orientieren sich an einem Geschichtsbild und einem Begriff von Zeit, dessen Endpunkte von einer mythischen Vergangenheit und einer utopischen Zukunft gesetzt sind[42], und die Verwendung religiöser und quasireligiöser Begriffe und Bilder durch weltliche revolutionäre Ideologien ist nicht selten.[43]

Wann entsteht eine charismatisch-chiliastische Bewegung? T. K. Oommen führt vier Vorbedingungen an: unterdrückte Unzufriedenheit weiter Teile der Bevölkerung; Scheitern vorangegangener

Reformbestrebungen; stetige Eskalation von Mißständen; Bereitschaft einer traditionellen Führungsgruppe, wie z. B. einer Priesterschaft, die Aufständischen zu unterstützen.[44]

Diese Bedingungen entsprechen den von Crane Brinton genannten Voraussetzungen für eine Revolution und Eugen Lemberts Beschreibung der expansiven Phase ideologischer Entwicklung.[45] Sie erscheinen auch nicht weiter überraschend, da es genau jene sind, die man für unabdingbar halten könnte. Gegen eine etablierte Ordnung vorzugehen erfordert einen starken Impetus, und dem müssen zwingende Gründe zugrunde liegen; es ist riskant und setzt daher die Kraft voraus, bestehende Hemmungen zu überwinden. Die Mißstände müssen gravierend genug sein, um das Risiko gerechtfertigt erscheinen zu lassen; man muß sich Chancen auf Erfolg ausrechnen; man muß den Gedanken des Widerstandes gegen Staatsgewalt in seinem Wertsystem vorfinden oder es zumindest darin integrieren können. Das alles legt schon gewisse Voraussetzungen nahe: die herrschende Ordnung muß gewisse Zeichen von Schwäche oder Unsicherheit zeigen (sonst könnte man nicht hoffen, sie zu stürzen); irgendwelche alternativen Träger von Autorität und Legitimität müssen sich finden, die den Widerstand moralisch tragen; der Aufstand muß sich eine Ordnung vorstellen können, die die bestehende abzulösen imstande wäre. Unter welchen Umständen aber finden diese Bestrebungen nach Veränderung eine religiös-chiliastische Ausdrucksform? Ein extremer Zustand von sozialer Desorientierung, ein intensives Bedürfnis nach wiederhergestellter Ordnung sind zwei Charakteristika der Empfänglichkeit für extreme religiöse Bewegungen. Shils spricht von der »Furcht vor dem Chaos« und der »Flucht zu Symbolen der Ordnung«, wobei religiöse und traditionelle Symbole infolge ihrer großen Vertrautheit und Verwurzelung besondere Anziehungskraft besitzen. Clifford Geertz nennt ebenfalls den »Orientierungsverlust« als Anstoß für das Entstehen solcher Bewegungen.[46]

Erik Erikson schreibt, daß gewisse Phasen in der Geschichte eines Landes von »Identitätslücken« geprägt sind, in denen Gefühle der extremen Entfremdung und des Sinnverlusts sich ausbreiten und das Volk sich zu einem Führer hingezogen fühlt, der ihre Bewußtseinslage benennt und verkörpert.[47] Georges Balandier schließlich sieht sowohl im Nationalismus als auch in chiliastischen Bewegungen eine Reaktion auf »Prozesse der Auflösung«.[48]

Diese Situation ist nicht unbedingt auf die Dritte Welt beschränkt. Alois Dempf verfolgt in seinem Buch *Sacrum Imperium*[49] die Entwicklung der Institution des Königtums als charismatische, militärische und administrative Funktion. Ungeklärte Autoritätsverhältnisse und die Auflösung der bisherigen Identität machen aber die gegenwärtigen Gesellschaften der Dritten Welt geradezu anfällig für Charisma und Religion, für Inhalte also, die Emotionen freisetzen und als Mittel für die Bindung an symbolgeladene Personen und Gruppen benutzt werden können. Wallerstein meint daher auch, charismatische Persönlichkeiten würden die Übertragung von Loyalitäten von den alten traditionellen Strukturen auf die neuen Institutionen gestatten.[50] In der Dritten Welt können chiliastische Bewegungen zwei Richtungen nehmen: sie können eine ziellose Reaktion sein auf unverständliche und verwirrende Veränderungen, oder sie können als Instrumente der Veränderung und Modernisierung dienen, mittels derer die vertrauensspendende Persönlichkeit des charismatischen Führers das Volk zu den erforderlichen Veränderungen bewegt.

Die oben zitierten Autoren hegten eher die zweite Erwartung. In Führern wie Kwame Nkrumah sahen sie einen »symbolischen Orientierungspunkt« für Gesellschaften, die ihren Halt verloren hatten und die sich erst neue Strukturen schaffen mußten.

Der Schah wollte offensichtlich eine solche Persönlichkeit sein. Er wollte das neue, moderne Iran verkörpern und das ihn umjubelnde Volk in einem Sturm der nationalen Begeisterung in die Zukunft tragen. Seine Luxusausgaben, seine Baupolitik und sein gesamter persönlicher Stil sollten dazu dienen, ihm und der von ihm verkörperten Pahlawi-Dynastie eine Aura charismatischer Macht zu verleihen. Er bemühte sich auch um eine religiöse Komponente, indem er eine leicht mystische Richtung des Islam vertrat und meinte, durch göttliche Interventionen aus Attentatsversuchen unbeschadet hervorzugehen und Visionen zu haben.[51] Aber es gelang ihm nicht, charismatische Loyalitäten zu erzeugen, oder zumindest nicht, sie entscheidend einzusetzen.[52]

Als Aspirant auf die Rolle des charismatischen Führers in letzter Instanz erfolglos, wurde der Schah von jemandem abgesetzt, dem diese Rolle per Akklamation zugestanden wurde. Der iranische Fundamentalismus beinhaltet alle Elemente einer chiliastischen Bewegung. Er orientiert sich an einer mythischen Vergangenheit und will das Reich der Gerechtigkeit auf Erden etablieren. Im

»Zwölften Imam« bestand ein Vorbild für eine chiliastische Persönlichkeit. Die Transzendierung weltlicher Belange wird stets betont, auch wenn es sich realiter um dieselben banalen Dinge handelt, die jede andere Regierung beschäftigen.[53]

Die chiliastisch-charismatische Komponente aber dient noch nicht der endgültigen Bestimmung einer Bewegung. Eine chiliastische Bewegung wird, wie der Bauernaufstand, durch ihr Scheitern definiert, eine Revolution dagegen durch ihren Erfolg.

5. Totalitärer Islam?

Die Ideologie der Fundamentalisten

Kann man das Regime der Fundamentalisten als totalitär bezeichnen? Üblicherweise werden folgende Eigenschaften als typisch für totalitäres Denken betrachtet:

– der Glaube, daß die Welt zweigeteilt ist in Gut und Böse, Freunde und Feinde;

– die Überzeugung, daß individuelle Freiheit kein echter Wert ist, sondern daß vorrangig das rechtmäßige Leben der Gesamtheit verwirklicht werden muß;

– der Glaube, daß die Gesellschaft sofort vervollkommnungsfähig ist und daß diese Vervollkommnung unverzüglich in Angriff genommen werden muß;

– daß es ein einziges richtiges Erklärungsmodell gibt, mit dem man die Welt interpretieren und verändern kann;

– daß jeder, der sich nicht an dieser Veränderung beteiligt, das Böse verkörpert und eliminiert werden muß.

Was bedeutet das nun aber für ein politisches System? Jacob Talmon hat dazu einige interessante Thesen aufgestellt.[54] Er geht davon aus, daß die revolutionäre Epoche in Europa im 18. Jahrhundert zwei kontrastierende politische Modelle hervorbrachte, nämlich die liberale Demokratie und die totalitäre oder messianische Demokratie. Sie vertreten jeweils eine sehr verschiedene Sichtweise von Politik. Für die liberale Demokratie ist Politik eine pragmatische Ansammlung von Funktionen, ihr Aufgabenbereich ist begrenzt und von anderen gesellschaftlichen Bereichen klar unterscheidbar. Politik hat die Aufgabe, bestimmte Probleme des öffentlichen Lebens zu regeln, und sie ist als erfolgreich zu werten, wenn es ihr gelingt, diese Aufgaben zufriedenstellend zu lösen. Das totalitär-demokratische Modell auf der anderen Seite geht von einem viel breiteren Politikbegriff aus. Politik umfaßt in dieser Sichtweise das gesamte Leben der Gemeinschaft und definiert sich primär aus ethischen Prinzipien. Erfolg an sich ist noch keine Rechtfertigung, es geht vielmehr um bestimmte abstrakte Prinzipien, denen Genüge getan werden soll. Zur totalitären Demokratie gehört die Idee einer Elite, der die Führungsrolle über die weniger erleuchtete Masse zukommt. Diese Elite ist berechtigt, »Gewalt und Repression auszuüben, da sie allein im Besitz der Wahrheit ist und daher den Willen der Gemeinschaft verkörpert«.[55]

Auf den Iran übertragen, läßt sich feststellen, daß der Schah eher den ersteren Politikbegriff vertrat, während die Fundamentalisten sich deutlich dem letzteren verschrieben haben.[56]

Für den Schah leitete seine Legitimität sich allein schon aus der Tatsache ab, daß seine Politik Erfolg zeitigte. Nach allen empirischen Indizien, auf die er sich so oft berief, machte das Land große Fortschritte und war einer der mächtigsten Staaten im Mittleren Osten. Er ergänzte diese Selbstbestätigung auch durch andere Mittel, untermauerte seinen Führungsanspruch mit dynastischen Argumenten, mit den religiösen Visionen, die er angeblich hatte[57] u. ä., aber in erster Linie sah er sich durch die Fakten bestätigt. Die Fundamentalisten stellten andere Kriterien in den Vordergrund. In ihrer Sichtweise kann eine Regierung »falsch« und »schlecht« sein, auch wenn sie die Nation in den größten Wohlstand führt, ein funktionierendes System der sozialen Wohlfahrt betreibt und außenpolitisch Macht und Anerkennung genießt. Wenn sie nicht den islamischen Prinzipien treu ist, dann ist sie keine legitime Regierung. Wie der Schah sich ergänzend auch auf diese zweite Ebene stützte und andere Legitimitätsquellen beanspruchte, so ergänzten auch die Fundamentalisten ihre moralische Argumentation mit einer pragmatischen: die Erfolge des Schahs seien ohnedies nur Schein gewesen, sie selber könnten nicht nur richtiger, sondern auch besser regieren und verwalten als er.[58] Der Unterschied liegt in der deutlichen Gewichtung dieser jeweiligen Legitimitätsquellen.

Talmon bezieht sich in seinen Studien auf das 18. und 19. Jahrhundert in Europa, merkt aber an, daß diese zwei Sichtweisen von Politik die gesamte Geschichte der westlichen Zivilisation durchziehen. Das Werk *Civitas Dei* von Augustinus zum Beispiel sieht er als klare Erläuterung der totalitären Demokratie.[59]

Aber auch in der persischen Geschichte läßt sich der Konflikt zwischen diesen beiden politischen Werthaltungen verfolgen. Die persische monarchistische Tradition beruht sehr stark auf der pragmatischen Betrachtungsweise. Ein König mußte in der persischen Geschichte keinesfalls unbedingt aus einer Königsfamilie hervorgehen. Das Königtum war vielmehr ein »Amt«, das ein besonders erfolgreicher Führer beanspruchen konnte. Mehr als einmal wurden Dynastien von »Bürgerlichen« gegründet, das heißt eigentlich von Soldaten, die das Land von einer unmittelbaren Bedrohung befreiten und sich daraufhin auf den Thron setzten.

Die Religionsführer bildeten demgegenüber schon immer ein Gegengewicht, das eine absolute und puristische Haltung gegenüber dem politischen Prozeß einnahm. Die Kompromisse und Geschäfte des Staates beobachteten und kritisierten sie von der Warte derjenigen, die außerhalb dieses Prozesses stehen und auf moralische Aspekte zu achten haben. Den Tatsachen entsprach diese Gegenüberstellung nie, denn als Elite verfolgte die Religionsführung immer schon ihre eigenen, hochpragmatischen Interessen und war selbst in einen intensiven Prozeß der Kompromiß- und Entscheidungsfindung mit der weltlichen Regierung involviert. Es gibt hier gewisse Ähnlichkeiten zum Verhältnis zwischen Staat und Kirche im europäischen Mittelalter. Der Unterschied liegt darin, daß die schiitische Religionsführung – anders als die christliche und anders auch als die sunnitische – bewußt die Entscheidung traf, sich nicht in institutionalisierter Form in den gesellschaftlichen Machtprozeß integrieren zu lassen.[60] Im iranischen politischen System bildete sich statt dessen ein Gleichgewicht zwischen zwei verschiedenen Machttypen heraus: einer konstanten Macht, die von den weltlichen Führern ausgeübt wurde, und einer latenteren Macht, die je nach Anlaß aktiviert werden konnte. Aus der Sicht der Religionsführer war die Legitimität der weltlichen Herrscher jederzeit anfechtbar, aber auch die weltlichen Herrscher akzeptierten nicht unhinterfragt die Autorität der Religionsführer, sondern konterten ihrerseits mit Anschuldigungen über Interessengebundenheit und Autoritätsüberschreitung der religiösen Elite.[61] Außerdem waren Kooperation und Kompromißfindung zwischen den beiden Eliten häufiger als Konflikte[62], da sie auch eine Reihe gemeinsamer pragmatischer Interessen hatten.

Die gegenwärtige Situation im Iran stellt eine Abweichung von diesem historischen Muster dar. Die Rolle des Imam, bislang nur ein abstraktes Ideal, wurde in eine konkrete Forderung umgewandelt. Die Tradition radikalisierte sich und nahm die Gestalt einer Bewegung an, die nicht mehr bloß die Rolle einer »außerparlamentarischen Opposition« spielen, sondern selber die Macht innehaben wollte.[63]

Die Islamische Republik Iran entspricht in vieler Hinsicht Talmons Beschreibung der totalitären Demokratie. Sie teilt die Welt in Gut und Böse, in Gläubige und Ungläubige. Sie glaubt, daß eine gerechte Ordnung durch die wortgetreue und sofortige Realisierung islamischer Prinzipien erreicht werden kann und muß. Gewalt und Repression rechtfertigen sich in ihren Augen aus der Heiligkeit dieses Zwecks. Sie hält den Begriff des Individualismus und der individuellen Freiheit für bedeutungslos, versteht Gerechtigkeit nur als kollektiven Begriff und sieht das Glück des einzelnen in seiner Unterordnung unter eine rechtmäßig geleitete Gemeinschaft. Auch die Einstellung etwa gegenüber solchen Themen wie Armut oder Eigentum entsprechen dem totalitären Muster. Talmon beschreibt die Mischung aus egalitärem Wohlfahrtsdenken – wie zum Beispiel die Vorstellung einer Maximalbegrenzung des persönlichen Eigentums, die staatliche Subventionierung von Lebensmitteln und einem garantierten Minimallebensstandard – und einer Akzeptierung des Begriffs des Privateigentums und des begrenzten Profits.[64] Diese Übereinstimmung mit dem theoretischen Ansatz von Talmon erscheint uns wichtig, weil die heute gängigere Erklärung für die Ereignisse im Iran unserer Ansicht nach die islamische Dimension überbetont auf Kosten der sozialen und historischen Aspekte.[65]

Viele Iran-Experten neigen heute dazu, die oben genannte Vermischung von pseudo-sozialistischen Werten mit wachstumsorientierten und quasi-kapitalistischen Vorstellungen als typisch für den Fundamentalismus zu betrachten. Dieser Ansicht können wir jedoch nicht zustimmen.

Charakteristisch für den totalitären Staat ist auch, daß die Aufrechterhaltung eines dauerhaften Krisenzustandes unverzichtbar ist. Dieser Krisenzustand rechtfertigt die außergewöhnlichen Maßnahmen, die Repressionen wie auch die ausbleibenden Erfolge in der Sozial- und Wirtschaftspolitik. »Anstatt ihre ›Botschaft‹ durchzusetzen, benötigt die totale Revolution eine unerbittliche Opposition, einen unentwegt hinterhältige Komplotte schmiedenden Nationalfeind, konterrevolutionäre Aufstände, kurz: den permanenten Notstand«, schreibt Talmon.[66]

Der politische Alltag des Iran ist chrakterisiert durch den andauernden Krieg gegen den Irak, die Unterstützung terroristischer Gruppen in anderen Ländern, die ständige Agitation und die Behauptung, daß die USA und vor allem der CIA allgegenwärtig seien. Die Reglementierung des Alltags bis ins kleinste Detail, die Aufrufe an Kinder und Schüler, ihre Eltern und Lehrer im Fall erkennbarer Regimeuntreue zu denunzieren, die Patrouillen der Sittenpolizei, all diese Maßnahmen garantieren eine ständige Spannung in der Gesellschaft.[67] Khomeini betont immer wieder, daß der Iran in einer fundamentalen Krisensituation lebe, in der alle bereit sein müssen, Opfer zu bringen und Leiden zu ertragen.[68] Ein Notstand kann unter solchen Umständen sehr lange fortdauern, aber auch für eine Existenz unter Notstandsbedingungen gibt es Grenzen. Es ist die Frage, wann im Iran dieser Zeitpunkt erreicht sein wird.

Totalitarismus unter dem Mullah-Regime

»Zwei verschiedene jüdische Bewegungen, der Kommunismus und der Zionismus, streben nach Weltherrschaft unter jüdischer Kontrolle.«[69] Goebbels? Nein, dieser Satz stammt aus einer Sondernummer preisgekrönter Aufsätze der Sieger eines »sozialwissenschaftlichen« Preisausschreibens der Universität Isfahan. Handelt es sich um eine rein zufällige Übereinstimmung zwischen gewissen Ansichten der iranischen Fundamentalisten und den europäischen Faschisten in der ersten Hälfte des 20. Jahrhunderts? Die Möglichkeit, daß der Iran ein totalitäres islamisches Land darstellt, ist potentiell so bedeutsam, daß es sich lohnt, nach weiteren Parallelen zu fragen.

Unter welchen Bedingungen enstehen totalitäre Systeme?

Francis L. Carsten[70], der das Aufkommen faschistischer Regime in fünf Ländern untersucht, sieht die Hauptursache in der »ernsthaften Unebenheit« in den wirtschaftlichen Verhältnissen des Landes. Totalitarismus der Rechten, der uns hier primär interessiert, ist gekennzeichnet durch das Vorhandensein mehrerer notwendiger Faktoren: es muß eine charismatische Führungspersönlichkeit existieren; eine desorientierte und unzufriedene Masse, die mobilisiert werden kann, ihm zu folgen; das psychopolitische Klima, das eine Fanatisierung und Eskalation der Situation erlaubt und daran anschließend ein fortgesetztes Maß an Spannung und Krise erzeugt. Carsten fand in seiner Studie keine eindeutige Korrelation zwischen dem Aufkommen von Faschismus und einem bestimmten Stadium in der Entwicklung der Klassengesellschaft. Seiner Ansicht nach war das fruchtbarste Klima für faschistische Bestrebungen dort vorhanden, wo eine beginnende kapitalistische Entwicklung gescheitert war und Probleme wie hohe Arbeitslosigkeit, Fehlverteilung des Bruttosozialprodukts, Umwälzungen in traditionellen Sektoren und die Entwurzelung von Teilen der Bevölkerung verursacht hatte. Totalitarismus der Rechten, meint er, spricht vor allem jene an, die ihren angestammten Platz in der Gesellschaft verloren haben und keine Zukunft für sich sehen. Üblicherweise zählen dazu die untere Mittelschicht, die Handwerker, die Kleinbauern, die niedrigen Beamten und meist die Jugend, darunter auch die nationalistisch und idealistisch gesinnten Universitätsstudenten. Die Bewegung, die den Schah stürzte, schien – politologisch gesehen – zunächst auffallend heterogen: so sehr nämlich, daß politische Zuweisungen fast unmöglich schienen und der Ausdruck »Revolution« manchmal eher als rettende Allzweckkategorie benützt wurde. In einer Revolution muß es schließlich keine überschaubaren, schlüssigen Verlaufsschritte geben, gehören Chaos und undefinierbare Menschenmassen dazu. Der Begriff des Totalitarismus aber erlaubt noch eine andere Interpretation. Denn wenn wir Carstens Auflistung betrachten, liest sie sich beinahe wie eine Beschreibung der Koalition gegen den Schah. Die Massenbasis rekrutierte sich aus den kulturell und ökonomisch entwurzelten traditionellen Bevölkerungsteilen. Die Bewegung umfaßte ferner die traditionellen Eliten (darunter die religiöse Elite), die alte Mittelschicht (die Händler, die Bazaaris) und den entfremdeten modernen Mittelstand. Sie schloß vor allem auch Studenten und Jugendliche ein.

Die Eigenschaften des totalitären Staates sind oft und ausführlich analysiert worden. Die totalitäre Partei, die für den Faschismus typischen pseudo-sozialistischen Werte, der Terror, die Monopolisierung der Medien – diese und andere Aspekte sind bekannt, so daß sie an dieser Stelle nicht noch einmal beschrieben werden müssen. Wir möchten aber drei Prinzipien hervorheben, die die innenpolitischen Ziele des faschistischen Regimes betreffen: nationalistische Isolierung, Gleichschaltung und zentrale Kontrolle aller Lebensbereiche. Diese Werte resultieren unmittelbar aus der Weltanschauung des totalitären Staates. Die Prämisse dieser Weltanschauung besteht in der Anschauung, daß ein existentieller Moment der Geschichte erreicht ist: Die Nation, Kultur und/oder Rasse muß sich entweder von den äußeren Bedrohungen freimachen, oder sie wird untergehen. Um diese absolute Bedrohung abzuwenden, muß die Nation stark und vollkommen unabhängig werden von fremder politischer und kultureller Beeinflussung und wirtschaftlichen Verbindungen mit ausländischen Unternehmen. Dieses Ziel der Autonomie erfordert aber ein »ungefährliches« geographisches Umfeld und kann möglicherweise die Befriedung oder die Annexion der Nachbarstaaten möglich machen. Was sich als Isolationismus präsentiert, wirkt sich also als Expansionismus aus.

Dasselbe Streben nach Absicherung verlangt auch die Eliminierung oder zuverlässige Unterdrückung einheimischer Oppositioneller. Diese Maßnahmen werden mit dem Ziel des Aufbaus einer Gesellschaft, die den ideologischen Vorstellungen gerecht wird, durchgeführt. Die Realisierung dieser Aufgabe obliegt der Elite. Bereits der Begriff »totalitär« beschreibt die wichtigste Eigenschaft dieser Weltsicht: den Anspruch, das Leben der Mitglieder dieser Gesellschaft in allen Aspekten zu regeln. Dieses System kennt keinen Privatbereich; die einzelnen, ihre Gedanken, Überzeugungen, Gewohnheiten und Beziehungen zu anderen unterliegen alle der ideologischen Prägung und der Kontrolle. Die Einschränkung der persönlichen Freiheiten werden mit dem weltanschaulichen Ziel wie auch mit dem postulierten akuten Krisenzustand, in dem die Gesellschaft sich angeblich befinden soll, gerechtfertigt. Diese Gefahr wird der Bevölkerung mit heftiger Rhetorik und drastischen Maßnahmen nähergebracht: Die deutsche Rasse stehe vor der Überfremdung und dem genetischen Ruin. Diese einfache Botschaft wird immer wieder eindringlich vermittelt.

»Heute«, schreibt Khomeini, »haben alle kolonialistischen Mächte und ihre Freunde, die verräterischen arabischen Herrscher, der Zionismus und der atheistische Materialismus, sich gegen den Islam verschworen ... Die Juden wollen den Koran zerstören ..., um den Weg für die jüdische Beherrschung der Welt zu bereiten. Wegen unserer Schwäche werden wir eines Tages aufwachen und entdecken, daß ein Jude unser Land regiert.«[71]

In einem existentiellen Kampf dieser Art ist jedes Mittel erlaubt.

Die Außenpolitik des Iran spiegelt deutlich die Wechselwirkung von Expansionismus und Isolationismus. Auch Khomeini verfolgt die Ideologie der »Schaffung von Lebensraum«. Es ist, so glaubt er, für den Iran unmöglich, als einziger rechtmäßig islamischer Staat zu überleben, inmitten eines Meers von Unfrömmigkeit und Fremdbeeinflussung. »Wir müssen unsere Revolution weiter ausdehnen, denn wenn wir damit alleine bleiben, werden sie uns sicherlich besiegen.« Dem Terror in der Innenpolitik steht die Unterstützung von Terrorismus als Prinzip der Außenpolitik gegenüber. In zahlreichen terroristischen Aktionen der letzten Jahre (z. B. auch in den Geiselnahmen im Libanon in jüngster Zeit oder der Entführung einer kuwaitischen Passagiermaschine nach Algier) war die »iranische Hand« sichtbar.

Die angebliche Krisensituation bestimmt auch die Innenpolitik. Dissidenten werden verfolgt, weil sie Verräter sind – auch wenn ihr »Verrat« sich auf vergleichsweise triviale Aspekte des Alltagslebens bezieht. Normierung, Gleichmacherei, Vereinheitlichung ist das Ziel; es gibt keine Toleranz für andere Sicht- und Lebensweisen. Neben den Bahais, den Kommunisten, den verwestlichten Elementen und den sozial Abweichenden werden auch die Armenier systematisch an den Rand gedrängt. Sie verlieren ihre Arbeit, werden in ihren Wohnvierteln belästigt, dürfen in den Läden keine Lebensmittel berühren, um sie nicht zu »verunreinigen« etc.

Als Kennzeichen für totalitäre Regierungen wird oft ihr »Anti-Parlamentarismus« genannt. Diese Charakterisierung ist im strengen Sinn nicht zutreffend, da parlamentarische Formen oft angestrebt werden. Der Führer, die Einheitspartei und irgendwelche pseudoparlamentarische Akklamationstreffen sind typisch für den totalitären politischen Prozeß. Wichtig ist vor allem aber die Mobilisierung der Massen, die durch Demonstrationen und Massenversammlungen die Einheit des nationalen Willens symbolisieren. Alle müssen ihre Zugehörigkeit zeigen, sei es durch Beitritt zur Partei, der im Nationalsozialismus typische Weg, sei es durch andere Signale der Zustimmung.

Trotz der Betonung der Massen ist das faschistische System elitär. In *Mein Kampf* äußerte Hitler sich oft und ausführlich über das

Wesen der Masse, die manipulierbar, ohne Urteilskraft und ohne kulturelle Fähigkeiten sei. Khomeini hat die Masse der Bevölkerung mit einem Minderjährigen verglichen, der einen Vormund braucht; die Religionsführer sind, führt er seine Analogie aus, der Vormund der Massen, die ihr eigenes Bestes nicht erkennen und unfähig sind, die richtigen Entscheidungen zu treffen.[72]

In ihrer Einstellung zu drei Bevölkerungsgruppen zeigen die iranischen Fundamentalisten ihre deutlichste Übereinstimmung mit dem europäischen Faschismus: gegenüber den Juden, den Frauen und den Intellektuellen. Die These, daß das »internationale Judentum« hinter der Verschwörung der Außenwelt gegen den Islam stehe, ist ein grundlegender Pfeiler der fundamentalistischen Argumentation. Auch die russische Revolution sehen sie als »jüdisch« dominiert, womit beide Supermächte in ihren Augen bloß Agenten eines internationalen jüdischen Herrschaftsstrebens sind. Die Nähe zur Ideologie der Nationalsozialisten ist keineswegs unbewußt. So heißt es z. B. in einer der einschlägigen Publikationen, daß »die Juden Milliarden DM kassieren für das, was ihnen angeblich durch Hitler widerfahren sein soll...«.[73]

Die »gute islamische Frau« ihrerseits könnte direkt dem BDM entsprungen sein. Sie wünscht sich nichts anderes, als zukünftige Soldaten für den Führer/den Imam zu gebären und großzuziehen. Sie freut sich über den Märtyrertod ihrer Angehörigen. Sie ist sittsam und fleißig. Sexuelle Freiheiten erkennt sie als jüdische Dekadenz. Aus der Perspektive der Fundamentalisten ist die ideale junge Frau ein Mädchen, das einen Kriegsversehrten aus dem Krieg gegen den Irak heiratet, um ihn zu pflegen.

Sexualität ist ein sehr zentrales Thema und taucht in jedem Zusammenhang als bedrohliche Vision der Verkommenheit auf. Gemischte Volksschulen sind in den Worten Khomeinis nichts anderes als »Zentren der Prostitution«. Ein Mann und eine Frau, die auf der Straße nebeneinander gehen, müssen beweisen können, daß sie entweder miteinander verwandt oder verheiratet sind. Junge Frauen werden verhaftet, gefoltert und manchmal getötet für »Vergehen« wie das Tragen von Nagellack oder weil sie mit einem Mann, der nicht ihr Ehemann ist, gemeinsam Auto gefahren sind. Die Einstellung der Islamischen Republik zur Sexualität erinnert stark an Reichs Beschreibung der faschistischen Moral und ihrer Angst vor der Sexualität. Die Sexualität wird unter Kontrolle gebracht, indem Frauen streng kontrolliert werden. Damit werden mehrere Zwecke gleichzeitig erfüllt: den Männern gewährt man eine billige Aufwertung, indem man ihnen Autorität über die Frauen ihrer Familie schenkt; man dient der militärischen Expansion, indem man die damit aufgewerteten Männer zu Helden, Soldaten und Märtyrern ernennt; und man erhält genügend Anlässe, um gegen die progressiven Elemente der Bevölkerung vorzugehen. Reich[74] hat darauf hingewiesen, daß Frauen, deren Persönlichkeit und deren Freiheit jahrhundertelang unterdrückt wurden und die es nicht gewohnt waren, selbständig zu denken und zu leben, diese Ideologie attraktiv finden konnten. Für die Masse der analphabetischen Frauen, die auch unter dem Schah-Regime als Frauen unterdrückt und abgewertet wurden, bietet die totalitäre Ideologie zumindest den Schein einer persönlichen Bedeutung und der sozialen Sicherheit. Wenn sie einerseits erleben, daß der Wert ihres Lebens von der fundamentalistischen islamischen Gesetzgebung offiziell mit der Hälfte des Wertes eines Männerlebens angegeben wird (z. B. bei der Vergütung, die im Fall von Mord oder Totschlag bezahlt werden muß), dann können sie sich andererseits mit den Sätzen Khomeinis trösten, in denen ihr Beitrag zur Bildung der neuen Gesellschaft besonders hervorgehoben wird. So verglich er z. B. die Aufgaben der Mutterschaft – die Pflege eines Menschen – mit der »Aufgabe der Propheten«. Eine sentimentale Verbeugung vor der Frau als Mutter ist den Frauen im Faschismus sicher. Etwaige andere, z. B. berufliche Ambitionen von Frauen werden dagegen strikt unterbunden. In dieser Argumentation wollen Frauen, die berufstätig sein möchten, lediglich Männer kennenlernen; Frauen, die sich nicht voll den Bewegungseinschränkungen und puritanischen Geboten unterwerfen, sind Prostituierte.[75]

Die Glorifizierung der Familie durch den faschistischen Staat ist nur vordergründig. In Wirklichkeit bemüht er sich, den Einfluß der Familie zu unterminieren und ihre Aufgaben an sich zu reißen. Der Sozialisationsprozeß soll möglichst vollständig der Kontrolle des Staates unterliegen. Kinder werden ermutigt, sich in erster Linie gegenüber dem Staat loyal zu verhalten und z. B. ihre Eltern oder ihre Lehrer, falls deren Loyalität anzweifelbar ist, zu denunzieren.

Die Atmosphäre der totalen Kontrolle, die das faschistische System erzeugt, nimmt der Familie einen Teil ihres Widerstandspotentials. Eltern mit liberaleren Ansichten sehen sich z. B. außerstande, den fundamentalistischen Lehrsätzen zu widersprechen, die ihren Kindern in der Schule vermittelt werden. Ansonsten würden sie das Risiko eingehen, daß das Kind in der Schule widerspricht, sich auf die Meinung seiner Eltern beruft und damit sich selbst und die Eltern in größte Schwierigkeiten bringt. Liberal und progressiv gesinnte Frauen, deren Kinder mit der Botschaft heimkommen, daß sie den Tschador sorgfältiger tragen soll, weil sie sonst zur Strafe in der Hölle an ihren Haaren aufgehängt werde, sehen sich gezwungen, auf Widerspruch und Aufklärung zu verzichten und statt dessen zu ertragen, daß ihre Kinder die fundamentalistische Ideologie verinnerlichen.

Gegenüber den Intellektuellen verhält sich der faschistische Staat ambivalent. Sowohl Hitler als auch Khomeini haben sich in Reden und Schriften über die Intellektuellen belustigt, sie als verworrene Feiglinge und geistige Agenten einer fremden Macht dargestellt. Zugleich aber strebt der faschistische Staat technologische und industrielle Fortschritte an, zu deren Realisierung er Experten und Technokraten benötigt. Er versucht, die Bildungsinstitutionen unter seine Kontrolle zu bringen und durch Sprachwendungen (Eliminierung von Fremdworten, die Ausrufung einer »islamischen Wissenschaft«) die Nationalisierung des Wissens zu beanspruchen. Die anti-intellektuellen, anti-liberalen und irrationalen Aspekte der faschistischen Ideologie geben außenstehenden Beobachtern die Hoffnung, daß es dem Regime nicht gelingen wird, in genügender Zahl Experten zu rekrutieren. Diese Hoffnung hegt zum Beispiel Bani-Sadr, der glaubt, daß die Wirtschaft des Iran infolge mangelnder Fachkräfte bald zusammenbrechen müsse. Diese Sichtweise unterschätzt die Käuflichkeit ausländischer und die Erpreßbarkeit einheimischer Experten. Für diejenigen Intellektuellen, die sich dennoch nicht anpassen wollen, ist die Flucht die häufigere Lösung als Unnachgiebigkeit. Und es besteht offenbar kein Mangel an jungen Leuten, die vom Fundamentalismus überzeugt und bereit sind, sich die nötigen Fertigkeiten und Kompetenzen anzueignen – auch an amerikanischen und westeuropäischen Universitäten.

Trotzdem ist Skepsis und Mißtrauen gegenüber Intellektuellen ein Teil der fundamentalistischen Ideologie. In der Schah-Zeit war höhere Schulbildung ein Privileg der Wohlhabenden. Diese Schicht setzte sich aus zwei Elementen zusammen: der alten, traditionellen Elite und der neuen Elite, die durch die Modernisierungsbestrebungen entstanden war. Die Kinder der Bazaaris, der Religionselite und der Großgrundbesitzer teilten sich die Universitäten mit den Söhnen und Töchtern der reichen Geschäftsleute, Industriellen und Manager. Die erste Gruppe und die überzeugbaren Personen aus der zweiten stellen heute das Potential einer fundamentalistisch gesinnten Intellektuellen- oder besser: Technokratenschicht. Denn die Fundamentalisten haben ihre Ambivalenzen gegenüber den Intellektuellen so gelöst, daß Technik und Naturwissenschaften gefördert, die »liberal arts« wie Kunst, Literatur, Soziologie, Musik etc. jedoch ausgeschaltet werden. Diese Unterscheidung präsentiert sich als rein pragmatische Entscheidung: man brauche eben Agrarexperten, Techniker und ähnliches. Aber dahinter verbirgt sich ohne Zweifel mehr, nämlich die Ansicht, daß andere Fächer eher Fremdeinflüssen, Illoyalitäten, Liberalismen und sonstigen gefährlichen Tendenzen offenstehen und Dissidenten beherbergen.

Der Alltag im faschistischen Staat unterliegt den nationalen Zielen. Entsagung und Verzicht im Namen der gemeinsamen Sache prägen das öffentliche Leben. Im Iran wird diese Atmosphäre betont durch das Verbot von Unterhaltungsmusik und anderen Formen von Entertainment, durch die Unterdrückung von Kunst und Literatur sowie durch die Militarisierung des Alltags.

Daneben mag es zuerst widersprüchlich erscheinen, daß ein faschistisches Regime zu einem sehr hohen Grad von Pragmatismus fähig ist. Dazu gehört auch die Fähigkeit, die Außenwelt zu täuschen. Vor allem in der Zeit vor und unmittelbar nach der Machtergreifung bemühen Faschisten sich oft um Verwirrung und Verharmlosung ihrer Absichten. Wenn der Historiker Ernst Nolte von den jovialen Interviews erzählt, in denen Mussolini sich als umgänglicher, vernünftiger Politiker darstellte, sind wir an Khomeinis Pariser Interviews erinnert.[76]

Andere Staaten sind oft erstaunlich lange bereit, diesem Bild Glauben zu schenken. Diese Bereitschaft hat neben der Naivität noch andere, entscheidendere Ursachen. Der erste Grund ist ein taktischer. Die totalitäre Regierung hat aus der Perspektive anderer Regierungen auch ihre Vorzüge. Zum Beispiel befürwortet die US-Regierung die Eliminierung der kommunistischen Tudeh-Partei und die Feindseligkeit des Iran gegenüber der Sowjetunion. Die ursprüngliche Reaktion auf Hitler war ähnlich. Nolte verweist darauf, daß Hitlers Maßnahmen gegen die Kommunisten im westlichen Ausland begrüßt wurden. Auch der Krieg zwischen Iran und Irak wird vom Ausland nicht ungern gesehen, da er beide Staaten schwächt und das Waffengeschäft ankurbelt. Der zweite Grund ist also ein finanzieller. Der Handel mit einem faschistischen Staat kann besonders lukrativ sein, da dieser Staat häufig Boykotten und Wirtschaftssanktionen unterliegt und seine Importe mit überhöhten Preisen bezahlen muß. Der dritte Grund scheint in der Eigenschaft etablierter Staaten zu liegen, extremistische Tendenzen in anderen Ländern nicht wahrhaben zu wollen, weil eine solche Wahrnehmung die eingespielten diplomatischen und wirtschaftlichen Beziehungen in Unordnung brächte.

An dieser Vorstellung war nur die Tatsache zutreffend, daß der politische Prozeß in Ländern der Dritten Welt kein eigenständiger, organisch gewachsener ist, sondern daß er durch die dauerhaften Einwirkungen von Fremdmächten Verzerrungen erlitten hatte. Die Präsenz einer überlegenen Fremdmacht, die sich wirtschaftlich, sozial, politisch, militärisch und kulturell auswirkte, gab vielen Entwicklungstendenzen in diesen Ländern eine entscheidende Wende. Das Ziel von revolutionären Bewegungen in Ländern der Dritten Welt, dem westlichen Ausland einen Schlag zu versetzen, und die Identifizierung der herrschenden Klasse mit diesem Ausland hat die nationale Selbstbehauptung auf »kulturelle Wurzeln« zurückfallen lassen, die unter anderen Umständen von revolutionären Kräften der gleichen Gesellschaft bekämpft worden wären. Diese Verwechslung von »traditionell« mit »national«, unendlich verschärft durch die kumulativen wirtschaftlichen, sozialen, politischen und militärischen Spannungen, bereitet den Boden für einen rückwärtsblickenden Extremismus, in dem sich vor allem die reaktionären Kräfte in diesen Ländern durchsetzen können. Selbst unter diesen Bedingungen wirkt sich die ausländische Übermacht verhängnisvoll aus. Selbst wenn das entstandene Regime totalitäre Züge zeigt, Terrorismus fördert und Terror praktiziert, kann eine Großmacht sich entschließen, dieses Regime zu unterstützen: etwa weil dieser Zustand für die andere Supermacht noch lästiger ist als für sie selbst oder weil man ein totalitäres Regime einer linken Regierung immer noch vorzieht oder weil man ausufernde Destabilisierungen fürchtet oder weil man meint, sich strategisch und wirtschaftlich gut mit dem neuen Regime arrangieren zu können. Es kann unter diesen Umständen für einen liberal motivierten Widerstand weit schwieriger sein, gegen eine solche Regierung vorzugehen, so daß diese »unnatürlich« lange ihre Macht sichern kann. Die Ereignisse im Iran hatten große Ähnlichkeit mit einem Bauernaufstand. Die Tatsache aber, daß die betroffene bäuerliche und ehemals bäuerliche Bevölkerung sich infolge der massiven Landflucht in den Städten befand, trug zum ungewöhnlich starken Effekt dieses Aufstandes bei. Den Fundamentalisten gelang es mit Hilfe dieser Bewegung, die Macht zu ergreifen. Ihre Herrschaft läßt sich als rechtstotalitäre, faschistische Ordnung beschreiben. Die weitere Entwicklung auch dieser Ordnung unterliegt den Interessen und Einmischungen der Großmächte. Denn die entschlossenen Parolen der Islamischen Republik ändern nichts daran, daß es wie jedes andere Land der Dritten Welt versuchen muß, in einer durch die Supermächte dominierten internationalen Ordnung zu operieren. Den Einschränkungen und Gesetzmäßigkeiten dieser Ordnung durch Extremismus, Provokation, größere moralische Konsequenz usw. zu entkommen oder zumindest den eigenen Spielraum zu erweitern, haben vor den Fundamentalisten schon zahlreiche andere politische Akteure in Ländern der Dritten Welt versucht: Nasser, Nkrumah, Gaddhaffi. Bis zu einem gewissen Punkt hatte jedes dieser Experimente Erfolg. Ob die Islamische Republik über diesen Punkt hinauskommt, muß noch offenbleiben.

6. Wege zur Modernität

Barrington Moores bereits angeführte Untersuchung unternimmt den Versuch, ausgehend von einigen sozialen und politischen Umständen spezifischer Länder den Ausgang ihrer Wandlungsprozesse im Zuge der Modernisierung zu prognostizieren. Er analysiert das englische, das französische, das US-amerikanische, das chinesische, das japanische und das indische Modell und glaubt, einige allgemeingültige Erkenntnisse gewonnen zu haben: daß z.B. die Klassenverhältnisse, vor allem aber das politische Verhalten der Klassen, keinem identifizierbaren Muster folgen; daß wirtschaftliche Bedingungen den Rahmen für die Entwicklungen vorgeben, aber nicht ihr primärer Antriebsfaktor sind; und daß es gewisse historische Konstellationen gibt, die einmalig und somit von anderen Ländern nicht wiederholbar sind. Er schreibt in diesem Zusammenhang: »Es ist ganz offensichtlich (oder sollte es wenigstens sein), daß gewisse institutionelle Konstellationen wie Feudalismus, absolute Monarchie und Kapitalismus entstehen, eine gewisse Zeit die Szene beherrschen und wieder verschwinden.«[77] Wenn diese These zutrifft, dann sind gewisse Evolutionsprozesse sozialer Ordnungen nicht – wie die Entwicklungstheorie meint – standardisierbare Abläufe des Modernisierungsprozesses, sondern sie wären dann im Gegenteil einmalige Phänomene, die mit der spezifischen Situation eines bestimmten Landes zu einem bestimmten Zeitpunkt zusammenhängen und sich nicht in derselben Form wiederholen. Und schließlich bekennt sich Barrington Moore noch zu einer Einsicht, die besonders folgenschwer und für Sozialwissenschaftler besonders unangenehm ist: daß nämlich Zufallselemente bei historischen Abläufen eine große Rolle spielen und daß scheinbar gleiche Ausgangsbedingungen damit noch lange keine gleichen Ergebnisse garantieren.

Mit all diesen Einschränkungen beschreibt Barrington Moore nun vier grundlegende »Pfade« zur Modernität: den Weg der bürgerlichen Revolution; den Weg der kapitalistischen Entwicklung, die in Faschismus mündet, von Moore als »Revolution von oben« bezeichnet; den Bauernaufstand, der zum Kommunismus führt; und eine Mischform, die er zum Beispiel in Indien erkennt. Drei von Moores Anmerkungen über revolutionäre Veränderung erscheinen uns im Zusammenhang mit dem Iran besonders interessant.

Der Weg, den eine Gesellschaft einschlagen wird, hängt laut Moore von einer Vielfalt von Umständen ab. Eine demokratische Entwicklung erscheint ihm unter folgenden Bedingungen am wahrscheinlichsten:

Erstens muß das traditionelle Denken einer Gesellschaft bereits in irgendeiner Form den Gedanken der Partizipation und die Idee des Widerstandsrechts der Bevölkerung gegen ungerechte Herrschaft beinhalten. Darüber hinaus ist das Vorhandensein einer Gruppe innerhalb der Bevölkerung wichtig, die hinreichend der Gewalt des Herrschers entzogen bleibt, so daß sie diese Rechte zumindest prinzipiell vertreten kann.

Zweitens muß es gesellschaftliche Gegenautoritäten geben, die der absoluten Macht des Herrschers gewisse Grenzen setzen können.

Drittens: Die Produktion der Landwirtschaft für den Markt, die Schaffung einer überlebensfähigen städtischen Ökonomie und die

Integration der Bauernschaft in andere wirtschaftliche Sektoren müssen hinreichend fortgeschritten sein, so daß sich die Gesellschaft strukturell in einem Prozeß der Modernisierung befindet.

Wenn wir diese Kriterien auf den Iran anwenden wollen, dann stoßen wir schnell an die Grenzen des von Moore beschriebenen interkulturellen Vergleichs. Denn wenn wir auch die Herrschaft des Schahs mit der Machtausübung vorrevolutionärer europäischer Monarchen vergleichen können, so ist trotzdem der Handlungsrahmen ein grundlegend anderer. Die europäischen Länder mußten nicht mit zwei Supermächten, die beide einer fremden Kultur angehörten, kalkulieren. Für den Westen galt der Schah während seiner Amtszeit als ein Herrscher mit fast uneingeschränkter Macht. Heute können wir erkennen, daß er das gemäß Moores Kriterien nicht unbedingt war: Es bestanden neben ihm noch andere Autoritäts- und Machtzentren, er hatte die Transformation der Wirtschaft nur sehr unvollständig erreicht, und gleichzeitig mit dem monarchistisch-absolutistischen Denken koexistierte ein traditionelles Denken, das seine Macht in Frage stellen und schließlich sogar neutralisieren konnte. Aber: können wir diese Widerstands- und Partizipationstradition in Moores Sinn als ein die Demokratie begünstigendes Potential einstufen? Oder sind es eher Gegeneliten, die hier zum Zug kommen, und handelt es sich bei der »Partizipation« nicht um reine Affirmationshandlungen einer totalitär beherrschten Masse?

Wenn wir die traditionellen Gruppen, die die Träger des iranischen Umsturzes waren, als eine Art alternative Aristokratie begreifen, die neue städtische Schicht als eine Art Bürgertum und die ländliche Masse als nicht integrierte Bauernschaft (wofür einiges spricht), dann würde Moores Analyse eher einen Bauernaufstand als eine Revolution diagnostizieren lassen, mit der Konsequenz autoritäter Herrschaft und stark verzögerter wirtschaftlicher Veränderungen. Genausogut aber könnten wir argumentieren, daß es sich im Iran um eine »Revolution von oben« handelte und daß der Schah grundlegende Veränderungsprozesse in Wirtschaft, Kultur, Sozialsystem und Politik seines Landes initiiert hatte. Wir könnten die Situation folgendermaßen interpretieren: Der Schah hatte begonnen, das Land »von oben« zu modernisieren. Dieser Prozeß hatte zwar Widerstände seitens der traditionellen Gesellschaftssektoren geweckt, aber zugleich neue, moderne Elemente in der

Gesellschaft gestärkt.[78] Diese Elemente entfalteten eine Eigendynamik, die der Schah bald als bedrohlich empfand, denn er wollte zwar das Land modernisieren, aber zugleich seine persönliche Kontrolle über den Staat und über den Veränderungsprozeß nicht aus der Hand geben. Unter anderen außenpolitischen Umständen hätten ihn die Entwicklungen vielleicht überrollt; er erhielt jedoch ausländische Hilfe und konnte auf diese Weise seine Machtposition untermauern und sich gegen die radikaleren Modernisierungs- und Demokratisierungsansprüche behaupten. Die Vertreter dieser Ziele aber, durch das Vorgehen des Schahs blockiert und seinen Repressionen ausgesetzt, suchten nach Unterstützung und verbündeten sich mit anderen Gegnern des Schahs: den traditionellen Elementen in der Gesellschaft, mit denen sie normalerweise verfeindet waren, da ihre Ziele einander entgegengesetzt waren. So aber hatten sie ein gemeinsames Ziel: die Absetzung des Schahs. Nach dessen Sturz entstand zwischen ihnen ein Machtkampf, den die Fundamentalisten gewinnen konnten. Hätten die Modernisten ihn gewonnen, so wäre die vom Schah begonnene Modernisierungsbestrebung radikalisiert, demokratisiert und nationalisiert worden. Da sich aber die Traditionalisten durchsetzen konnten, befindet sich der Iran in einer konterrevolutionären Situation. Jene Kräfte, die Demokratisierung, Emanzipation und Modernisierung ablehnten, konnten die Macht erlangen – eine Entwicklung, die während der Französischen Revolution in manchen Teilen Frankreichs ebenfalls stattfand. In Europa und Japan führte dieses Modell der »Revolution von oben« zur rechtsgerichteten, pro-industriellen faschistischen Herrschaft. Dieses Muster ist für den Iran nicht auszuschließen. Zum Beispiel legen die Fundamentalisten großen Wert auf neue Technologien und sind keineswegs fortschrittsfeindlich, wenn es um moderne Produktionsmittel oder – mehr noch – um moderne Waffen geht.

Nur in der sozialen Frage dominiert eine erzkonservative Haltung. Auch die Betonung einer angestrebten »Re-Islamisierung« der Wissenschaft, womit unter anderem gemeint ist, daß loyale Experten ausgebildet, Fachausdrücke nicht aus Fremdsprachen entlehnt werden sollen und die Geschichte mancher Erfindungen und Technologien umgeschrieben und für den eigenen Kulturkreis beansprucht werden soll, erinnert mitunter stark an Hitlers Zugang zu Technologie und Naturwissenschaften.

Man kann aber auch die Ansicht vertreten, daß im Iran lediglich ein Bauernaufstand stattgefunden hat, der wegen der Charakteristika der iranischen Situation durch städtische Elemente geprägt war und die Mittelschicht mitreißen konnte, die auf eine revolutionäre Veränderung hoffte. In Moores theoretischem Konzept führt der Bauernaufstand zu einer linksradikalen Diktatur. Weder eine rechtsextreme noch eine linksextreme Variante von Totalitarismus ist für den Iran mittelfristig auszuschließen. Die derzeitige Politik des Landes tendiert deutlich nach rechts; einige ranghohe Angehörige der fundamentalistischen Führung vertreten jedoch in wirtschaftspolitischen Fragen ausgeprägt linke Positionen in einem Ausmaß, daß nur Khomeini persönlich sie vom Vorwurf des Kommunismus retten kann.

Der Nähe zu einigen bedeutsamen historischen Vorläufern steht die Tatsache gegenüber, daß die Entsprechung in keinem Fall eindeutig ist; es gibt starke Ähnlichkeiten zwischen dem fundamentalistischen Regime und dem europäischen oder japanischen Faschismus, zu den Bauernaufständen und auch zu vorrevolutionären und revolutionären Situationen, aber der Vergleich ist bei keiner dieser Analogien ein zwingender. Sicherlich gilt für die iranischen Fundamentalisten, was Polanyi über die europäischen Faschisten schrieb: sie stellten »eine politische Religion in den Dienst eines degenerativen Prozesses«, ihre Herrschaft sei durch extreme Intoleranz gekennzeichnet, und ihr »Scheinnationalismus ... während der Revolution« entwickle sich zu einem »spezifisch imperialistischen Nichtnationalismus« nach der Revolution.[79] Aber auch die Unterschiede sind bedeutsam: die völlig andersartige ökonomische Ausgangssituation ist die offenkundigste dieser Differenzen.[80] Die zu erwartende Reaktion der Nachbarstaaten und des internationalen Systems auf die expansionistischen Bestrebungen der Fundamentalisten wird der vielleicht wesentlichste Faktor in der Bestimmung der weiteren Entwicklung dieses Systems sein.

Was das westliche Ausland betrifft, so wird die Wahrnehmung der iranischen Ereignisse, ihrer Bedeutsamkeit und ihrer wahrscheinlichen Konsequenzen, unter anderem auch durch kulturelle Stereotypen geprägt sein. Dieser Aspekt wird im folgenden Kapitel aufgegriffen.

IV. »Die Perser« und »Der Westen«
Politik und Vorurteile

> »Dann ließ ich den trotzigen König allein und er schmollte auf seiner mit Orangenwasser bestäubten Terrasse in seinen schwarzen Pyjamas, hoch über dem blauen Kaspischen Meer.«
>
> William Sullivan, *Mission to Iran*

> »Die satanische Macht des Weltverschlingers Amerika will unsere islamische Kultur vernichten.«
>
> Imam Khomeini, *The Dawn of the Islamic Revolution*

Schmollende Kaiser, tobende orientalische Volksmassen, Fanatismus; verrauchte Nachtklubs, überall lauernde CIA-Agenten und sexuelle Zügellosigkeit, solche Klischeebilder bestimmen nicht nur den Ton der Boulevardpresse, wenn Orient und Westen sich bekriegen. In einem erstaunlichen Maß prägen sie die gesamte kulturelle und politische Interaktion.

Nach all den Jahren heftiger Einmischung in die inneren Angelegenheiten des Iran zeigten sich die Amerikaner maßlos erstaunt über den Fundamentalismus, der sie und ihren Schah in einer Welle »orientalischen« Fanatismus davonfegte. Und für die aufständischen Iraner, die sich vom Westen abkehren wollten, bleibt er dennoch allgegenwärtig: War er früher das große Ideal, dem man blind nacheiferte, erscheint er nun in seiner finsteren Variante als »großer Satan«, der nach wie vor jeden Gedanken überschattet.

1. Vorurteile und Kultur

Das Verhältnis verschiedener Kulturen zueinander ist ein Thema, das in unseren Tagen nur mehr mit äußerster Befangenheit aufgegriffen wird. Die Gründe für diese Scheu sind in der problematischen Vorgeschichte dieses Gegenstandes zu finden. Ethnozentrik, Geopolitik, Rassentheorien und Neo-Darwinismus haben kritisch denkende Menschen abgeschreckt; die Erinnerung an die kolonialen Wissenschaften läßt heute jeden Impuls zu einer kulturbezogenen Aussage politisch anrüchig erscheinen. Aber diese Tabuisierung ist widersinnig, denn Vorurteile gehören zur Realität in der Politik von Staaten und Kulturen. Der islamische Fundamentalismus z. B. ist kaum erklärbar, wenn der Aspekt des kulturellen Identitätskonflikts nicht berücksichtigt wird. Die Interaktion zwischen dem Iran und dem Westen stellte sich allen Betroffenen unter anderem auch dar als eine Begegnung zwischen »Orient« und »Okzident«.

Aber heute dient in der modernen politischen Analyse die Ebene der Nationalstaaten oder die der Klassengesellschaft als Grundraster. Der Begriff des »Nord-Süd-Konflikts«, der schematisch wenigstens noch den Aspekt der Kulturunterschiede umfaßt, setzt die Wertung schon voraus. Ein »Vorurteil« ist in diesem Schema ein Faktor, der das kolonialistische Denken ideologisch untermauert. Es besteht aus negativen Vorstellungen über die Dritte Welt und ihre Kultur und dient ihrer Abwertung und Ausbeutung. Aber Vorurteile können noch zahlreiche andere Funktionen erfüllen. Ihre Anwendung und Verbreitung sind auch nicht den Mächtigen vorbehalten. Sie sind nicht bloß das Instrument der Herrschenden gegenüber Minderheiten und Schwächeren, sondern können auch von den Aufständischen als Waffe benutzt werden.

Im Fall des Iran spielten Vorurteile in dreierlei Varianten eine Rolle im interkulturellen Konflikt: zwischen industrialisiertem Westen und Dritter Welt; zwischen islamischer Zivilisation und Christentum; zwischen Persern und Fremden.

2. Der Westen sieht den Osten: »Orientalismus«

Die Beziehungen zwischen westlich-christlicher und islamischer Welt haben eine lange und vielfältige Geschichte. Viele Jahrhunderte des Tausches von Waren und Ideen, aber auch des Konflikts haben eine umfangreiche Ansammlung von Ressentiments, Wissen, Ignoranz, Neid und Mißtrauen hinterlassen, wobei keineswegs immer die christliche Seite der Aggressor war. Auf beiden Seiten spielte Religion als Bestandteil der Identität eine Rolle, und neben Abwertung und Bekehrungsversuchen prägten auch eine anhaltende gegenseitige Faszination sowohl die offizielle als auch die öffentliche Haltung.

Auf der ideologisch-kulturellen Ebene kann man sich die Beziehung zwischen der jeweils dominanten und der jeweils unterlegenen Seite vorstellen als eine Art Dialog. Die dominante Gruppe vermittelt Botschaften, die ihre Vormachtstellung verfestigen: »Ihr seid unterlegen, weil Ihr minderwertig seid, unsere Dominanz ist unausweichlich. Es ist besser für Euch, wenn Ihr Euch dem fügt.« Oder: »Wir kommen nicht als Herrscher, sondern als Zivilisatoren, die Euch von Eurer Rückständigkeit befreien werden.«

Auch gegenüber der eigenen Bevölkerung kann eine Legitimierung erforderlich sein: »Wir sind keine Unterdrücker, die diese Fremden ausbeuten, sondern wir befinden uns auf einer kulturellen Mission, um sie zu bilden und dem wahren Glauben zuzuführen.«[1]

Auf diese Unterwerfung muß die unterlegene Gruppe eine Antwort finden. Sie muß der eigenen Bevölkerung erklären, wie es zu einer solchen Niederlage kommen konnte, um das Selbstgefühl der Gruppe auch unter solch widrigen Umständen nach Möglichkeit zu retten. Eine solche Antwort könnte z. B. lauten: »Wir wurden nur besiegt, weil die andere Seite skrupellos ist; moralisch sind wir aber besser als die Sieger und müssen daher irgendwann triumphieren.« Der Vorteil in diesem Dialog liegt jedoch eindeutig bei den Siegern. Sie beherrschen die wichtigsten Kommunikations- und Sozialisationsinstanzen und können auf deren Grundlage den Dialog entscheidend zu ihren Gunsten präjudizieren. Die Ausgangsbasis der unterlegenen Seite ist bedeutend schlechter.[2] Trotzdem hat sie taktische Möglichkeiten, die von der Revolutionstheorie bisher kaum beachtet wurden, obwohl sie eine nicht unbedeutende Voraussetzung für erfolgreichen politischen Widerstand darstellen.

Die sozialwissenschaftliche Beschäftigung mit dem Thema der Vorurteile hat sich in den letzten Jahren fast ausschließlich an den Machtverhältnissen orientiert. Sogar Edward Saids wertvolle Studie *Orientalismus*[3] setzte diese Einseitigkeit fort. Zwar trug er mit seiner Arbeit viel zum Verständnis der Beziehung zwischen Weltbild und politischer Macht bei, zugleich aber erschien in seiner Darstellungsweise der Orient als ewig passives Opfer statt als Akteur, der sich nur infolge der internationalen Machtverhältnisse in der unterlegenen Position befindet. Vorurteile vereinfachen die Komplexität des Denkens, indem sie Wahrnehmungen bereits mit Wertungen koppeln und damit das Weltbild vorstrukturieren. Aber Vorurteile sind selbst komplex: Dominanz stellt die Schuldfrage und verlangt nach Apologetik; Feindseligkeit enthält häufig eine starke Komponente der Anziehung.

In hohem Maß standardisierbar bleiben dabei Inhalt und Stil der Betrachtungsweise. Türken, die das belagerte Wien beschreiben; Chronisten des alten Ägyptens, die das Leben tributpflichtiger Völker analysieren; islamische Reisende des 10. Jahrhunderts, die erstmals den rückständigen Franken begegnen; britische Kolonialherren, die sich über Eingeborene äußern, und Männer in einer patriarchalischen Gesellschaft, die den weiblichen Charakter beschreiben – sie alle sprechen in erstaunlich gleichlautender Weise über jene, die ihnen untergeordnet sind, und ihre Aussagen verraten immer einen hohen Grad von Ambivalenz.[4] Ein Beleg dafür ist die Kontinuität des Iran-Bildes in zwei sehr unterschiedlichen westlichen Artikulationsformen: in der populären westlichen Orient-Literatur des 19. und frühen 20. Jahrhunderts und in der Sichtweise nordamerikanischer Diplomaten in unserem Jahrhundert.

Persien als Unterhaltung

Im 18., 19. und frühen 20. Jahrhundert erfreuten sich Reiseberichten ähnliche Veröffentlichungen über Persien in Westeuropa und vor allem im angelsächsischen Raum einer großen Beliebtheit. Die Autoren waren Legationsärzte, Kolonialverwalter, Diplomaten und deren Ehefrauen. Nach der Rückkehr in die Heimat veröffentlichten sie Bücher mit Titeln wie *Persische Flitterwochen, Am Hofe des Persischen Großkönigs, Persia As It Is, Under Persian Skies, Unveiled Iran, Through Persia in Disguise* oder *A Doctor's Holiday in Iran*.[5] Inhaltlich bewegten sich diese Bände zwischen freier Phantasie und Halbinformation, und die Themen waren begrenzt: Sie handelten von der exotischen Rückständigkeit persischer Kultur, dem kindlichen Wesen der Einwohner sowie ihren seltsamen Gepflogenheiten in allen Lebensbereichen und endeten mit einer Reihe von Verallgemeinerungen über den persischen Nationalcharakter und einigen Prognosen über die Zukunft des Landes, wobei meist eine langsame Zivilisierung der »Perser« durch Angleichung an den modernen Westen in Aussicht gestellt wurde.

Dabei sagten die Berichte oft mehr über die Kultur des Autors aus als über Persien. Aufschlußreich ist z. B. die Faszination, die die Institution des Harems auf Briten ausgeübt haben muß. Mitunter boten Reiseberichte nur den Vorwand für quasi-pornographische Werke; der ethnologische Anstrich gestattete die Umgehung der viktorianischen Zensur. Die Frauen des Harems werden dann z. B. beschrieben als »nur mit ein paar Diamanten bekleidet«, und es gibt schaurige Schilderungen des Mordes an untreuen Ehefrauen durch Ertränkung im »Todesbrunnen«. Engländer erbrachten in diesem Genre zwar die bemerkenswertesten Leistungen, aber auch Deutsche lieferten ihren Beitrag. Engelbert Kaempfer z. B., ein deutscher Arzt im Dienst der schwedischen Handelsmission, beschreibt ausführlich seinen angeblichen Besuch eines Harems in Verkleidung eines persischen Gärtners. Unter dem Vorwand der anthropologischen Forschung ließen sich diverse schwüle westliche Phantasien auf den Orient übertragen.[6] Daneben hatte das Thema »östliche Sexualität und Stellung von Frauen im Orient« noch andere Vorzüge. Man konnte die Rückständigkeit der fremden und die Fortschrittlichkeit der eigenen Kultur am Beispiel des emotionsträchtigen Themas der Frauenfrage »belegen«; man konnte primitive Tiefschläge gegen die fremde Kultur verabreichen, indem man die Ehre, Schönheit oder Tugend ihrer Frauen verbal anzweifelte; man konnte genausogut, aber kulturell aggressiv agieren, indem man die Frauen der anderen als erotischen Archetyp und somit als transkulturelles Sexualobjekt in Anspruch nahm; und man konnte den eigenen sexualpolitischen Vorurteilen Ausdruck geben, indem man die Geschlechtsrollen der anderen Gesellschaft positiv den abwegigen Reformbestrebungen der eigenen Kultur gegenüberstellte. Da Vorurteile logisch nicht schlüssig sein müssen, konnten manche Autoren mehrere gleichzeitig offenlegen. In einigen Werken schaffte es der Autor, innerhalb weniger Absätze die persische Frau als Verkörperung der Erotik schlechthin darzustellen, ihre Unterdrückung drastisch zu schildern und darin einen Beweis für die Rückständigkeit des Orients zu erkennen, die Männlichkeit der Perser in Frage zu stellen und anzudeuten, daß Perserinnen im allgemeinen dick, häßlich und abstoßend seien. Die Ausführungen werden dann noch mit einem gezielten Schlag gegen jene »Sufragetten« im eigenen Land beendet, die im Kontrast zum sittlich noch intakten Orient die Verirrung der Frauenemanzipation und des Frauenstimmrechts vertraten.[7]

Die Sexualität spielt im gegenseitigen kulturpolitischen Diskurs eine wichtige Rolle. Auch in aktuellen populären Werken über die

»islamische Revolution« besteht das oben skizzierte Muster unverändert fort. So schreibt z. B. William Forbis in seinem Buch *The Fall of the Peacock Throne*: ». . . ein formloser schwarzer Tschador, der nur die Augen und die Nase sehen läßt, ist zweifellos eine Entmutigung für Verführer; vor allem da, wie es mir häufig auffiel, diese Nase oft recht unförmig ist.«[8] Dieser pubertäre Schlag gegen die persische Physiognomie hält ihn nicht davon ab, sieben Seiten später von den »verführerischen Perserinnen« mit ihren »schmelzend braunen Augen und klaren Zügen« zu schwärmen.[9]

Der Orient diente aber auch als imaginäres Publikum, als Spiegel der eigenen Größe und des Fortschritts des Westens. Der Ton solcher Berichte war meist herablassend und wohlwollend; die Autoren setzten voraus, daß die Orientalen irgendwann einmal, unterstützt durch großzügige ausländische Hilfe, in die Moderne eintreten würden. In der Zwischenzeit aber waren sie geeignete Objekte amüsanter Anekdoten und Lieferanten folkloristischer Eindrücke. Roland Barthes hat in den *Mythen des Alltags* diese Faszination an der Exotik als Bestandteil der kolonialen Mentalität beschrieben. Daß sie darüber hinaus Apologetik erleichtert und soziale Mißstände in Geschichtchen umwandelt, verdeutlicht ein Beispiel aus Angela Rodkins Buch *Unveiled Iran*. Kinderarbeit wird dort folgendermaßen kommentiert:

> »In den Spinnereien werden Kinder eingesetzt. Kleine Buben zwischen acht und zwölf Jahren stehen neben den Maschinen, wechseln die Spulen aus und reparieren gerissene Fäden mit der außergewöhnlichen Geschicklichkeit, die persische Kinder schon in jungen Jahren entwickeln. Sie sehen alle recht fröhlich aus, obwohl der Aufseher sie sehr streng behandelt. Jeden Tag verbringen sie elf Stunden in der Fabrik . . .«[10]

Auch die kleinen Kinder, die das Gepäck von Rodkin und ihren Reisegefährten schleppen mußten, rangen ihr kein Mitleid ab. Sie zitiert dazu nur als besonders amüsant die Bemerkung eines Reisegefährten, man »brauche keine Packesel, solange man die Bewohner von Deh Kord als Helfer habe«. Der heitere Ton und die Unbefangenheit, mit der Rodkin die Brutalitäten ihrer Reisegesellschaft den Eingeborenen gegenüber im Plauderstil erzählt, lassen erkennen, daß man sich keiner Roheit bewußt war. Das wiederum war wohl nur möglich, weil die anderen nicht »wirklich« als Menschen wahrgenommen wurden, sondern als exotische Skurrilitäten aus dem ethnologischen Museum erschienen. Rodkin berichtet z. B. davon, daß ihre Reisegruppe allerorts von Einheimischen um Medikamente und medizinische Hilfe bestürmt wurde; weit davon entfernt, vom gesundheitlichen Zustand der Bevölkerung oder dem Fehlen ärztlicher Versorgung betroffen zu sein, machten die Engländer sich daraus einen Spaß, die Gutgläubigkeit ihrer Opfer zu erproben und immer absurdere »Heilverfahren« zu empfehlen. Die Mutter, die ihr krankes Kind z. B. zwang, einen rohen Fisch zu schlucken, erweckte Freude.

Armut, Krankheit und soziale Ungleichheit sind für Rodkin, und vermutlich auch für ihre Leser, unterhaltsam; teilweise, weil die Objekte ihres Humors zu exotisch sind, um als vollwertige Menschen zu gelten, teilweise weil ihre Lebensbedingungen als überwindbar betrachtet werden. »Aus Persien«, schreibt Rodkin, »wird bald das moderne Iran.«

Perser als Verbündete

In den Darstellungen von Vertretern der dominanten Staaten sind alle Unterdrückten gleich, und das Perser-Bild des Westens fügte sich in dieses Muster. Die Perser galten, wie alle besiegten Völker, als kindlich, unehrlich, eitel, empfindlich, unlogisch, unorganisiert. Sie bedurften einer starken, autoritativen Führung, mußten mit Mißtrauen und Strenge behandelt werden. Es ist offensichtlich, daß eine solche Einstellung den dominanten Staaten viele Vorteile bringt. Ein solches Bild hat aber auch Nachteile. Denn einerseits erleichtert es natürlich die Herrschaft und entschuldigt schon vorweg den Mißbrauch und Exzess der Macht. Zugleich aber verliert man die Möglichkeit einer differenzierten Wahrnehmung der Unterdrückten und damit einhergehend auch der rechtzeitigen Erkenntnis der Anzeichen ihrer Rebellion. Das Perser-Bild der Kolonialherren glich erstaunlich den Darstellungen in den Reiseberichten der Trivialliteratur. In seinem Buch *Persia and the Persian Question*[11] z. B. bewegte sich Lord Curzon oft hart an der Grenze zwischen Anekdote und Analyse. Kapitel 13 wird von ihm z. B. mit folgenden Stichworten angekündigt:

»Das persönliche Element in der persischen Politik – Nasr ed-Din Schah – Sein Aussehen – Seine Gewohnheiten – Seine intellektuellen Errungenschaften – Seine Exzentrik – Sein Humor – Seine Liebe zu Tieren – Der Schah als Herrscher – Die Atmosphäre der Schmeichelei – Seine Brutalität und Humanität – Seine Reisen nach Europa – ...«

Auch Lord Balfours Buch *Recent Happenings in Persia*[12], generell eine höchst pragmatische Schilderung der britischen Interessen in Persien und der sozialen Bedingungen des Landes, die diesen Interessen nützlich oder hinderlich sein könnten, ist durchsetzt von herablassenden Anekdoten über das Wesen der Perser: Sie dienen der Illustration der Feigheit, Rückständigkeit und Falschheit dieses Volks sowie der Sinnlosigkeit jeder Bemühung, ihnen demokratisches Gedankengut zu vermitteln. (»Die meisten Perser wissen nicht, was eine Verfassung ist. Sie denken, es sei entweder etwas zum Essen oder zum Anziehen, und wenn sie erfahren, daß es keins von beiden ist, verlieren sie jegliches Interesse daran.«[13])

Diese Geisteshaltung irritierter kolonialer Herablassung wurde von den Amerikanern übernommen, als sie an die Stelle Großbritanniens traten. In den Jahren zwischen 1948 und 1951 formulierten die USA die Grundlinien ihrer Iran-Politik. Zu diesem Zeitpunkt waren sich Diplomaten und Entscheidungsträger über ihre Einschätzung des Schahs, über die Absichten der Sowjetunion in dieser Region und über ihre eigenen Prioritäten im unklaren. Ein Ziel der USA in diesen frühen Jahren bestand darin, eine Gegnerschaft zwischen Schah und Sowjetunion aufzubauen, ohne selbst in eine gefährliche Konfrontation hineingezogen zu werden. Die persische Regierung ihrerseits fühlte sich von einem territorialen Übergriff der Sowjetunion bedroht und forderte Garantien amerikanischer Unterstützung für den Ernstfall. Die amerikanischen Diplomaten erhielten jedoch von Washington die Anweisung, unter keinen Umständen irgendeine verbindliche Zusage zu geben; wenn sich Zugeständnisse nicht vermeiden ließen, so durften sie jedenfalls nie schriftlich fixiert werden. Die Iraner, von verschiedenen Seiten bedroht, drängten auf Garantien; die amerikanischen Diplomaten versuchten, den Eindruck der Verbindlichkeit zu vermitteln, ohne real Zusagen zu machen. Nach einem diesbezüglichen Treffen kabelte Botschafter Wiley dem State Department, er habe »den größten Auftritt seit Sarah Bernhardt« geliefert.[14] So sehr die Amerikaner aber ein falsches Spiel trieben, so überzeugt waren sie, daß die Perser, und nicht sie selbst, undurchsichtig seien und manipulierten. Wiley, damit beschäftigt, mehrdeutige Aussagen über die US-Außenpolitik an die Perser weiterzugeben und konspirative Treffen mit den Vertretern anderer westlicher Botschaften abzuhalten, fand dennoch Zeit für Spekulationen über den persischen Nationalcharakter. »Wir dürfen nie vergessen«, schrieb er nach Washington, »daß wir es mit einem Volk von Intriganten zu tun haben.«

Den Schah selbst sah Amerika als eine Art großes Kind; manchmal mußte man ihn mit Geschenken und Spielzeug erfreuen, manchmal brauchte er einen »leichten Fußtritt«.[15] Nie kam der Gedanke auf, daß man es mit einem souveränen Staat zu tun hatte. Die Überlegungen hatten vielmehr den Ton legerer Überlegenheit. Man beratschlagte darüber, ob man »Mansur (der den Amerikanern unsympathische Premierminister, d. Verf.) den Hahn zudrehen soll«.[16] Interventionen jeder Art waren statthaft; versuchte die iranische Regierung aber, die amerikanische Allmacht etwas einzudämmen und sich mehr Handlungsfreiheit zu verschaffen, galt das als höchste Perfidie. Die Empörung war groß, als sich herausstellte, daß der Schah mit den Briten in Verhandlungen stand. Botschafter Wiley sah darin ein »Beispiel für die typisch persische Ansicht, daß man besonders schlau ist, wenn man eine Supermacht gegen eine andere ausspielt«.[17]

Diese Art von Vorurteilen erlaubte es den USA, die krassen Widersprüche zwischen ihren eigenen demokratischen Grundwerten und ihrer tatsächlichen Iran-Politik zu überspielen: Nicht sie waren schuld, sondern der persische Nationalcharakter gebot diese Verhaltensweisen. Ein Beipiel für das Funktionieren dieser Denkleistung bietet Arthus Millspaugh. Millspaugh äußerte sich entsetzt über die Art und Weise, in der Reza Khan das Land regierte. Er bereichere sich auf Kosten der armen Bevölkerungsmassen. Seine Herrschaft bestehe aus »Diktatur, Korruption und Terror«. Was am schlimmsten war: Man konnte diese Mittel nicht einmal unter Berufung auf irgendein positives soziales Ziel rechtfertigen, denn Millspaugh erkannte kein Anzeichen für irgendwelche »fundamentalen Verbesserungen«. Diese vernichtende Beurteilung von Reza Khans Herrschaftsstil führte ihn aber keineswegs zu der – logischen – Schlußfolgerung, daß die USA diesen Herrscher nicht unterstützen dürfe. Dieser zwingenden Schlußfolgerung entging er durch die Hinzuziehung des Vorurteils. Die persische Regierung, schrieb er, sei eine »Regierung der Korrupten, für die Korrupten, durch die Korrupten«. Dem ganzen Volk mangle es an »humanitären Werten«, und es habe keinen Gemeinschaftssinn. Kurz, die Pahlawi-Tyrannen waren genau das, was das Volk verdiene.[18] Denselben Mechanismus machte sich die amerikanische

Außenpolitik insgesamt zunutze, um die Unterstützung der autoritären Maßnahmen des Schahs im Namen eines »stabilen, antikommunistischen« Iran mit den eigenen deklarierten politischen Prinzipien zu vereinbaren. Zu einem Zeitpunkt, als man den Schah wieder einmal in seinem repressiven Vorgehen gegenüber Regimekritikern ermutigte, formulierte Botschafter Wiley diese Grundhaltung so: »Im Iran gibt es einen tiefliegenden psychopolitischen Faktor von größter Bedeutung. Das persische Volk möchte viel lieber von einer starken Hand geführt werden, auch wenn sie ungerecht ist, als von einer schwachen, und sei sie noch so gerecht.«[19] Kein Grund also zu demokratischen Skrupeln: Die Perser benötigen den autoritären Führer, sie verlangten sogar danach.[20]

Damit läßt sich auch eine zunächst paradox erscheinende Beobachtung erklären: daß nämlich die US-Politik gegenüber dem Iran erst feststand, *nachdem* Diplomaten und State Department-Beamte sich auf eine *negative* Beurteilung des Schahs geeinigt hatten. Frühere Dokumente sind noch von einer deutlichen Ambivalenz gekennzeichnet.[21] Man war in der Beurteilung des Schahs ratlos, und Diplomaten und Beamte des Außenministeriums korrespondierten häufig über seinen Charakter, seine Absichten und seine voraussichtliche Politik. War er ein Liberaler, im Grunde modern und humanitär, vielleicht sogar zu progressiv für sein Land? Oder war er ein Feigling, unreif und unaufrichtig? Diese Überlegungen wurden in der Korrespondenz zwischen der US-Botschaft in Teheran und dem State Department in Washington ausführlich erörtert. Die Unentschlossenheit in der Beurteilung der Person hatte ihr Pendant in der Unentschlossenheit der amerikanischen Außenpolitik gegenüber dem Iran: Wie sollte der Iran in die globalen Interessen der USA eingeordnet werden? Schließlich wurde ein Konsens gefunden: Der Iran war den Russen »abzuwerben« und sollte politisch »stabilisiert«, d. h. unter eine möglichst dauerhafte Regierung gestellt werden, die den amerikanischen Interessen in wesentlichen Punkten kooperativ gegenüberstünde. Den Schah akzeptierte man als den geeigneten Verhandlungspartner. Seine störenden Eigenschaften erklärte man sich aus dem orientalischen Hang zur Despotie und machte sich keine weiteren Sorgen.[22]

Bereits im Januar 1948 meinte der amerikanische Außenminister George Marshall, daß der Schah »nach unserer Meinung keinen Anlaß zu der Hoffnung gibt, das Wohlergehen der iranischen Bevölkerung zu fördern«. Zwei Jahre später hatte sich dieses negative Urteil durchgesetzt. »Der Außenminister fragte, ob diese Regierung (des Schahs) nicht korrupt und inkompetent sei und vermutlich scheitern würde, egal wieviel Geld und Material wir auch hineinpumpen. Die durchgängige Meinung war, daß das wohl der Fall sei«, heißt es in einem Sitzungsprotokoll vom 1. März 1950. In einem Arbeitsbericht des State Department heißt es ferner, der Schah sei von »übergroßer Unschlüssigkeit und fragwürdiger Moral«, so daß seine Entscheidungen auf der Grundlage »verschrobener orientalischer Logik« getroffen würden.[23]

Und ausgerechnet diese Person sollte der wichtigste Verbündete der amerikanischen Politik im Nahen Osten werden? Ja, denn mit dieser Beurteilung paßte er in das Klischeebild des »orientalischen Verbündeten«. Zu dieser Vorstellung gehörten eine Reihe von Postulaten, die in der Beziehung zwischen den beiden Ländern ihren Niederschlag finden sollten: daß das iranische Volk an repressive Herrschaft gewohnt war und diese sogar irgendwie benötige; daß man von der weiteren politischen Entwicklung nicht allzuviel erwarten dürfe; und daß außerordentliche Maßnahmen, darunter auch gewaltsame Übergriffe von Regierungsseite, durchaus erforderlich sein könnten.[24]

Der Schah kannte diese Meinungen seiner westlichen Bündnispartner, mit denen sie die Abweichungen von den demokratischen Werten rechtfertigten; er schätzte diese Besinnungen auf die Demokratie – durchaus richtig – als sekundär gegenüber dem Primat der Realpolitik ein. Als die USA wieder einmal eine ihrer in regelmäßigen Abständen angesagten kritischen Anwandlungen erlebten, konterte er in einer Radioansprache mit der rhetorischen Gegenfrage: »Was bedeutet schon die Korruption in Persien, verglichen mit der Korruption in den meisten anderen Ländern, die von Amerika besonders großzügig unterstützt werden?«[25]

Im Anschluß an den Sturz des Schahs stellte sich ein Ausschuß des US-Kongresses die Frage, wie es möglich war, daß die islamische Massenbewegung derart große Unterstützung gewinnen konnte, ohne daß der amerikanische Sicherheitsdienst davon etwas bemerkte. Ihre Schlußfolgerung war erstaunlich selbstkritisch: Sie hatten nichts bemerkt, weil sie nichts bemerken *wollten* – die Klischeebilder hatten die brodelnde Unruhe vollends verdeckt. Solche Selbsterkenntnis ist selten. Denn nach dem Sturz des Schahs fand die amerikanische Außenpolitik zu ihren Persien-

Klischees zurück. Bald hieß es in den Schriften der amerikanischen Botschaft, Ibrahim Yazdi sei »in echt persischer Manier öffentlich dogmatisch und privat verhandlungsbereit«.[26] (Daß diese Eigenschaft von zahlreichen nicht-iranischen Politikern geteilt wird, vergaß man dabei.) In einer weiteren Passage des Berichts der Botschaft an die Regierung wird ein Zusammentreffen mit einigen Vertretern des neuen Regimes geschildert. »Das Treffen endete mit einer echt persischen Note. Als wir uns verabschieden wollten, zog Ibrahim Zadeh einen unserer Beamten zur Seite. Er habe da ein paar Freunde. Die bräuchten ein Einreisevisum. Könnten wir ihnen nicht vielleicht helfen.«[27] Der Versuch, persönliche Beziehungen zur Umgehung bürokratischer Regelungen zu nutzen, ist wohl universal und kann kaum als eine »persische Eigenschaft« bezeichnet werden.

Die Neigung, politische Ereignisse mit pauschalen Vorurteilen zu erklären, war in der Politikwissenschaft genauso vertreten wie in der Diplomatie und der Belletristik. Unter der Bezeichnung eines »non-western political process« subsumierte man alles, was einem an der Dritten Welt erklärungsbedürftig schien: die Neigung zum Putsch und zum Staatsstreich, das Aufkommen charismatischer Führer und der Terrorismus. Auch die Diktatoren, mit denen die eigene Regierung hervorragend zusammenarbeitete, ließen sich dann bequemer tolerieren. Man könnte sogar ein gewisses Zusammenspiel zwischen politikwissenschaftlicher Theorie und politischer Praxis erkennen, das seinen Ausdruck in der Neigung westlicher Diplomatie fand, Diktaturen in Staaten der Dritten Welt zu begünstigen – und diese Unterstützung bestimmter Diktatoren damit zu rechtfertigen, daß diese genau »das Passende« seien für die spezielle politische Kultur der Dritten Welt.

Schon Rupert Emerson kritisierte diese Sichtweise und wies darauf hin, daß »das Aufkommen des Faschismus, die Verherrlichung Stalins, die Wiederkehr des Gaullismus in Frankreich, die lateinamerikanische Erfahrung, sogar die Position Churchills und Roosevelts während der Kriegsjahre bloß einige Beispiele seien, die zeigen, wie absurd es ist, einen alleinherrschaftlichen und autoritären Führungsstil als ›typisch afrikanisch‹ oder ›typisch orientalisch‹ zu bezeichnen«.[28]

Im Gegenteil, man könnte begründet die These vertreten, daß die westlichen Regierungen vielen Führern der Dritten Welt erst zu ihrer Position verhalfen. Vor allem die USA ziehen es oft vor, mit einer vermutlich leichter beeinflußbaren Einzelperson zu verhandeln, als sich auf Befreiungsbewegungen, Parlamente und Parteien einzulassen. Der berühmte Ausspruch mehrerer US-Präsidenten in bezug auf Führer wie Somoza und den Schah, diese seien zwar jeder ein »son of a bitch«, aber dafür wenigstens *unser* »son of a bitch«, steht in diesem Zusammenhang. Die große Bereitwilligkeit der amerikanischen Außenpolitik, sich in ihrer Beziehung zu Ländern der Dritten Welt auf autoritäre Führungspersönlichkeiten zu konzentrieren, ist eine Frage, die weitere Untersuchungen lohnen würde.[29]

3. Der Osten sieht den Westen: »Okzidentalismus«

»Ihre Gedanken sind schwerfällig, und ihre Sprache ist unbeholfen«, notieren arabische Kommentatoren im 10. Jahrhundert selbstgefällig über die Europäer, denen sie begegneten. »Ihr werdet nirgends Menschen finden, die schmutziger sind als diese«, schrieb al-Qazwini im 13. Jahrhundert angewidert über die Franken. »Sie sind ein Volk von schlechtem Charakter und voll der Hinterlist.«[30]

Die Machtrelationen dieser Epoche entsprachen dieser Haltung und rechtfertigten eine kulturelle Arroganz des Orients gegenüber den rückständigen Europäern. Die westliche Zivilisation befand sich in einem Zeitalter der Stagnation und des allgemeinen Rückgangs. Wo es noch Geldverkehr gab, benutzte man Münzen islamischer Prägung. Vom 9. Jahrhundert an suchte ein Flüchtlingsstrom aus islamisch besetzten Teilen Europas bei Feudalherren Schutz. Die rückständige und umzingelte westliche Zivilisation trachtete danach, in einem militant christlichen Selbstbewußtsein einen Ausgleich gegen die Übermacht der »Ungläubigen« zu finden.[31]

Um die Analyse des Funktionierens von Vorurteilen in politischen Kontroversen zu vertiefen, wollen wir sie kurz aus der heute vertrauten Konstellation herauslösen und jene Zeit untersuchen, als der Westen noch nicht dominierte und der moderne Kolonialismus die Beziehungen zwischen Orient und Okzident noch nicht geprägt hatte. Dann nämlich zeigt sich, daß es durchaus auch einen islamischen Kultur-Chauvinismus geben kann: und zwar nicht, wie im heutigen Fundamentalismus, einen defensiven, sondern einen offensiven, der seine Wurzeln in der Überlegenheit hat.

In seinen Beziehungen zum kulturell rückständigen Westen machte der Islam damals von denselben abwertenden Denkhaltungen Gebrauch, die später in umgekehrter Richtung zum Tragen kommen sollten.[32] Für fast jede ethnozentrische Stereotype des neokolonialistischen Denkens gibt es ein geschichtliches Äquivalent. In islamischen Reiseberichten wurden europäische Sitten als pittoresk, amüsant und unkultiviert beschrieben. Wie auch später in den europäischen Reiseberichten spielte das Thema der Sexualität und der Stellung der Frauen eine wesentliche Rolle; die Haremsphantasien europäischer Autoren fanden ihr Pendant in Schilderungen über die promiskuösen Damen von Nizza und in pseudo-ethnologischen Ausführungen über die Unterwäsche der Wienerinnen.[33] Die Verfasser bemühten sich auch um eine vergleichende Bewertung der Stellung der Frau in der fremden Gesellschaft und in der eigenen. Ihre Schlußfolgerungen waren dabei nicht weniger widersprüchlich als jene, die später von ihren westlichen Gegenspielern erstellt werden sollten. Lobend hoben sie die rechtliche Besserstellung der islamischen Frau hervor, die im Gegensatz zur Europäerin über ihren persönlichen Besitz frei verfügen konnte; kritisch fielen ihnen die übermäßige Bewegungsfreiheit und das provozierende Selbstbewußtsein der Europäerin auf; und der europäische Mann, der anscheinend so wenig Wert auf seine Mannesehre legte, daß er die eigene Frau und Tochter auf der Straße mit wildfremden Männern sprechen ließ, war Gegenstand heftigen Spotts.[34]

Vorurteile innerhalb des Islam

Vorurteile werden in der Regel als Begleiterscheinung einer Position relativer Überlegenheit gesehen. Sie können aber auch der unterlegenen Seite bei ihrer Selbstverteidigung dienen. Es ist richtig, daß der Vorteil in einer solchen Auseinandersetzung bei der stärkeren Seite liegt, aber auch für die untergeordnete Seite zeigen sich positive Aspekte. Dabei wäre vor allem der moralische Gewinn zu nennen. In der ideologischen Auseinandersetzung gelten dieselben taktischen Regeln wie bei anderen Formen des Konflikts; die schwächere Seite muß versuchen, aus ihrer Unterordnung einen taktischen Nutzen zu ziehen.[35]

Die Chance hierfür liegt oft in der moralischen Ambivalenz der dominierenden Seite. Betrachten wir als Illustration eines solchen taktischen Vorgehens nicht den Nord-Süd-Konflikt oder den Konflikt zwischen dominierender und beherrschter Gruppe, sondern den innerislamischen Konflikt zwischen arabischen und nicht-arabischen Moslems.

Die Siegeszüge des Islams führten zur Unterwerfung nicht-arabischer Völker. Viele Mitglieder dieser besiegten Völker traten in der Folge zum Islam über, was zwar formell, nicht aber tatsächliche Gleichstellung mit den arabischen Moslems bedeutete. Sie blieben rechtlich benachteiligt und galten rassisch als minderwertig. In Persien bildete sich als Reaktion die sogenannte »Shu'ubiyya«-Bewegung, eine nationalistische persische Bewegung, die sich gegen die arabische Vorherrschaft wandte. Dabei spielte die Auseinandersetzung auf der Ebene von Vorurteilen eine wichtige Rolle. Der Überlegenheitsanspruch der Araber begründete sich durch die – religiös nicht gedeckte – Gleichsetzung von »arabisch« und »islamisch«. Ibn Abd Rabbih, ein Theoretiker der Gegenseite, machte es sich zur Aufgabe, diese Gleichsetzung zu durchbrechen. Moralisch und vor dem Gesetz hätten alle Moslems gleich zu sein, sagte er, und wenn die Araber das nicht anerkannten, dann seien sie Rassisten.[36] »Wir widerlegen euren Anspruch, besser zu sein als wir.« Rabbih kehrt die Argumente sogar um und geht in die Offensive.

»Wovon leitet ihr euren Überlegenheitsanspruch ab? Wenn es eure großen Könige sind, die ihr anführen wollt, dann sagen wir Nicht-Araber zu euch: Die größten Könige dieser Erde haben wir hervorgebracht und nicht ihr, nämlich die Pharaonen, die Amalekiten ... die Caesars ... Wenn ihr aber meint, eure Propheten würden euch zu Herren machen über uns, dann laßt euch sagen, daß alle Propheten und Apostel von Adam angefangen uns gehören und nicht euch, mit nur vier Ausnahmen. Zu den unseren gehören die beiden Auserwählten Adam und Noah, von denen die Menschheit überhaupt abstammt. Wir sind die Wurzeln und ihr seid nur der Stamm – nein, ihr seid sogar nur einer unserer Zweige.«

Nun wendet sich Rabbih dem einen verbleibenden Argument für die angebliche arabische Überlegenheit zu: ihrer militärischen Übermacht. Diese will er abqualifizieren, indem er die Unfähigkeit der Araber zu politischen Fortschritten betont:

»Alle anderen Nationen auf der Erde haben Könige, die sie vereinen und Städte, in denen sie als Gemeinschaft leben ..., aber die Araber hatten noch nie einen König, dem es gelungen wäre, sie zu vereinen ... Auch zur Entwicklung von Kunst und Handwerk haben sie nichts beigetragen, und in der Philosophie haben sie keine nennenswerte Leistung vollbracht.«

Anders als die Perser, die vielleicht militärisch momentan im Nachteil seien, dafür aber eine große Kultur vertreten.[37]

Vorurteile und Verteidigung

Seit dem 17. Jahrhundert erlitt die islamische Zivilisation eine Serie von Niederlagen, die ihre politische und militärische Struktur zerstörte, ihre Ökonomie und ihr Sozialsystem einer fremden Ordnung unterstellte. Die materielle Übermacht eines fremden Systems ist für die eigene kulturelle Identität bedrohlich – die fremden Waffen sind besser, die fremde Wirtschaft ist stärker, ihre Technologie ist fortgeschrittener. Wieviele dieser Errungenschaften aber kann man übernehmen, ohne die eigene Identität zu verlieren?

Die Reaktion der islamischen Völker auf die westliche Vorherrschaft läßt sich in vier Strömungen unterteilen. Jede setzte die Waffe des Vorurteils verschieden ein. Ihre jeweiligen Standpunkte können wie folgt zusammengefaßt werden:

Die *Säkularisten:* Um uns gegen den Westen zu behaupten, müssen wir uns ihre Stärke zu eigen machen. Wenn wir auf technologischem, kulturellem und politischem Gebiet ihren Standard erreicht haben, werden wir sie besiegen und unsere Unabhängigkeit wiedererlangen können.

Die *Modernisten:* Unsere Kultur hat eine Phase der Stagnation erreicht, wie das bei allen Kulturen mitunter geschehen muß. Sobald wir sie neu belebt haben, wird sie wieder ihren rechtmäßigen Platz als eine der großen Weltkulturen einnehmen.

Die *Traditionalisten:* Unser Fehler war, daß wir uns von fremden Ideen überhaupt beeinflussen ließen; sie haben zu unserer jetzigen Schwäche geführt. Wir müssen zu unseren ursprünglichen Werten zurückkehren und die fremden Einflüsse abwehren.

Die *Fundamentalisten:* Unsere Sozialordnung, von Fremdeinflüssen gesäubert, ist nicht nur allen anderen gleichwertig, sie ist ihnen überlegen und wird über die anderen triumphieren.

Es liegt auf der Hand, daß die taktischen und strategischen Möglichkeiten dieser vier Positionen sehr verschieden sind. Die erste ist am wenigsten in der Lage, die Massen anzusprechen, denn sie erfordert das Eingeständnis grober kultureller Fehlentwicklungen und eine diffizile Bestimmung der regressiven und der progressiven Elemente der eigenen Kultur. Nur in Verbindung mit dem Nationalismus der antikolonialen Epoche hatte diese Position eine Chance, Popularität zu erzielen; viele Helden des antikolonialistischen Kampfes waren Angehörige der säkularistischen Richtung, und ihre militärischen und politischen Erfolge, kombiniert mit ihrer persönlichen charismatischen Ausstrahlung gaben dem Säkularismus in dieser Zeit seine Anziehungskraft. Die Position hatte jedoch zwei gravierende Schwächen. Erstens mußte sie die Frage beantworten, wie es überhaupt zur westlichen Überlegenheit kommen konnte. Damit war eine gewisse Schizophrenie unausweichlich: Man bewunderte den Westen und wollte ihm in vielen Aspekten nacheifern, erkannte in ihm aber zugleich den Feind. Zweitens war es schwierig, die Masse der Bevölkerung zu bewegen, den Sprung von Tradition und Religion zu Nation und Rasse nachzuvollziehen. Nationalistische Führer, schreibt Charles Cremeans, waren »weitaus westlicher und weltlicher eingestellt als ihre Gefolgschaft«, ihre kritische Haltung zur Religion wurde von der Bevölkerung geduldet, aber nicht geteilt.[38]

Einige der Schwierigkeiten, mit denen die Säkularisten zu kämpfen hatten, wurden von den Modernisten umgangen (und Beobachter wie Khadduri vermuten, daß einige Säkularisten aufgrund dieser Überlegung zum Modernismus übergingen).[39] Für die Modernisten besaß der Islam keine inhärenten Nachteile. Wie jede andere Kultur auch, erlebe die islamische Kultur ihre Hoch- und ihre Tiefpunkte; momentan sei sie dabei, sich von einem Tief zu erholen. Der Westen sei in keiner Hinsicht überlegen. Alles, was in ihm progressiv war, habe eigentlich im frühen Islam seinen Ursprung: Sozialismus, Landreform, technologischer Erfindungsgeist, Emanzipation der Frauen usw. Die ägyptischen Modernisten bildeten zwar das Zentrum des modernistischen Denkens, daneben aber gab es noch andere wichtige Vertreter dieser Richtung. Die bekanntesten Modernisten waren Sayyid Amir Ali, Muhammad Abduh, Muhammad Iqbal und al-Afghani.[40] Der Islam ist für diese Denktradition eine fortschrittliche Sozialordnung, die eine militärisch, wissenschaftlich und kulturell hervorragende Gesellschaft hervorbrachte.[41] Ab irgendeinem Zeitpunkt stagnierte diese Kultur: diese Wende kann verschieden erklärt werden. Radikale Modernisten wie Libyens Gaddhaffi geben dem militärischen Expansionsdrang des Westens die Schuld.[42] Linke wie Ali Schariati und Ahmed Rezali stellen eine Verbindung zur Klassengesellschaft her: Die Religionsgelehrten des Islam, zur Klasse geworden, pervertierten die Religion und ihre Werte.[43] Seinem Wesen nach jedoch ist der Islam eine progressive Religion. Daß man westliche Errungenschaften übernehmen muß, um einen bestimmten Nachholbedarf zu befriedigen, ist keine Schmach: denn sie sind keineswegs westlichen Ursprungs, sondern wurden ursprünglich von der islamischen Welt hervorgebracht und vom Westen lediglich weiterentwickelt.

Aber auch die Modernisten haben Schwierigkeiten. Ihre Argumentation ist oft zu komplex, um für ihr Publikum nachvollziehbar zu sein. Dominiert von Universitätsangehörigen, die meist im Ausland studiert haben, ist das Verhältnis zur Bevölkerung oft sehr distanziert. Ihre konservativen Gegner werfen ihnen vor, unter dem Deckmantel des Islam den Marxismus bzw. den säkularen westlichen Kapitalismus einschmuggeln zu wollen. Fazlur Rahman sieht in ihnen daher auch die schwächste Denkrichtung der gegenwärtigen internationalen islamischen Szenerie, »immer in der Defensive gegenüber den aggressiven Reaktionären«[44] und gelähmt von dem doppelten Wunsch, gleichzeitig dem Westen und dem eigenen Volk zu gefallen.[45] Obwohl sie den Islam bejahen, sind die Modernisten stark damit beschäftigt, die Traditionalisten zu verspotten und die Fundamentalisten zurückzuhalten. Ständig verstricken sie sich mit den Fundamentalisten in theologische und rechtliche Konflikte; der Bevölkerung muß der fundamentalistische Standpunkt viel konsequenter und verständlicher erscheinen als der modernistische, der sich auf sozialistische Prinzipien und auf die Argumentation des europäischen Humanismus und Liberalismus bezieht.[46] Schariatis Vorwurf, die Religionsführer hätten zum Entstehen der Klassengesellschaft beigetragen, ist z. B. für die Masse der iranischen Bevölkerung ein bedeutungsloses Argument.

Die Traditionalisten versuchen den Widersprüchen der anderen Positionen dadurch zu entkommen, daß sie sie für irrelevant erklären. Vergleiche, Konkurrenz, Erklärungen, das alles ist unnötig; der Islam muß sich lediglich wieder fremden Einflüssen entziehen, auf die eigenen Werte besinnen, und er wird all seine Probleme alleine lösen können. Dieser Standpunkt läßt sich jedoch zum gegenwärtigen Zeitpunkt nicht vertreten. Die Verunsicherungen,

Beeinflussungen und Machtrelationen können nicht per Dekret aufgehoben werden.

Die Fundamentalisten setzen das Instrument des Vorurteils am geschicktesten ein. Für sie verbindet sich mit der islamischen Kultur nicht nur eine glanzvolle Erinnerung oder eine hoffnungsfrohe Zukunft, sondern vor allem auch eine selbstbewußte Gegenwart. Gegenüber allen anderen Positionen hat sie den Vorteil, sich ohne Rechtfertigungen oder Erklärungen als Vertreter der einzig richtigen sozialen Ordnung betrachten zu können. Sayyid Qutb, ein früherer Modernist, der nach persönlich demütigenden Erfahrungen im Westen zu einem Fundamentalisten wurde[47], greift seine ehemaligen modernistischen Genossen scharf an. Sie

»sprechen vom Islam, als ob er angegriffen würde und verteidigt werden müsse. Eines ihrer typischen Argumente lautet zum Beispiel wie folgt: ›Es wird behauptet, daß die moderne Kultur dies und das leisten kann, was der Islam nicht kann. Aber hört: Der Islam leistete dasselbe bereits vor 1400 Jahren.‹ Ich sage jedoch: Schande über eine solche Verteidigung! Schande über ein solches Argument!«

Warum regt sich Sayyid Qutb über diese in der Tat typische modernistische Argumentationsweise so sehr auf? Erstens, sagt er, weil man sich nicht zu rechtfertigen hat – rechtfertigt man sich, dann hat man nämlich schon die Vorherrschaft des westlichen Denkens anerkannt. Statt dessen muß man unterscheiden zwischen dem Islam – der richtigen und wahren Weltanschauung – und dem Unwissen. Der Westen ist unwissend. Warum also soll man sich gegen das Unwissen verteidigen? Den Moslems geht es schlecht, weil sie sich vom Islam entfernten, und nicht weil sie sich nicht genügend verwestlicht hätten.

Die propagandistischen Vorteile einer solchen Position sind evident. Qutb, der die Modernisten als unzuverlässig und »von inneren Widersprüchen gelähmt« beschreibt, gibt zu, daß er ihnen früher angehört hatte, bis er erkannte, daß es ein Fehler sei, den Islam als »angeklagt und auf der Verteidigungsbank sitzend« zu sehen.[48] Viel wirkungsvoller sei es, »den Westen, seinen wankelmütigen religiösen Glauben, seine sozialen und wirtschaftlichen Praktiken und seine Unmoral« zu attackieren.[49]

Ein typischer fundamentalistischer Text weist zahlreiche Ähnlichkeiten zu einem europäischen ethnozentrischen Text auf. Die gegnerische Seite wird als unfähig, unmoralisch, rückständig, als bestenfalls exotisch dargestellt.[50] Dabei treten dieselben Ambivalenzen zutage, die wir eingangs bei den europäischen Studien über den Orient feststellen konnten. Die Gleichgültigkeit gegenüber dem Urteil des Westens ist gespielt. Khomeini mußte, wenn auch vielleicht nur aus taktischen Gründen, während seines Aufenthalts in Frankreich bemüht sein, die westliche Presse von seinen Zielen zu überzeugen. Selbst seine Koalition mit den Modernisten hinterließ Spuren in seiner fundamentalistischen Denkstruktur, auch wenn er seine ehemaligen Bündnispartner später eliminierte. Dies wird in seinen Reden deutlich, die noch heute Reste modernistischer Argumentation enthalten – zum Beispiel in der Verwendung einer gewissen Terminologie, die für die Linke sowie die Dependencia-Schule typisch ist, die aber aus dem Munde Khomeinis recht paradox klingt, z. B. des unter Fundamentalisten heute gängigen, von Bani Sadr eingeführten Begriffs der »Hegemonie«.[51]

4. Vorurteile und Sexualpolitik

Am Beispiel der westlichen Vorurteile über den Orient sahen wir, daß sexuelle Beschreibungen eine wichtige Rolle spielen. Auch für die Fundamentalisten ist dieser Themenkomplex zentral im Hinblick auf die Artikulation ihrer Weltanschauung und ihrer Gegnerschaft zum Westen. Qutb schreibt sogar: »Das Familiensystem und die Beziehung zwischen den Geschlechtern bestimmen den Charakter einer Gesellschaft und zeigen, ob sie rückständig oder zivilisiert, unwissend oder islamisch ist.«[52]

Für die Modernisten und die Säkularisten war die Stellung der Frauen im Islam ein wichtiges Indiz für die Rückständigkeit ihrer Gesellschaft. Salma Musa schreibt über die ägyptische Nationalisten zur Zeit der Jahrhundertwende, daß »es zwei Themen gab, die wir ständig diskutierten ... zum einen die britische Besatzungsmacht und zum anderen die Emanzipation der Frauen«.[53]

Diese Frage verdient aus zwei Gründen unsere Aufmerksamkeit. Erstens ist sie vom Standpunkt der politischen Psychologie interessant. Zweitens hatte diese generelle Bedeutungszuweisung der Rollen von Familie und Frau für die islamischen Frauen weitreichende Konsequenzen.

Die Kontroverse zwischen dem politisierten Islam und der dominanten westlichen Kultur ist von einer auffallenden Sexualisierung des Vokabulars gekennzeichnet. Khomeini denunziert den Westen, indem er »westlich« und »unmoralisch« praktisch gleichsetzt. »Verwestlichung« definiert er als den Wunsch, »sich einen Hut aufzusetzen und auf den Straßen die nackten Mädchen (d. h. die westlich gekleideten Frauen, d. Verf.) anzusehen«.[54] Im gegenwärtigen Iran werden westlich gekleidete Frauen von Khomeini als »Nachtklubtänzerinnen« verurteilt, und koedukative Volksschulen attackiert er als »Bordelle«.[55]

Auch Säkularisten und Modernisten bedienten sich eines stark sexualisierten Vokabulars. Sie griffen damit die korrupte und repressive Tradition an und kritisierten die dekadente Herrschaft des Schahs. Der bekannte linke Autor Reza Baraheni warf der traditionellen iranischen Gesellschaft vor, daß sie pathologische sexuelle Perversionen erzeuge, darunter eine verdeckte, aber allgegenwärtige männliche Homosexualität verbunden mit Sadismus gegenüber der weiblichen Sexualität.[56] Aber auch in der Auseinandersetzung mit dem Imperialismus kamen sexuelle Gleichnisse vor. Bahman Nirumand schildert die westliche kapitalistische Kultur als einzige dekadente Verführung:

»Das den Persern zur Selbstidentifikation vorgesetzte Bild spiegelt in aufdringlichen, oberflächlichen und verführerischen Farben nicht die eigenen, sondern importierte, europäisch-amerikanische Züge. Diese Physiognomie taucht nicht nur hinter bläulichen Scheiben auf den Rücksitzen amerikanischer Straßenkreuzer auf, grinst nicht nur als Sheriff und Mannequin über Leinwand und Mattscheibe oder als Strip-Star durch die Morgenstunden dämmrig-feudaler Enklaven der Geldaristokratie, sondern sie liegt wie eine giftige Dunstglocke über diesem Land ...[57]«

Nirumand ist ein linksgerichteter Politökonom. Er studierte in Europa, betrachtet Marcuse als sein Vorbild und wurde durch die europäische Studentenbewegung geprägt. Die Emotionalität seiner Zeilen drückt die Ambivalenz der Modernisten deutlich aus.

Die »Frauenfrage« wird von den vier Denkrichtungen jeweils entsprechend ihrer grundlegenden theoretischen Positionen abgehandelt. Aus Sicht der *Säkularisten* sind die Stellung der Frauen im Westen und die dortige Einstellung zur Sexualität für den Islam nachahmenswert. *Modernisten* sind der Meinung, daß zwar die Stellung der Frauen im Westen heute fortschrittlicher ist als im Islam, daß aber der Islam ursprünglich eine auch für Frauen emanzipatorische Bewegung war. Verschleierung, Kinderehen und die soziale und politische Entrechtung der Frauen entsprechen keineswegs islamischen Geboten, sondern beruhen auf lokalen Traditionen; wenn die Prinzipien des Islam richtig interpretiert werden, sind Frauen gegenüber Männern absolut gleichberechtigt. Außerdem werden die negativen Aspekte der Stellung von Frauen im Westen hervorgehoben. Die iranischen Mudschaheddin betonen in ihrer politischen Plattform, daß sie die Frauen sowohl von der »finsteren reaktionären Unterdrückung« der Fundamentalisten als auch von der »sexuellen Ausbeutung und Vermarktung der Frauen im Kapitalismus« befreien wollen.[58] *Traditionalisten* lehnen in diesem Punkt wie in allen anderen jeden Vergleich mit dem Westen ab. Und die *Fundamentalisten* vertreten den Standpunkt, daß allein die islamische Ordnung den Sitten und der Natur gerecht werde; Männer und Frauen haben verschiedene, ihnen von Gott vorgegebene Aufgaben, und der Islam garantiert, daß sie diesen nachkommen. Für die politisch engagierten Frauen ist diese Verknüpfung ihrer Rechte mit symbolischen kulturellen Aussagen äußerst verhängnisvoll.

Die symbolische Aussagekraft des Tschador ist nur Ausdruck des Symbolcharakters der Frauenfrage insgesamt. Durch den Standpunkt, den man bezüglich der gesellschaftlichen Stellung der Frauen bezieht, läßt man sich weltanschaulich orten, kann man darüber hinausgehend auch soziale Aktionen setzen. Außenstehende Beobachter mag es verwundern, daß die fundamentalistische Regierung schon in den ersten Wochen nach ihrer Machtergreifung die Frauenfrage aufgriff – zu einer Zeit also, als die Regierung, wie man meinen könnte, dringlichere Probleme hatte. Die zentrale Bedeutung, die man der Frauenfrage zumaß, hatte anscheinend drei Beweggründe:

Erstens: Sexuelle Identität und Familie berühren elementare Aspekte des persönlichen und des gesellschaftlichen Lebens. Daher haben Angriffe auf diese sexuelle Identität und Unterstellungen bezüglich der Moral insbesondere der Frauen einen starken emotionalen Effekt.

Zweitens: Die Frauenfrage ist, verglichen mit anderen Streitfragen, weniger risikoreich. Sowohl für die Fundamentalisten wie auch für ihre Gegner wird sie damit zu einem attraktiven Thema. Die Fundamentalisten können durch relativ einfache Maßnahmen, wie z. B. durch die Verordnung einer islamischen Bekleidungsvorschrift, ihre Entschlossenheit zur Neugestaltung der Gesellschaft demonstrieren. Außerdem sind solche Maßnahmen viel weniger gefährlich als radikale Veränderungen in anderen gesellschaftlichen Bereichen. Denn von den Frauen ist weniger Widerstand zu erwarten als von anderen potentiell angegriffenen gesellschaftlichen Interessengruppen, und die Frauen können bei diesem Widerstand weit weniger mit der Solidarität Gleichgesinnter rechnen. Maßnahmen gegen Frauen gestatten es ferner, ohne nennenswerte Kosten die männliche Bevölkerung – die im Vergleich zu den Frauen eine Anhebung ihrer Autorität und ihres gesellschaftlichen Status erfährt – für sich zu gewinnen. Die Modernisten hingegen können sich durch verbale Bekenntnisse als Progressive profilieren, ohne entsprechend handeln und die damit verbundenen Risiken tragen zu müssen.

Drittens: Obwohl diese Frage als sekundär, in ihren Äußerungsformen oft auch als trivial erscheint – das Kopftuch, geschlechtsgetrennte Klassenzimmer, Schwimm- und Turnverbote für Frauen und ähnliches –, wirkt sie letztlich eher frivol im Vergleich zu den Themen, die sich auf ethnische Minderheiten oder Klassen beziehen. Die Trivialität der Themen, anhand derer sich die Frauenfrage artikuliert, steht dabei aber in deutlichem Widerspruch zur tatsächlichen Relevanz der darin enthaltenen Werte. Denn dazu gehören schließlich unmittelbar gesellschaftliche Schlüsselbereiche wie Reproduktion und Sozialisation sowie ferner Fragen der gesellschaftlichen Arbeitsteilung, des Privatbereichs, der Kommunikation, der Identität.

Schon im März 1979 wies Khomeini seinen Justizminister an, die Familienreform der Schah-Zeit auf ihre Vereinbarkeit mit dem Islam zu überprüfen. Dabei hatte diese Reform sowieso nur relativ bescheidene Modifikationen gebracht – z. B. wurden Männer angehalten, bei weiteren Eheschließungen das Einverständnis der ersten Frau einzuholen, die Scheidung wurde für Frauen erleichtert u. ä. –, ihre Zurücknahme gestattete eine konsequenzfreie Signalisierung der Abkehr von den sozialen Werten des Schah-Regimes.

Die modernistischen Frauen scheiterten an derselben politischen Schizophrenie, die sich generell als zentrales Manko der iranischen Modernisten erwies. Dazu kamen noch die spezifischen Probleme der Frauenfrage. Von den iranischen Frauen wurde, auch seitens ihrer ideologischen »Brüder«, erwartet, daß sie der Frage ihrer eigenen sozialen und politischen Rechte keine echte Priorität zuwiesen. Zur Diskussion um den »Nebenwiderspruch« kamen die kulturpolitischen Probleme. Die modernistische Position zur Frauenfrage ist von Apologetik und zahlreichen Widersprüchlichkeiten gekennzeichnet, denn sie sehen sich verpflichtet, die eigene Tradition nicht zu direkt anzugreifen, um sich nicht als kulturell entfremdet und verwestlicht zu erweisen. Die vielfältigen Gebote, denen man allen gleichermaßen gerecht werden wollte – die traditionellen Frauen nicht zu kränken, keine Zweifel über die eigene sexuelle Moral aufkommen zu lassen, nicht allzu westlich zu erscheinen, sich vom bürgerlichen Feminismus des Auslands deutlich abzuheben ... –, nahmen ihnen jegliche Schlagkraft. Daß von den männlichen Genossen weder ideologisch noch persönlich eine nennenswerte Solidarität gezeigt wurde, erwies sich noch zusätzlich als belastend. Die innere Ambivalenz progressiver Männer gegenüber der Frauenfrage ist ein eigenes Thema; in islamischen Ländern jedenfalls fänden sich vielfache Illustrationsmöglichkeiten. Selbst Qasim Amin, dessen Traktate über Frauenrechte und gegen die Verschleierung unter den progressiven Ägyptern um die Jahrhundertwende starke Kontroversen hervorriefen, erlaubte seiner eigenen Ehefrau keineswegs, den Schleier abzulegen.[59] Aber bedeutender als irgendwelche individuellen biographischen Ambivalenzen ist die systematische Praxis seitens männlicher Modernisten, die Frauenfrage abzuschwächen und abzuwerten. Fast nie wird ein solcher Mann den Standpunkt vertreten, daß Bildung, Bewegungsfreiheit, politische Partizipation und Gleichheit vor dem Gesetz einfach Menschenrechte (auch) der Frauen sind. Falls überhaupt für diese Rechte plädiert wird, dann nur über den Umweg irgendwelcher Rationalisierungen. Zum Beipiel heißt es nicht, Frauen sollten die gleichen Bildungsmöglichkeiten haben, weil das Recht auf Bildung ein allgemeines Recht ist. Statt dessen heißt es, Frauen sollten eine Schulbildung erhalten, weil sie dann bessere Mütter sind und ihren Kindern (bei manchen Autoren heißt es sogar: ihren Söhnen) das Erlernte weitervermitteln können. Sie sollten in der Politik vertreten sein, nicht weil es ein Grundrecht ist, sondern weil so viele Frauen im Kampf gestorben sind und sich damit dieses Recht »verdient « haben. (Die Mudschaheddin argumentieren z. B. so). Andere Modernisten verwenden Frauen, um einen Wandel ihrer persönlichen ideologischen Überzeugungen zu signalisieren. Algeriens Ben Bella, Führer der »Nationalen Befreiungsfront« und späterer Staatspräsident, zum Beispiel demonstrierte seine neue Zugehörigkeit zum islamischen

Aktivismus und seine Offenheit gegenüber den Fundamentalisten, indem er seine Frau, eine ehemalige Marxistin, dazu brachte, demonstrativ in Paris den Tschador zu tragen.[60]

In eindrucksvoller Weise – schließlich war die halbe Bevölkerung davon betroffen, das gesamte Straßenbild veränderte sich und das menschliche Zusammenleben auf der elementarsten Stufe erhielt eine spezifische Prägung – ließ sich über die Frauenfrage die fundamentalistische Inbesitznahme der Legislative und der Justiz, ihre Kontrolle über Alltag, Bildungswesen und Kultur demonstrieren, ohne daß man mit den Widerständen rechnen mußte, die z. B. eine konsequente Landreform begleitet hätten.

Die Frauen, die mit diesen Regelungen nicht einverstanden waren, reagierten mit Demonstrationen, Streiks, der Entsendung von Protestdelegationen an Khomeini und sogar mit gewalttätigen Angriffen auf Persönlichkeiten, die sich durch antifeministische Äußerungen profilierten. Mit diesem Widerstand gingen die Fundamentalisten genauso um, wie sie es bei allen Konflikten mit den Modernisten hielten: Sie vermieden die direkte Konfrontation, bemühten sich statt dessen darum, die Opposition zu spalten, zu täuschen und zu diskreditieren und gewann damit Zeit, ihre eigene Position zu konsolidieren. Khomeini war anfangs bereit, die neuen Regeln umzuinterpretieren und, scheinbar auf die Beschwerden der Frauen eingehend, leicht abzuschwächen. Zugleich setzte er die Aufhebung der Schah-Reform fort und tolerierte die Angriffe auf modernistische Frauen durch seine Anhänger. Immer wieder waren die Frauen bereit zu glauben, daß die drastischeren Regelungen ohne Khomeinis Wissen erfolgt seien, daß es sich um korrigierbare Mißverständnisse handelte, daß man geringfügige Kompromisse machen solle, um die wirklich essentiellen Bereiche zu retten. So gelang es, den Widerstand der Frauen an jedem Punkt zu spalten: Einige fanden, daß man sofort und in allen Bereichen Widerstand leisten müsse, um keinen Präzedenzfall zu schaffen; andere meinten, daß man bei oberflächlichen Fragen wie der Bekleidung nachgeben sollte, um die wichtigeren Rechte, wie das Recht auf Arbeit oder Bildung, zu bewahren. Zu spät entdeckte man, daß die Fundamentalisten ihre Linie gnadenlos durchzogen und man durch die Kompromißbereitschaft nichts gewonnen, sondern bloß die eigene Kohäsion und Glaubwürdigkeit – und den Kampf – verloren hatte.

Für die Verwirrung und taktische Unentschlossenheit politisch engagierter Frauen in der islamischen Welt ist das Beispiel der Ägypterin Nawal as-Saadawi instruktiv. In ihrem Buch *Tschador* bemüht sie sich sehr, den Islam selbst nicht anzugreifen, sondern vor-islamische Bräuche, den Imperialismus und die Klassengesellschaft für die vielen Mißstände verantwortlich zu machen, die in ihrem Buch so drastisch und ausführlich beschrieben sind. As-Saadawi reagierte auf die iranische Revolution zuerst sehr positiv und bekannte sich öffentlich dazu, widerrief ihre Einschätzung aber wenig später. Ihre Erklärung, wieso sie sich getäuscht habe und der Fundamentalismus eine derart bedenkliche Entwicklung einschlage, war je nach Publikum verschieden. Zufällig erlebten wir sie an zwei aufeinanderfolgenden Tagen, wie sie zwei verschiedenen Zuhörerschaften ihre Sicht der Dinge erläuterte. Vor einem Publikum, zu dem auch zahlreiche Frauen aus anderen islamischen Ländern zählten, hielt sie nach wie vor an der These fest, der Imperialismus und die internationalen Strukturen seien in erster Linie an der Verzerrung der islamischen sozialen Entwicklung schuld, daß der Islam selber keineswegs rückständig sei, sondern durch die Aggressionen des Westens diese bedauerliche Erscheinung hervorgebracht hätte. Am nächsten Tag, vor einem viel kleineren und homogeneren Publikum von Frauen aus der internationalen Frauenbewegung, meinte sie, der Islam sei sehr wohl in seinem Wesen eine patriarchalische und rückständige Kraft in ihrer Region, wobei äußere Einwirkungen ihm lediglich eine Schlagkraft verliehen hätten, die er unter anderen Umständen vielleicht nicht mehr haben würde.[61]

Obwohl die Frauenfrage in engem Zusammenhang zu anderen politischen Fragen steht, ist sie doch qualitativ ganz anders als die mit ihr verwandten Probleme. Das politische Verhalten und die soziale Stellung von Frauen weisen Ähnlichkeiten auf mit denen anderer marginalisierter Bevölkerungsgruppen, aber die politische Identität der Frauen ist dennoch in wesentlichen Punkten einzigartig. Für die Frauen ist es weit schwerer als für die anderen Gruppen, politisch zu einer kohärenten Position zu finden, denn ihre Gruppenhaftigkeit ist anderer Natur. In ihrer Lebensgestaltung finden sich weit mehr Brüche. Eine ethnische Minderheit kann innerhalb der dominanten Gesellschaft dennoch als subsidiäre Subkultur leben; für die Frauen im allgemeinen gibt es diese Möglichkeit nicht. Sie leben mit Personen, die ihre Situation als Frauen nicht teilen. Damit ist ihre Handlungsfreiheit stark eingeschränkt, ihre Loyalitäten sind gespaltener, ihr Rückhalt weit schwächer, ihre Identität fragmentierter als bei anderen Randgruppen.

Das Dilemma modernistischer Frauen im Iran, die ihre eigenen zentralen Anliegen unterordnen und versöhnlich darstellen müssen, ist eine um vieles gesteigerte Form des Dilemmas der Modernisten insgesamt.

Die vier Konflikte, die im zweiten Kapitel skizziert sind (Ost/West, Nord/Süd, traditionell/progressiv und ideologisch), segmentieren das Verhalten der Frauen in sehr unmittelbarer Weise. Für keine der anderen aktiv involvierten Gruppen hat die Frauenfrage mehr als sekundäre Bedeutung; im Krisenfall ist sie aus »taktischen« Überlegungen noch weiter zurückzustellen oder ganz zu opfern. In der Praxis kann das heißen, daß zum Beispiel die Modernisten eine umstrittene Frage, die weite Teile der Bevölkerung unmittelbar betrifft und bei der man direkt einen Standpunkt beziehen und durchsetzen könnte – denn das ist die Frauenfrage –, »taktisch« aufgeben zugunsten einer Frage, die weit abstrakter ist, zu einem unbekannten Zeitpunkt oder nie aktuell wird und, da in der gesamtgesellschaftlichen Wertung »ernsthafter«, auch viel gewaltsamer umkämpft sein wird.

Mit den ethnischen Minderheiten teilen Frauen außerdem das Problem, von den eigenen Bündnispartnern oft als Verhandlungsobjekte mißbraucht und nach Einschätzung der Lage fallengelassen oder verraten zu werden. Das ist um so schlimmer, als auch das Regime selbst diese beiden Gruppen oft zu symbolischen Mitteilungen mißbraucht. Eine Verschärfung der Linie gegenüber einer Minderheit oder eine Verschärfung der Einschränkungen von Frauenrechten können vom Regime weniger als substantieller Schritt und mehr als symbolischer Akt eingesetzt werden, mit dem ganz andere Adressaten gewarnt werden sollen.

Der Tschador kann als Symbol nicht nur für den Islam, sondern auch als Zeichen für die politischen Fehler der Progressiven gelten. In der revolutionären Phase trugen Frauen, unabhängig von ihrer ideologischen Überzeugung, den Tschador als Symbol für die Ablehnung der vom Schah verkörperten Werte und der Verwestlichung ihrer Kultur. Aber der Tschador war nicht bloß irgendein Symbol; er symbolisierte nicht bloß die eigene Kultur, sondern auch eine ganz bestimmte Ordnung mit einem ganz bestimmten Stellenwert der Frauen und der Sexualität. Die Entfernung der

Frauen aus der Öffentlichkeit, die Verkörperung der anarchischen und gefährlichen Aspekte der Sexualität (die daher auch verborgen werden muß) durch die Frau, wurden damit als grundlegende Pfeiler der nationalen Identität akzeptiert. Zu meinen, daß das später keine Folgen hätte, war mehr als naiv. Im Namen der Einheit des Widerstandes gegen den Schah schlossen sich progressive Frauen der religiös dominierten Bewegung an; auf die Unterstützung der internationalen Frauenbewegung verzichteten sie später, als die Konsequenzen dieses ersten Fehlers schon deutlich waren, um sich nicht dem Argument auszuliefern, sie seien westlich orientiert; als es nicht mehr um Bekleidung ging, sondern um den Ausschluß der Frauen aus dem Bildungswesen und dem öffentlichen Sektor, um die Zurücknahme von Reformen, die erneute gesetzliche Schlechterstellung und die zunehmende Verfolgung progressiver Frauen, ließen sich die iranischen Frauen einreden, daß sie im Namen des größeren Anliegens ihre eigenen Probleme zurückstellen sollten. Daß der Begriff des »gemeinsamen Kampfes« eigenartigerweise immer verwendet wird, um Frauen auszuschließen und nicht um sie und ihre Interessen zu integrieren, hat das Beispiel der iranischen Frauen erneut gezeigt.

5. Die vielseitige Verwendbarkeit von Vorurteilen

In der politischen Auseinandersetzung haben Vorurteile noch eine ganze Reihe verschiedener Funktionen (neben der ihnen meist zugeschriebenen Funktion der Abwertung diskriminierter Gruppen). Sie können in innenpolitischen Konflikten benutzt werden, um den Gegner mit negativ besetzten Werten zu identifizieren und ihm so zu schaden. Sie können zur Mobilisierung der Bevölkerung eingesetzt werden. Sie können Widerstand kurzfristig entschärfen, indem sie einen Sündenbock für soziale Mißstände nennen und die Aggression der Bevölkerung auf ihn lenken. In internationalen Beziehungen können Vorurteile sowohl von der dominanten als auch von der schwächeren Seite angewandt werden. Nach Beilegung des Konflikts treten Vorurteile in einer weiteren Funktionsform auf: um die Normalisierung von Beziehungen zu erleichtern, ohne jedoch die Grundprämisse der fundamentalen Andersartigkeit des Gegners abzuschwächen.

Die Beziehungen zwischen Iran und dem Westen werden kognitiv reguliert durch ein Denkschema des gegenseitigen Vorurteils. Das Bild vom Orient erlaubt Feindschaft, erlaubt es aber auch, im eigenen (wirtschaftlichen, politischen, militärischen) Interesse mit Regierungen zu kooperieren, die dem eigenen demokratischen und humanitären Anspruch nicht gerecht werden. Man kann Khomeini als einen wahnsinnigen Despoten darstellen und trotzdem politische und wirtschaftliche Beziehungen zum Iran aufrechterhalten mit dem Argument, daß der persische Nationalcharakter bzw. der gegenwärtige Islam eben naturgemäß eine solche Persönlichkeit benötige. Umgekehrt kann Khomeini den Westen und Israel als den »großen Satan« und als »zionistisch-kapitalistische Weltverschwörung« denunzieren und gleichzeitig Handel mit den einzelnen Staaten betreiben – denn es ist das Wesen des Kapitalismus, dekadent zu sein. Auch Ereignisse, die eigentlich zur kritischen Reflexion anregen sollten – so z. B. das rasche Umschwenken von einem vermeintlich sich rapide modernisierenden, pro-westlichen Iran zum extremen Fundamentalismus – führen nicht dazu, daß man die Vorurteile als zu pauschalisierend erkennt, sondern scheinen nur zu bestätigen, daß man es mit einer gründlichen, irrationalen orientalischen Bevölkerung zu tun hat, die nicht so ist und nie so sein wird wie wir selbst. Vorurteile sind nicht leicht revidierbar. »Orient« und »Okzident« bleiben als wahrnehmungsbestimmende Kategorien bestehen.

V. Der Islam an der Macht

Eine der ersten Fragen, die sich für außenstehende Beobachter in der Zeit unmittelbar nach dem Umsturz im Iran stellte, war die nach der »Regierungsfähigkeit« der Fundamentalisten. Die Prognosen waren im allgemeinen skeptisch: Die Fundamentalisten galten als zu extremistisch, zu unerfahren und insgesamt als ungeeignet, die alltäglichen Anforderungen der Innenpolitik, der Wirtschaft, des Militärs und der Diplomatie zu erfüllen. Weder ihre Gesinnung noch ihre Qualifikation schienen geeignet, sie zu einer staatstragenden Macht werden zu lassen. Die Religionsführer selbst waren Persönlichkeiten, die man sich als Akteure der internationalen Politik nicht vorstellen konnte, aber auch innenpolitisch mangelte es ihnen an jeder Ausbildung und Erfahrung, was die Bewältigung der vielfältigen anstehenden ökonomischen, sozialen und politischen Probleme anging. Die ersten Wochen nach der Machtübernahme bestätigten diesen Eindruck. Die Gefolgschaften der Fundamentalisten bestanden zum Teil aus einer undifferenzierten Masse, deren einzige »Struktur« in der Anerkennung Khomeinis als Führer bestand. Dann gab es noch die zahlreichen Gruppen und Gruppierungen, die sich teilweise selbständig machten und sich selbst mit Verwaltungs- und Exekutivaufgaben betrauten. Kleine »Komitees« ergriffen in Eigeninitiative institutionelle Aufgaben, kontrollierten zum Beispiel am Flughafen die Pässe, ernannten sich zu Verkehrspolizisten, errichteten Straßenkontrollen oder nahmen sich sogar ambitiösere Aufgaben wie die Umverteilung des Grundbesitzes und die Enteignung von Gutsherren vor. In dieser Situation nahmen viele Beobachter an, daß sich zwischen Fundamentalisten und Modernisten eine Arbeitsteilung ergeben würde, wobei den Modernisten – die über eine moderne Ausbildung, Fachwissen und Regierungserfahrung verfügten – die tatsächlichen Aufgaben des Regierens zugedacht wurden.

Heute stehen wir vor zwei überraschenden Einsichten: erstens der Tatsache, daß es den scheinbar unqualifizierten Fundamentalisten relativ leicht gelang, die Modernisten auszuschalten, und zweitens, daß ihre Verwaltung der Staatsgeschäfte weit besser gelungen ist, als es wohl irgend jemand damals vorhergesehen hat.

Hatte man eher einen lang andauernden Machtkampf erwartet, so war es den Fundamentalisten im Gegenteil sehr rasch gelungen, die Konkurrenz auszuschalten. Hatte man damit gerechnet, daß der Iran unter der extremistischen Führung der Fundamentalisten – mit allen wirtschaftlichen Konsequenzen – international isoliert werden würde, so ist es ihnen vielmehr gelungen, die finanziell und ideologisch motivierten Interessen der Außenwelt für sich zu nutzen. Die Fundamentalisten konnten sich, zumindest mittelfristig, konsolidieren, indem sie sich weitgehend die Loyalität ihrer Basis erhielten, durch radikale Maßnahmen ihre Gegner eliminierten und internen Widerstand durch Heranziehen totalitärer Methoden paralysierten, sich durch ihre außenpolitischen Initiativen in der Region behaupteten und gegenüber den Supermächten die geostrategische Position ihres Landes als Garantie gegen allzu effektive Destabilisierungsmaßnahmen einsetzten.

1. Die Koalitions-Phase

Die Umwälzung im Iran war Folge einer Massenbewegung, die alle Klassen und ideologischen Richtungen umfaßte. Alle daran beteiligten Gruppen erwarteten natürlich vom Sturz des Schahs eine Erweiterung ihres eigenen politischen Handlungsspielraumes. Manche gingen wohl davon aus, daß die anachronistische Religionsbewegung nach dem Umsturz rasch zusammenbrechen würde und daß besser organisierte, den sozialpolitischen und ökonomischen Realitäten der Gesellschaft eher entsprechende Gruppen dann eine Chance erhielten. Andere dachten an einen wie auch immer gearteten Pluralismus, in dem auch ihre Gruppe Gelegenheit hätte, sich am politischen Entscheidungsprozeß zu beteiligen. Auch ein bürgerkriegsähnlicher Machtkampf oder ein Militärputsch waren nicht ausgeschlossen. Die Modernisten schienen davon auszugehen, daß sich ihr Zweckbündnis mit den Fundamentalisten fortsetzen würde, daß sie selber in ihrer Eigenschaft als Fachleute und politische Profis die Staatsgeschäfte führen würden, während die Fundamentalisten als moralische Autorität und vielleicht auch als kulturell tonangebende Kraft fungieren würden. Ibrahim Yazdi, Khomeinis engster Ratgeber in Paris und selbst Modernist, äußerte gegenüber Henry Precht vom amerikanischen Außenministerium z. B. die Erwartung, daß nach dem Sturz des

Schahs verschiedenste ideologische Gruppen sich politisch betätigen und artikulieren dürften.[1]

Diese Erwartung leitete sich seitens der Modernisten offensichtlich aus zwei Überlegungen ab. Erstens war da die Erfahrung aus der Anfangsphase der Koalition, als Khomeini den Ratschlägen seiner modernistischen Verbündeten gegenüber aufgeschlossen schien und die Absicht äußerte, nach dem Erfolg der Revolution in die heilige Stadt Ghom zurückzukehren und sich nicht mehr mit aktiver Tagespolitik zu befassen. Zweitens gingen die Modernisten davon aus, daß die Religionsgelehrten zwar für den ethischen Bereich kompetent sein mochten, darüber hinaus aber keinesfalls in der Lage wären, sich allzu heftig in konkret politische Fragen einzumischen. Die Rolle, die Khomeinis Persönlichkeit und das Netzwerk religiöser Strukturen bei der Organisation der Massenbewegung gespielt hatten, wurde als kurzlebiges Phänomen betrachtet.

Die Fundamentalisten gaben auch nach der Machtübernahme nicht gleich zu erkennen, daß sie andere Absichten verfolgten, andere Kapazitäten besaßen. In den ersten Monaten nach der Revolution herrschte zunächst weitgehend Chaos. Und bei ihren Bestrebungen, eine neue Ordnung zu etablieren, bezogen die Fundamentalisten die Modernisten durchaus ein – wenngleich man sofort bemerken konnte, daß mit dem Eintritt in die Realität der Tagespolitik keinesfalls wie erwartet die Initiative an die Modernisten überging, sondern weiterhin Khomeini und die Fundamentalisten die dominante Position inne hatten und die Modernisten bestenfalls der Juniorpartner waren.

Über die genauen Hintergründe und Ursachen des Bruchs zwischen Fundamentalisten und Modernisten sind sich weder die Experten noch die Verlierer dieses Kampfes – die Modernisten selbst – klar. Hatte Khomeini anfangs tatsächlich beabsichtigt, sich nach dem Sturz des Schahs zurückzuziehen, und erkannte er erst später die sich ihm bietenden Möglichkeiten der direkten Herrschaft? Hatten die Fundamentalisten von Anfang an vor, die Modernisten später auszuschalten, oder trugen die Modernisten selber durch ihr schwaches, uneiniges und unentschlossenes Auftreten zu diesem Ausgang bei?

Verschiedenes deutet darauf hin, daß Khomeinis Haltung von Beginn an feststand, daß er stets die Vorherrschaft der Fundamentalisten durchsetzen wollte. Möglicherweise dachte er den Modernisten hier eine feste Aufgabe zu und erkannte erst später, daß sie sich auf Dauer mit der Vorstellung, daß es auch ohne sie ginge, nicht zufriedengeben würden. Seine Auffassung von Politik und Regieren scheint sich weniger von der ihren unterschieden zu haben, als sie dachten. Bani-Sadr und die anderen Modernisten glaubten, daß sich eine harmonische Arbeitsteilung erreichen ließe, weil sie für die Tagespolitik befähigt waren und darin auch das Wesen der Macht sahen, während Khomeini die ethische und kulturelle Komponente wichtiger fand und sich ohnehin lieber aus den Staatsgeschäften heraushielte. Das war eine naive Annahme, die man bereits durch Lektüre von Khomeinis Buch *Islamic Government* hätte widerlegt finden können. Noch in den ersten Jahren nach seiner Flucht aus dem Iran tröstete sich Bani-Sadr damit, daß sich eine Regierung von Fundamentalisten einfach nicht behaupten könne, weil die Experten fehlten. Ohne Technologen, Wirtschaftsfachleute und Berufspolitiker, glauben manche Modernisten auch heute noch, kann eine Regierung auf Dauer nicht existieren. Zumindest die bisherigen Erfahrungen des fundamentalistischen Iran scheinen dagegen eher Khomeini recht zu geben, der erstens dazu neigt, Fachkompetenzen als ideologisch neutrale, käufliche Fähigkeiten zu sehen, und der im Gegensatz zu den Modernisten meint, daß es längerfristig gelingen wird, fundamentalistisch gesinnte Technokraten heranzubilden.

Manche Modernisten, darunter auch Bani-Sadr, sind immer noch der Überzeugung, daß das Politikverständnis der Fundamentalisten im heutigen Zeitalter unhaltbar ist und daß sie auf moderne Politik- und Wirtschaftsexperten angewiesen sind. Mit der Zeit werde dies die Rückkehr zu einer vernünftigen Regierung von »Professionellen« bedeuten und damit einhergehend zur Verdrängung der Religionsgelehrten führen.[2] Moderne Amtsführung sei mit einer fundamentalistischen Gesinnung unvereinbar. Fundamentalisten andererseits glauben weiterhin, daß Experten austauschbar sind und daß es genügend Treuergebene gibt; Nichtfundamentalisten sind nur einzusetzen, wenn keine Alternative besteht.[3] Alles deutet darauf hin, daß sich die Modernisten in der Zeit unmittelbar nach dem Sturz des Schahs über die Absichten der Fundamentalisten noch nicht klar waren. In dieser Anfangsphase nahmen westlich orientierte Intellektuelle der Mittelschicht zentrale Positionen in der provisorischen Regierung ein. Mehdi Bazargan, der aus einer prominenten Händlerfamilie stammt, da-

tete, daß es von Schah-Anhängern durchsetzt war und wollte sich nicht auf seine Loyalität verlassen. Außerdem waren die Verbindungen zwischen den iranischen Streitmächten und den USA über lange Jahre so intensiv gewesen, daß man auch nach der Revolution nicht sicher war, inwieweit Einflüsse und Kontakte eventuell noch fortbestanden. Man beabsichtigte, das Militär längerfristig durch die eigene militärische Organisation, die Pasdaran, abzulösen. Bis zu diesem Zeitpunkt aber sollten die Pasdaran bereits als Kontrollorgan und Gegengewicht fungieren, Komplotte verhindern, der Möglichkeit einer Machtergreifung durch das Militär gewärtig sein und die Verbreitung der islamisch-revolutionären Ideologie überwachen.

Allmählich spitzte sich der Konflikt zwischen der Bazargan-Regierung und dem Revolutionsrat zu. Der stellvertretende Ministerpräsident Amir-Entezam beklagte sich im Juli 1979 vertraulich bei den Amerikanern darüber, daß die Komitees, die Pasdaran, die Revolutionsgerichte und sogar Khomeini selbst seine Regierung sabotierten.[11] Zunehmend erkannte Bazargan, daß die Fundamentalisten nicht bereit waren, sich mit einer untergeordneten Rolle zufriedenzugeben, sondern reale Macht anstrebten. Beheschti beschwerte sich später, daß die Regierung und der Revolutionsrat aus Mangel an ideologischer Übereinstimmung nicht vernünftig zusammenarbeiten konnten.[12]

Die Gruppe der Sachverständigen, die für den Entwurf einer neuen Verfassung zuständig war, wurde von den fundamentalistischen Religionsgelehrten dominiert. Der Revolutionsrat wurde zunehmend in die Führung der Staatsgeschäfte einbezogen.

Rafsandschani, der der Pasdaran vorstand, wurde stellvertretender Innenminister, Hojjat al-Islam Khamenei stellvertretender Verteidigungsminister und Ayatollah Mahdawi-Kani stellvertretender Innenminister.

Spätestens hier, als sich die Beteiligung der Fundamentalisten an der Regierung deutlich abzeichnete, hätten die Modernisten ein erstes Warnsignal erkennen können. Statt zu einer Frontenverhärtung kam es aber zu einer Spaltung der Modernisten.

Eine Reihe radikaler Modernisten wollte in dieser Situation ihre Verbindung mit den Fundamentalisten nicht aufgeben, weil deren Ziele radikaler waren als die der gemäßigten Modernisten. Zu dieser Gruppe gehörten Sadegh Ghotbzadeh, Direktor des Nationalen Iranischen Rundfunks und Fernsehens, sowie Bani-Sadr, der Finanzminister wurde. Außerdem trat der Modernist Mustafa Chamran, Mitglied des Revolutionsrates, in die Regierung ein. Er wurde stellvertretender Verteidigungsminister.[13]

Die Modernisten befürchteten, daß die Religionsgelehrten mehr als die Hälfte der Sitze im islamischen Parlament gewinnen würden. Bazargan glaubte noch im Laufe des Sommers 1979, daß Khomeini selbst die politische Vormachtstellung der Religionsgelehrten nicht anstrebte.[14] Er versuchte daher Khomeini davon zu überzeugen, daß die Übernahme weitgehender politischer Verantwortung durch die Religionsgelehrten eine Katastrophe für das Land wäre und flehte ihn an, ihre Wahl in das Parlament nicht zu unterstützen. Er glaubte ferner, daß wegen der Notwendigkeit, das Vertrauen der Mittelschicht wiederzugewinnen und die ökonomische Gesundung herbeizuführen, den Modernisten die eigentliche Entscheidungsmacht zustehen müsse, selbst wenn die Religionsgelehrten das Unterhaus beherrschen sollten.[15] Bazargan irrte sich. Khomeini stand hinter den fundamentalistischen Religionsgelehrten und setzte sich für ihre Herrschaft ein:

»Widersetze Dich nicht dem religiösen Gelehrten... Die Macht der religiösen Gelehrten ist gottgegeben; gefährde sie nicht... Du, der Du glaubst, daß im Iran etwas erreicht werden kann durch das andere Mittel als den Islam, Du, der Du annimmst, daß etwas anderes als der Islam das Schah-Regime stürzte, Du, der Du glaubst, daß nicht-islamische Elemente hierbei eine Rolle spielten – überdenke Deinen Standpunkt sorgfältig.«[16]

Ab Juni 1979 kritisierte Khomeini in seinen Reden die Mittelschicht, Bazargans Machtbasis, und schrieb den Erfolg der Revolution ausschließlich der Unterschicht und den fundamentalistischen Religionsgelehrten zu.[17]

Beheschti berichtet, daß Khomeini ihn und andere Führer der IRP im Laufe des Jahres 1979 einige Male gefragt hätte, ob sie eine Regierung bilden könnten; sie hätten aber erwidert, sie seien noch nicht dazu in der Lage, weil eine »Parteien-Regierung ein detailliertes Programm haben müsse und diese Stufe noch nicht erreicht sei«.[18]

Laut Beheschti war es auch Khomeini persönlich, der den Religionsgelehrten den Auftrag gab, unter allen Umständen so viele Sitze wie möglich im Parlament (Majlis)[19] zu bekommen. Als Bazargan langsam begriff, daß Khomeini die wachsende Einmischung der Religionsgelehrten in die Staatsaffären nicht einzudämmen gedachte, sondern sogar maßgeblich daran beteiligt war, versuchte er seine Enttäuschung an die Öffentlichkeit zu tragen. Im August sprach er von der Ohnmacht seiner Regierung gegenüber den Religionsgelehrten.[20] Später beschrieb er seine Regierung als »Messer ohne Schneide« und beklagte, daß alle Macht beim Revolutionsrat und insbesondere bei Khomeini liege. Er sagte: »All unsere Angelegenheiten sind in seiner Hand, unter seinem Befehl, auch die Macht zu entlassen, zu ernennen, jede Entscheidung, jeder Auftrag, alles.«[21] Im Oktober gestand er der Journalistin Oriana Fallaci seine Angst vor einer »Diktatur der Religionsgelehrten«.[22]

Während Bazargans Beschwerden über die Fundamentalisten zunahmen, schlugen diese zurück. Im September beschuldigte Ayatollah Beheschti, zu dieser Zeit Vizepräsident des Expertenrates, Mitglied des Revolutionsrates und Führer der IRP, die Regierung Bazargan, die Entscheidungen des Revolutionsrates (wie z. B. den Beschluß, örtliche Räte auf provinzieller, städtischer, örtlicher und regionaler Ebene einzusetzen) nicht auszuführen und Feindseligkeiten gegen die Religionsgelehrten zu hegen. Er beschuldigte sie, vergessen zu haben, daß es die Religionsgelehrten waren, die die Revolution zum Erfolg geführt hatten. Verschiedene andere Ayatollahs, darunter Ahmad Azari Ghuni, kritisierten Bazargans »anti-religiöse Erklärungen« und beschuldigten ihn der »Schwächung der revolutionären Einheit«. Ayatollah Roulhani verlangte die Säuberung der Regierung von anti-revolutionären Elementen. Andere kritisierten die Regierung der Modernisten als untauglich.[23] Die Fundamentalisten bezogen eine einheitliche und konsequente Haltung, während die Modernisten zerstritten und uneinig auf diese Angriffe reagierten. Auch der Modernist Bani-Sadr schloß sich den Attacken gegen die Regierung Bazargan an, die endgültig in Zusammenhang mit der Besetzung der amerikanischen Botschaft im November 1979 entmachtet wurde.

Diese erste Phase nach dem Sturz des Schahs wirft vor allem zwei Fragen auf: Wenn die Fundamentalisten von Anfang an geplant hatten, die Macht zu ergreifen, warum überließen sie den Modernisten dann überhaupt die Regierung: nur um ihre Arbeit zu sabotieren, ihre Autorität zu untergraben und sie letztlich wieder abzusetzen? Und warum haben die Modernisten, nachdem sie hohe Positionen innehatten, den Anstrengungen der Fundamentalisten, sie abzusetzen, nur kärglichen Widerstand geleistet? Stellt man sich die Frage, warum die Modernisten überhaupt die Regierung übernehmen konnten, ergeben sich drei mögliche Erklärungen. Vielleicht waren die fundamentalistischen Führer, oder zumindest einige unter ihnen, ernsthaft bestrebt, eine Art Koalitionsregierung mit geteilter Macht zu etablieren. Wie wir bereits festgestellt haben, war es der Gedanke einer direkten religiösen Führungsrolle, der die Fundamentalisten von den Traditionalisten unterschied.[24] Es wäre also denkbar, daß Khomeini selbst erst im Lauf der revolutionären Ereignisse die Entwicklung vom Traditionalismus zum Fundamentalismus durchlebte.[25]

Aufgrund unserer eigenen Gespräche mit Khomeini vom 31. Dezember 1978 und 1. Januar 1979, die dort mitgehörten Gespräche zwischen ihm und seinen Assistenten und die »Botschaften an die Welt«, die während seines Aufenthaltes in Paris kursierten, glauben wir, daß er schon damals die Idee einer Islamischen Regierung, in der Religionsgelehrte die führende Rolle spielen sollten, hegte. Er verwies auf Platos Republik und meinte, daß in der Islamischen Republik die Macht von jenen ausgeübt werden würde, die islamisches Gesetz kennen, nämlich den Religionsgelehrten.

Die Verfassung sah dementsprechend dann auch die Herrschaft des »Faqih« vor. Hier heißt es: »In der Abwesenheit des Imam ... liegt die Führung der Nation auf den Schultern eines gerechten und frommen ›Faqih‹.« Der Begriff des »Faqih« oder »rechtmäßigen Führers« hat im Persischen eine eindeutig religiöse Bedeutung. Regierungsinstitutionen sollten seiner Aufsicht unterliegen, er sollte die Mitglieder des Verteidigungsministeriums und des Obersten Gerichtshofes ernennen, das Militär beaufsichtigen, Offiziere befördern und entlassen. Er kann den Krieg erklären und Frieden schließen. Er wählt die Hälfte des aus zwölf Mitgliedern bestehenden Rates der »Wächter der Revolution«, eine Körperschaft, welche die Parlamentsbestimmungen überprüft, sie genehmigt oder zur nochmaligen Überarbeitung zurückgibt.

Aber noch bevor die Verfassung – von einem fundamentalistisch besetzten Komitee – entworfen wurde, unterstützte Khomeini bereits die wachsende Rolle der Fundamentalisten, ebenso die Machtkonzentration des Revolutionsrates sowie die Unabhängigkeit der Revolutionsgerichte. Die vielen Appelle, die Bazargan an Khomeini richtete, seiner Regierung doch größere Autorität zu gewähren, die Pasdaran und die Revolutionskomitees unter Regierungskontrolle zu stellen und weltliche Kandidaten bei der Parlamentswahl zu fördern, blieben ungehört.

Alles deutet darauf hin, daß Khomeini von Anfang an eine fundamentalistisch beherrschte Regierung geplant hatte. Warum aber hätte Khomeini in diesem Fall die Modernisten überhaupt in die Regierung gelassen? Eine Möglichkeit besteht darin, daß er sie für zweckdienlich hielt und meinte, sie würden seine uneingeschränkte Autorität und die Herrschaft der Religionsgelehrten akzeptieren. Sollte dies so gewesen sein, dann hat Khomeini nicht lange gebraucht, um seinen Irrtum einzusehen. Bazargan widersetzte sich der Verfassung, kämpfte gegen die steigende politische Rolle der Religionsgelehrten und versuchte, die Beziehungen zu den USA zu verbessern – alles Schritte, die die Fundamentalisten befremdeten. Als die Modernisten gezielt die Religionsgelehrten angriffen (wie z. B. die Verlautbarung des stellvertretenden Premiers Amir-Entezam, sie versuchten, »die Zeit um 1000 Jahre zurückzudrehen«[26]) und als sie in sichtlichen Widerstand gegen den »Akhondismus«, d. h. die »Diktatur der Religionsgelehrten«, traten, war die Zeit reif für ihre Ausschaltung. Sollte also Khomeini gedacht haben, die Modernisten seien beugsame Instrumente, wurde er bald eines Besseren belehrt.

Es gibt noch eine andere Möglichkeit: Die Einbeziehung der Modernisten könnte ein taktischer Zug gewesen sein, um eine verfrühte Entfremdung modernistischer Gruppen wie z. B. verschiedener Abteilungen der Nationalen Front und ihrer Befürworter in der modernistischen Mittelschicht, der Industriellen sowie des Militärs zu verhindern.[27] Denn hätten sich alle diese Gruppen vereint gegen die Fundamentalisten gestellt, wären sie eine ernste Bedrohung gewesen.

Die Bazargan-Periode diente als Zeitgewinn, um mögliche Gegner zu schwächen. Der Militärapparat wurde indessen gesäubert, die Position der Industriellen durch angedrohte Nationalisierungen geschwächt, die politischen Gruppierungen der Mittelschicht verunglimpft und dezimiert. Zur selben Zeit wurden die Pasdaran geschaffen und aufgebaut, die Verfassung wurde ausgerufen. Als dies erreicht war und Bazargan anfing, unangenehm aufzufallen, wurde er entlassen. Obwohl dieser Erklärungsansatz nicht bewiesen werden kann, scheint er mit der Koalitionspolitik, die Khomeini während der ganzen Zeit verfolgt hatte, übereinzustimmen. Er könnte auch verdeutlichen, warum Khomeini den Bitten Bazargans und später denen von Bani-Sadr um Unterstützung kein Gehör schenkte.

Dies bringt uns zur nächsten Frage: Warum wehrten sich die Modernisten so wenig gegen ihre Entmachtung? Als ersichtlich wurde, daß eine Teilung der Macht nicht stattfinden würde, standen ihnen zwei Wege offen: Sie konnten die Bedingungen der Fundamentalisten annehmen und versuchen, mit begrenztem Einfluß weiterzuexistieren, oder sie konnten die Fundamentalisten herausfordern. Zwischen den beiden Fraktionen gab es zwar Unstimmigkeiten, aber eine echte Konfrontation fand nicht statt, solange die Modernisten an der Macht waren. Erstens nutzten sie ihre Chance nicht, sondern versäumten es – im Gegensatz zu den Fundamentalisten –, eine eigene Machtbasis aufzubauen, und zweitens mußten sie sich nicht nur mit den Fundamentalisten auseinandersetzen, sondern waren auch in den eigenen Reihen entzweit. Anstatt sich zu vereinigen und Bazargan bei seinen Schwierigkeiten mit Khomeini zu unterstützen, attackierten ihn einige Modernisten, die gleichzeitig Mitglieder des Revolutionsrates waren, obwohl sie ihm ideologisch näherstanden als den Fundamentalisten. In einer Rede vom 15. September 1979 beschuldigte Bani-Sadr die Regierung Bazargans, »konstruktive Kritik« nicht zu akzeptieren, die Verstaatlichung der Banken zu verhindern (eines der Lieblingsprojekte Bani-Sadrs) und sich in der Behandlung des Kurdenproblems »verfahren« zu haben.[28] Auch Ghotbzadeh, der während fast der ganzen Zeit die Kontrolle über Fernsehen und Rundfunk hatte, unterstützte oft Ansichten, die im Gegensatz zu denen der modernistischen Regierung standen. Ernste Meinungsverschiedenheiten in wichtigen ökonomischen Fragen bestanden auch innerhalb der Regierung Bazargan. Abbas Amir-Entezam und Ali Moinfar z. B. stritten über die Währungspolitik. Jene Modernisten, die radikalere sozio-ökonomische Ziele als Bazargan verfolgten, glaubten scheinbar, sie könnten ihre Allianz mit den Fundamentalisten fortführen und den sozialen Wandel radikal vorantreiben. Sie versäumten es dadurch, die modernistischen Kräfte zu stärken, waren an ihrer eigenen Zersplitterung schuld und wurden nacheinander eliminiert. Das Schicksal Bazargans blieb auch Bani-Sadr nicht erspart. Nach seiner Wahl zum Staatspräsidenten im Januar 1980 versammelten sich die modernistischen Kräfte um ihn, aber parallel wuchs das fundamentalistische Machtzentrum weiter. Im Mai 1980 gewann die IRP die Parlamentswahlen. So wie schon Bazargan vor ihm wollte auch Bani-Sadr die Komitees und die Pasdaran schwächen, die Autorität der Zentralgewalt erweitern und die Einmischung der Religionsgelehrten in die Abwicklung der Staatsgeschäfte einschränken. Immer wieder versuchte Bani-Sadr Khomeini zu überreden, ihm dabei zu helfen – ohne Ergebnis. Rückblickend meinte Bani-Sadr, sein größter Fehler sei es gewesen, Khomeini nicht rechtzeitig entgegengetreten zu sein.[29] Seine Hinderungsgründe sind teilweise ersichtlich aus der dritten Erklärung für die Schwäche der Modernisten, aus ihrer Einschüchterung angesichts der überwältigenden und gleichbleibenden Popularität Khomeinis. Bazargan und auch Amir-Entezam glaubten, daß nur gewählt werden würde, wer Khomeini beipflichtete. Mit dieser Einstellung legitimierten die Modernisten natürlich nur noch weiter die Autorität Khomeinis. Sie verhielten sich ihm gegenüber immer als Untergeordnete, pilgerten zu ihm, um seine Hilfe zu erbitten, und gestanden damit ihre eigene Schwäche und Unsicherheit ein.

Einige der Schwierigkeiten, die die Modernisten aufgrund ihrer Tendenz zur Fraktionsbildung durchmachten, setzen sich fort – auch heute noch, im Exil oder Untergrund.

2. Die Islamische Republik als Regierungsform

Die langwierige Phase, in der verschiedene rivalisierende Kräfte um die Kontrolle des Staatsapparates kämpften, endete im Sommer 1981 mit dem Sieg der Fundamentalisten. Vom Standpunkt der vergleichenden Politikwissenschaft aus betrachtet, fragt man sich in diesem Zusammenhang, welche Regierungsform sich anbahnt und ob diese in eine herkömmliche Form politischer Systeme paßt. Die kategoriale Bestimmung von Regierungsformen ist schwierig, und die Fachsprache unterliegt auch Moden. Bisher entwickelte Kategorisierungen verwenden Begriffe wie Absolutismus, Despotismus, Plutokratie, Tyrannei, Monokratie, Oligarchie, Autokratie, Diktatur und noch viele andere.[30] Einige davon sind noch immer gebräuchlich. Obwohl die Kategorisierung von Regierungstypen umstritten ist, haben drei Termini allgemeine Anerkennung gefunden: Totalitarismus, Autoritarismus und pluralistische Demokratie, mit verschiedenen Unterteilungen. Auch wenn Irans Islamische Republik einige Charakterzüge anderer Regierungsformen trägt, ist sie einem totalitären Regime am ähnlichsten. Man muß dabei bedenken, daß diese Kategorien nie in ihrer »reinen« Form gelten.

Die ausführlichen theoretischen und empirischen Arbeiten über den Totalitarismus[31] benennen die wesentlichen Eigenschaften dieses Systems:

- eine totalitäre, ausgearbeitete und ausschließliche Ideologie,
- Herrschaft einer Einheitspartei, aber nicht unbedingt Vorhandensein eines monolytischen Machtzentrums,
- aktive Mobilisierung der Bevölkerung für Gemeinschaftsaufgaben.[32]

Obwohl Unterschiede zwischen den einzelnen totalitären Systemen bestehen, scheinen ihnen im allgemeinen einige bestimmte Formen gemeinsam zu sein.

Alexander Gerschenkron hat die wesentlichen Elemente beschrieben, die er für die »Stabilität einer Diktatur« als Voraussetzung sieht:

erstens: Aufrechterhaltung eines dauerhaften Spannungszustandes durch die Betonung einer feindlichen Bedrohung innerhalb wie außerhalb des Landes, durch Aufbürdung gigantischer Aufgaben, die den Lebensstandard der Bevölkerung beeinträchtigen oder bestehende Einschränkungen rechtfertigen;

zweitens: ständige Demonstration diktatorischer Macht;

drittens: Darstellung des Führers als Inbegriff höchster Weisheit und uneingeschränkter Willenskraft;

viertens: Bezugnahme auf ein angeblich unverändertes und unveränderliches Wertsystem, das die Entscheidungen der Regierung rechtfertigt;

fünftens: Verfolgung derjenigen, die abweichende Werte und Anschauungen vertreten, verbunden mit Drohungen und Repressionen, die von den entsprechenden Institutionen aufrechterhalten und durchgeführt werden.[33]

Eine Übersicht über die Schritte, die Khomeini und seine Gefolgsleute zur Stabilisierung ihres Regimes unternahmen, zeigt eine erstaunliche Ähnlichkeit mit obiger Auflistung, wenn auch das iranische Regime einige besondere Merkmale aufweist. Der Aufbau des gegenwärtigen iranischen Systems zeigt folgende Eigenschaften:

- durch einen totalitären Zugang zur Gesellschaft wird versucht, alle wichtigen Institutionen und gesellschaftlichen Beziehungen zu beherrschen und die Gesellschaft in all ihren Aspekten zu kontrollieren;
- Herrschaft der Fundamentalisten über das politische System.

Es gibt auch eine vielleicht wichtige Abweichung. Die Rolle der IRP hat sich als weit weniger bedeutend erwiesen, als dies in anderen totalitären Systemen der Fall ist. Der »Partei« als solcher kam auch vor ihrer Auflösung keinesfalls die Bedeutung zu, die etwa die NSDAP im »Dritten Reich« hatte. Das mag aber ein nur scheinbarer Unterschied sein. Man könnte auch argumentieren, daß die Überwachung der Zugehörigkeit zur fundamentalistischen Ordnung im Iran andere als die rein formellen Formen annimmt, daß z. B. Bekleidung, Verhalten und Lebensführung, kontrolliert durch Pasdaran und bekräftigt durch ein Denunzierungs- und Bespitzelungssystem, den Parteieintritt funktional ersetzt hatten.

3. Eine entwickelte totalitäre Ideologie

Ideologien unterscheiden sich deutlich in ihrer Komplexität. Wenn der iranische Fundamentalismus auch keine ausgesprochen diffizile Ideologie darstellt, so liefert er doch, wie viele totalitäre Ideologien, seinen Anhängern das Gefühl einer Mission und ein umfassendes Ordnungskonzept. Daneben besitzt der Fundamentalismus einen eigenen besonderen Stil und eine eigene Rhetorik. Samuel Huntington äußerte die Meinung, daß »die wichtigste politische Unterscheidung zwischen einzelnen Ländern nicht in der Art ihrer Regierung, sondern ihrer Regierungskontrolle läge«.[34] Eine wesentliche Eigenschaft der fundamentalistischen Ideologie ist – und darauf wurde bereits ausführlich hingewiesen – ihr totalitärer Zugang zur Politik. Das Regime strebt die Politisierung aller sozialen und auch aller privaten Angelegenheiten bis ins Detail an, und seine Weltanschauung akzeptiert die Trennung zwischen diesen Bereichen, den öffentlichen und den privaten, nicht.

In der islamischen Regierung, so hatte Khomeini versichert, »gibt es keinen einzigen Bereich im Leben der Menschen, für den der Islam keine Regelungen und festgelegten Normen vorsieht«.[35]

Das IRP-Programm verkündete, daß es die Etablierung einer vereinheitlichen (»tawhidi«) Gesellschaft anstrebe, einer Gesellschaft, in der islamische Werte, Befehle und Gesetze alle sozialen Beziehungen lenken.[36]

Seit dem Sturz des Schahs versuchte die Regierung, alle Arten von Aktivitäten, seien sie ökonomischer, kultureller oder wissenschaftlicher Natur, gemäß islamischen oder besser: fundamentalistischen Werten umzugestalten, wenn auch unter den Fundamentalisten über die anzustrebende Art der Veränderung bisweilen Meinungsverschiedenheiten herrschen. Der Wunsch nach der Politisierung aller Lebensbereiche wurde als Bestandteil des Strebens nach »Eliminierung ausländischen Einflusses« gerechtfertigt und hat sich auch gegen interne Feinde als nützliche Waffe erwiesen. Die dramatischsten Veränderungen, die das neue Regime durchgesetzt hat, liegen zweifellos im kulturellen Bereich. Ein typischer Argumentationsgang wäre etwa folgender:

Unsere Gesellschaft hat seit Jahrzehnten importierte Kultur und Bildung konsumiert. Um ihren politischen und ökonomischen Imperialismus zu fördern, haben die »Weltauffresser« (einer der Ausdrücke zur Charakterisierung des Westens) auch kulturellen Imperialismus ausüben müssen.[37] Darum müssen westliche Vorbilder in allen Sparten ausgemerzt werden: Eßgewohnheiten, Mode und Kleidung, Architektur und Stadtplanung, Erziehung und Sitten.[38] Um »kulturelle Unabhängigkeit« zu erlangen, verkündete Khomeini im Frühjahr 1980[39] die »Kulturrevolution« und schuf zur Untermauerung seiner Bemühungen den »Generalstab für Kultur«. Diese »Kulturrevolution« diente auch als Waffe gegen weltliche Ausbildung, besonders an den Universitäten, wo die Säkularisten und Modernisten noch eine große Anhängerschaft hatten. Khomeini stellte sich an die Spitze im Kampf gegen die Universitäten, bezeichnete sie als »imperialistische Universitäten« und behauptete, daß »die, die dort unterrichtet und ausgebildet werden, mit dem Westen unter einer Decke stecken ... Unsere Universitäten in ihrer gegenwärtigen Form sind unserem Volk keine Hilfe. Die Universitäten müssen islamisch werden«.[40]

Auch die Intellektuellen wurden attackiert.[41] Khomeinis Kampf gegen die Universitäten und Intellektuellen hatte das Ziel, nichtfundamentalistische Gruppen zu schwächen, von denen viele an den Universitäten ihre Basis hatten. Als Resultat von Khomeinis Eingreifen bekamen viele oppositionelle Professoren und Studenten Schwierigkeiten, ihre Organisationen wurden aufgelöst. Bei den Auseinandersetzungen wurden Hunderte verletzt und viele getötet, es kam zu vorübergehenden Schließungen der Universitäten. Während dieser Zeit beschäftigte sich die Obrigkeit mit der

»Islamisierung« des Hochschullehrplanes. Eine Normalisierung der universitären Situation liegt noch in weiter Ferne. Ganze Fakultäten sind suspendiert, weil Regimetreue und fundamentalistische Überzeugung von Mitarbeitern und Professoren angezweifelt werden.

Das Islamisierungs-Programm der Regierung hat fast jeden Lebensbereich erfaßt. Koedukation wurde verboten. Das Strafgesetz und weite Teile des Privat- und Familienrechts wurden neu verfaßt, um der fundamentalistischen Interpretation islamischer Bestimmungen gerecht zu werden. In bezug auf Medien, Kunst und Unterhaltung, Kleidung und Familie wurden entsprechende Vorschriften erlassen. Das Regime trachtete danach, Medien, künstlerische Darstellung und Filme als propagandistische Mittel zur Unterstützung der offiziellen Werte zu nutzen. Die IRP bezeichnete die Medien als eine »Universität« zur Erziehung der Bevölkerung. Daher ist auch »das Drucken anti-islamischer Ideen und Glaubensbekenntnisse in der islamischen Gesellschaft nicht gestattet«.[42] Das gleiche gilt für Versammlungen und Diskussionen. Radio und Fernsehen haben »die wahre Botschaft der Revolution« zu vermitteln, und »Kunst hat politisch zu sein... in Übereinstimmung mit echten islamischen und revolutionären Themen«.[43] Das Regime monopolisierte in zunehmendem Maße die Massenkommunikationsmittel. Es verbot Oppositionsschriften. Nur patriotische und religiöse Musik ist statthaft, Unterhaltungsmusik, Tanzen u. ä. sind untersagt. Für Frauen ist der »hijab« (das islamische Kleidungsgesetz), das ursprünglich nur eine »Empfehlung« sein sollte, vorgeschrieben, seine Einhaltung wird streng überwacht.

4. Die Ein-Parteien-Herrschaft

In totalitären Regimen ist die Rolle der Partei normalerweise ebenso wichtig wie die der Ideologie. Die Partei ist ein wichtiges Instrument zur Aktivierung und Mobilisierung der Massen, um die angestrebten ideologischen Ziele durchzusetzen und das Regime zu stabilisieren. Die Beziehung zwischen Partei und Staatsapparat in den verschiedenen Stadien der Entwicklung eines Regimes ist in den einzelnen totalitären Regierungen unterschiedlich. Während man sich ein totalitäres Regime meist als »eine funktionierende Maschine, die Entscheidungen von oben nach unten weitergibt«[44], vorstellen mag, werden an der Spitze in Wirklichkeit Meinungsverschiedenheiten und ideologische Machtkämpfe ausgetragen. Entscheidend für ein totalitäres System ist – der Begriff sagt es schon – die Totalität des politischen Kontrollanspruchs über alle gesellschaftlichen Bereiche. Dazu gehören das Prinzip des Primats der Politik und der Herrschaft über das politische und soziale System durch »wahre Gläubige«. Im Iran sind das die Religionsgelehrten und Fundamentalisten:

»Wenn in einer Gesellschaft alle Mitglieder Moslems sind und in ihrem persönlichen Leben dem Islam gehorchen, während aber die gesellschaftlichen Beziehungen nicht von islamischen Gesetzen bestimmt werden, dann ist dies keine islamische Gesellschaft. Andererseits, wenn in einer Gesellschaft nicht alle Bürger Moslems sind... oder einige unter ihnen schlechte Moslems sind und sich in ihren persönlichen Verpflichtungen nicht dem Islam entsprechend verhalten, die Werte und Gesetze aber durch den Islam bestimmt sind, dann ist diese Gesellschaft islamisch.«[45]

In der Rolle der Einheitspartei liegt die größte Abweichung der Islamischen Republik von anderen totalitären Systemen. Von allen neubegründeten Träger-Institutionen des neuen Regimes hat sich die IRP als die unbedeutendste erwiesen. Die Rolle, die in totalitären Systemen sonst meist von der Partei gespielt wird, fällt im Iran den Religionsführern und der fundamentalistischen Ideologie zu. Im Hinblick auf den Ablauf der Staatsgeschäfte sind der direkte Einfluß der Religionsgelehrten und das Konzept des »Vilayat-e-Faqih« (Regierung der Islamischen Rechtsgelehrten) Garanten für die richtige Regierung:

Die Religionsgelehrten gelten als erprobte Führer der Revolution, datieren den Beginn der Revolution auf den 5. Juni 1963 (nach islamischer Zeitrechnung Khordad 15, 1342: Aufstand gegen den Schah). Die Revolution führte schließlich nach 16 Jahren zum Sieg. Die Fundamentalisten fordern, daß »die Führung immer den Religionsgelehrten gehören müsse«[46] und daß ihnen vorzugsweise, sofern sie qualifiziert sind, auch andere Positionen zuzuteilen seien. Außer in einigen Ausnahmen sollten weniger qualifizierte, aber in Verhalten und Ansichten »islamisch geprägte« Personen den Qualifizierteren vorgezogen werden[47] – wobei »islamisch« hier immer als »fundamentalistisch« zu verstehen ist. Die politische Rolle der Religionsgelehrten in dem neuen Regime ist im »Vilayat-e-Faqih« versinnbildlicht.

Seit dem Sturz des Schahs hat sich die Teilnahme der Religionsgelehrten an der direkten Machtausübung wesentlich verstärkt. Laut James Bill[48] hatte das erste Parlament

»213 Abgeordnete. Von 200 identifizierbaren Abgeordneten waren 43 Mullahs. Nach der Wahl vom 24. Juli 1981, bei der ein neuer Ministerpräsident und neue Abgeordnete (einige Abgeordnete waren dem Attentat vom 28. Juni 1981 zum Opfer gefallen) gewählt wurden, stieg die Zahl der Mullahs auf 55. 17 der 27 neugewählten Majlis-Abgeordneten waren Mullahs... Die Religionsgelehrten erhielten acht Vorstandssitze, und sieben Abgeordnete wurden stellvertretende Vorsitzende von den 23 Parlamentskomiteen.

Seit der Errichtung der Islamischen Republik haben Religionsgelehrte auch das Amt des Ministerpräsidenten innegehabt und halten viele Kabinettsposten besetzt. Auch auf die Sicherheitspolitik des Landes haben sie enormen Einfluß genommen. Hojjat al-Islam Ali Khamenei, ein Religionsgelehrter, wurde nach dem Attentat auf Radschai zum Ministerpräsidenten gewählt. Ali Akbar Haschemi-Rafsandschani, ein Religionsgelehrter, ist Parlamentssprecher, und ein anderer Religionsgelehrter, Ayatollah Mussawi Ardabili, ist Richter am Obersten Gerichtshof, so daß Religionsgelehrte führende Positionen in den wesentlichen staatlichen Bereichen einnehmen. Sechs Mitglieder des Rates der Wächter der Revolution sind Religionsgelehrte, die anderen sechs sind Juristen, die vom Obersten Gerichtshof ernannt und vom Parlament gebilligt wurden.«[49]

Ebenso ist Ayatollah Meschkini, der dem Obersten Gerichtshof vorsteht, ein bedeutender Religionsführer. An allen Schaltstellen sitzen somit Religionsführer. Auch auf lokaler Ebene üben Religionsführer erhebliche Macht aus. Die örtlichen Religionsgelehrten sind sehr einflußreich. Sie treffen sich regelmäßig mit Regierungsbeamten und überprüfen die Aktivitäten des Staatsapparates. In Städten, Dörfern, Gemeinden und Stämmen wurden islamische Räte zur Unterstützung der Massenmobilisierung und der Regierungskontrolle gebildet. Jeder Hochschule und Universität ist ein Religionsgelehrter zugeteilt, der die Kontrolle über die kulturellen Aktivitäten dieser Institution ausübt.[50]

Wie auch in anderen totalitären Systemen bestehen innerhalb der Führungsschicht unterschiedliche Anschauungen über die Durchführung der Politik. Im Iran betreffen die Kontroversen besonders die Frage des Privateigentums, die Rolle des Staates gegenüber der Wirtschaft und einige außenpolitische Aspekte, insbesondere die Unterstützung radikaler Gruppen im Ausland. Die Klärung dieser unterschiedlichen Ansichten der Elite verschlingt eine Menge von

Energien und Zeit. Es wird allgemein erwartet, daß diese Konflikte nach dem Tod Khomeinis erst wirklich zur Entfaltung kommen werden.

5. Die Rolle des Führers

Die Rolle eines unangefochtenen Führers mit großem Persönlichkeitskult gilt allgemein als typisches Merkmal totalitärer Systeme. Das ist zwar nicht eine notwendige Bedingung, aber die Existenz einer solchen Führungsfigur scheint vor allem während der Konsolidierungsphase sehr wichtig. Insbesondere trifft dies für den Iran – in der Gestalt von Khomeini – zu. Er war der wichtigste Pfeiler des Regimes, dem er angesichts der extremen personellen und politischen Unausgewogenheit Legitimität und Kontinuität verlieh. Selbst religiöse Führer, die mit Khomeinis Kurs nicht einverstanden sind, scheinen mitunter gewillt, ihre Unzufriedenheit zu unterdrücken, um seine Integrationsfunktion in einer Gesellschaft, die sich ohnehin im Aufruhr befindet, zu bewahren. Khomeinis Gefolge hat ihn als den allmächtigen, weisen und unersetzlichen Führer der Nation präsentiert. Noch immer ist sein Name der Katalysator für nationalistische Gefühlsausbrüche, sein Symbolwert ist ungebrochen, und seine Autoritätsposition jenseits von Fraktionen, Interessen und Tagespolitik ist unantastbar. Er schuldet niemandem Rechenschaft für seine Entscheidungen. Wie die Führer in anderen totalitären Regimen während der Konsolidierungsphase verfügt auch Khomeini über uneingeschränkte Macht. Obwohl er den einzelnen Fraktionen erlaubt, in Fragen wie dem Krieg gegen den Irak ihre Ansichten zu äußern, so gelten dennoch nur seine Entscheidungen, die von der Partei nie ernsthaft angefochten wurden. Seine Anordnungen werden nicht in Frage gestellt, und er läßt es zu, daß der Kult um seine Persönlichkeit weiter vorangetrieben wird. Er besitzt die Aura des Gründers der Republik und des Führers der »Revolution«.[51] Dennoch hat Khomeini schon oft die Entstehung heftiger Auseinandersetzungen unter seinen Mitarbeitern zugelassen. Der Grund mag in seiner eigenen schlechten gesundheitlichen Verfassung liegen, die ihm nur eine gelegentliche Einmischung erlaubt. Wahrscheinlicher aber ist, daß er dies absichtlich tut, um das Gleichgewicht unter den Fraktionen zu bewahren. Er erlaubt bei einigen zentralen Fragen die Herausbildung klarer Positionen, verhindert aber durch zeitgerechtes Eingreifen eine allzu gefährliche Zuspitzung des Konflikts.

Im Vergleich zu anderen totalitären Regimen war die Beziehung zwischen Führer und Partei zwar stark, aber insgesamt weniger genormt. Obwohl mit seiner Unterstützung entstanden, war Khomeini nicht ihr Generalsekretär. Es gibt keinen Beweis, daß er bei Parteitreffen anwesend war; statt dessen suchten ihn Parteiführer auf, um Bericht zu erstatten und seinen Rat einzuholen. Der Grund dafür, daß keine offensichtliche Beziehung zwischen Khomeini und der IRP bestand, mag in der Auslegung der Rolle des »Faqih« liegen. Gemäß der iranischen Verfassung werden in Abwesenheit des »Verborgenen Imam« alle Rechte und die Autorität des »Imamat« an den »Faqih« übertragen. Der Vorgang, nach dem der »Faqih« gewählt wird, ist keine reine Parteiangelegenheit. Er wird entweder vom Volk als »Faqih« anerkannt, wie es im Fall von Khomeini angenommen wurde, oder eine »öffentlich bestimmte« Gruppe von Experten wählt entweder einen einzelnen Führer oder eine kollektive Führungsmacht. Somit regiert, wenigstens formell, der Führer durch die Autorität des »Verborgenen Imam« und nicht durch die Partei. Er hält dadurch in den Augen der Öffentlichkeit Distanz zur Partei, obwohl klar ist, daß er sie befürwortet.

Diese Distanz zwischen Khomeini und der Partei hat maßgeblich dazu beigetragen, daß sie sich niemals weiterentwickelte und nicht zu einer relevanten Einrichtung der Islamischen Republik wurde. Ihre Auflösung ist daher politisch nur konsequent.

6. Die Anwendung von Gewalt

Massive und willkürliche Gewaltanwendung ist keine unabdingbare, aber doch ein typisches Charakteristikum totalitäter Regime. Ihr Auftreten ist vor allem während der Konsolidierungsphase häufig. Der Grad der Gewaltanwendung ist von Land zu Land verschieden. Im »Dritten Reich« und in der stalinistischen Sowjetunion wurde der massive Terror eingesetzt. Mao hat 1967 berichtet, daß in China in den ersten fünf Jahren der kommunistischen Herrschaft mehr als 800 000 »Feinde des Volkes« ums Leben kamen. Andere nennen sogar Zahlen zwischen ein und drei Millionen. Im faschistischen Italien dagegen war die staatliche Gewaltausübung vergleichsweise gemäßigter.[52]

Die fundamentalistische Herrschaft im Iran zeichnet sich durch einen sehr hohen Grad an Gewaltausübung aus. Da die Führung ihre Regierung als »Gottes Regierung« betrachtet, die obendrein mit »göttlicher Gerechtigkeit« versehen ist, müssen keine Rücksichten genommen werden gegenüber denjenigen, die »Krieg gegen Gott« führen und »Korruption auf Erden verbreiten«.[53] Wer Widerstand gegen das System leistet, wobei mitunter schon relativ geringfügige Anzeichen des inneren Widerstandes genügen, riskiert die Hinrichtung, und selbst Personen, die das System unterstützt haben, sind nicht immer ihres Lebens sicher. Der Staat erzeugt bewußt und offiziell eine Atmosphäre der Angst und Denunziation. Studenten werden aufgerufen, ihre Lehrer zu bespitzeln, Kinder sollen über ihre Eltern berichten. Viele Tausende sind in Straßenschlachten umgekommen oder von Erschießungskommandos hingerichtet worden. Anklageerhebung und Verurteilung erfolgen im Falle von Hinrichtungen mitunter ohne Gerichtsverfahren oder nach Schauprozessen, bei denen das Urteil von vornherein feststeht. Die radikalen islamischen Modernisten, der Mudschaheddin-i-Khalgh, sind dabei das Hauptziel für Ausschreitungen des Regimes, aber auch andere Gruppen wie die Peykar oder die Aqaliat-Fraktion der Fedajin-i-Khalgh und ethnische Nationalisten werden attackiert. Dies gilt ebenso für Personen, die durch soziale und sexuelle Abweichungen oder bloß durch ihren Lebensstil eine Infragestellung der fundamentalistischen Überzeugungen verkörpern.

Khomeini kritisierte im Dezember 1982 die Gerichte und Komitees wegen ihrer übermäßigen Inhaftierungen und Hinrichtungen sowie ihrer übertriebenen Kontrolle des Privatlebens.

Das bringt aber eher sein ständiges Bestreben zum Ausdruck, den glatten Verlauf der Vervollkommnung fundamentalistischer Herrschaft zu gewährleisten als einen gemäßigten oder humanitären Impuls. Denn zu anderen Zeiten war es Khomeini, der auf eine härtere Linie gegenüber Regimegegnern drängte. Wenn man Khomeinis Präferenzen überhaupt klar erkennen kann, dann gehen sie tendenziell eher in Richtung größerer Radikalität. Es scheint ihm nur wichtig zu sein, jeweils den Zeitpunkt richtig abzuschätzen. Seine gelegentlichen, scheinbar moderaten Interventionen – z. B. gegen den extremen Terror oder gegen die Verfolgung nichtfundamentalistisch gekleideter Frauen – gaben den Gemäßigten immer wieder die Hoffnung, in ihm einen mächtigen und wohlwollenden Befürworter zu haben. Dies bremste immer wieder den Widerstand – viele verließen sich darauf, daß Khomeini es »nicht so weit kommen lassen« würde. Langfristig gesehen ist er aber eindeutig die treibende Kraft hinter den Radikalisierungen: Er bestimmt die Taktik.

Die Anwendung von Gewalt wird mit dem Wunsch nach »Einigkeit« gerechtfertigt. Hinsichtlich des politischen Systems ist die Neigung, die Macht zu monopolisieren, evident. Obwohl die iranische Verfassung die Gründung von politischen Parteien »als natürliches Recht des Volkes«[54] bezeichnet und feststellte, daß »die islamische Gesellschaft kein Ein-Parteiensystem sei«[55], entsprach dies – auch vor der Auflösung der IRP – nicht den tatsächlichen Verhältnissen.

Die Fundamentalisten unterschieden zwischen drei Arten von politischen Organisationen: islamischen, nicht-islamischen und anti-islamischen.[56]

Islamische Parteien sollten in der Islamischen Republik vollkommene Freiheit genießen. Parteien, die nicht-islamisch sind, d.h. solche, »die keine islamischen Strukturen aufweisen, aber dem Islam nicht schaden«, sind ebenfalls zu erlauben. Parteien aber, die anti-islamisch sind und »Unstimmigkeiten verursachen«, müssen von der Regierung »überprüft« werden. Nicht-islamische Parteien werden darüber hinaus unterteilt in jene »mit (vom Ausland) abhängiger Zielsetzung«, wie Liberale, Kapitalisten oder Marxisten, und in solche, die »irrtümlicherweise« den Islam mit »irgendeinem -ismus, der dem Islam fremd ist, verwechseln«.[57] Ihr Verhalten entscheidet, ob man sie auch als anti-islamisch einstufen muß, was eine »entsprechende Behandlung« nach sich zieht. Bisher richtete sich diese »Behandlung« im wesentlichen gegen die Mudschaheddin und die Tudeh-Partei. Die hierin gebildeten Bewertungskategorien sind vor allem dort von Relevanz, wo iranische oder pro-iranische Gruppen versuchen, in die politische Entwicklung anderer islamischer Staaten einzugreifen. Der Pragmatik ihrer Vorgehensweise, die auch Kooperation mit sehr andersartigen Parteien und sogar mit der Linken erlaubt, steht eine grundlegende Bewertungsstruktur gegenüber – die Bündnisse sind rein taktisch, und wenn es möglich ist, werden die nicht-islamischen Partner verfolgt und eliminiert.

Die fundamentalistische Regierung hat etliche Institutionen zur Ausübung von Gewalt geschaffen. Den Pasdaran kommt ein besonders zentraler Stellenwert zu. Sie sind durch die Verfassung als ständige Institution der Islamischen Republik etabliert. Ein eigenes Ministerium wurde für sie gegründet. Die Pasdaran haben die Aufgabe, eine starke Bürgerwehr zu organisieren, und theoretisch sollten alle Männer und Frauen, die fähig sind, Waffen zu tragen, mindestens eine Woche Militärschulung absolvieren.[58] Ihre Zahl wuchs von 30000 im Jahre 1980 auf mehr als 200000 Ende 1982. Ideologische Übereinstimmung (»Glauben an den Islam und Ehrfurcht«) ist die erste Voraussetzung für Bewerber. Die Pasdaran verfügen über eigene schwere Waffen, Panzer inbegriffen, die bereits im Inland gegen Demonstranten und Oppositionelle sowie gegen ausländische Gegner eingesetzt wurden. Sie haben von allen neuen Institutionen der Islamischen Republik den größten Bedeutungszuwachs erlebt und verfügen mittlerweile über ein Heer, eine Marine und eine Luftwaffe. Ihr Einfluß erstreckt sich auf alle gesellschaftlichen Bereiche. Die Revolutionsgardisten haben eine Spionageabteilung, die einheimische Regimegegner beobachtet und deren Verhaftung veranlaßt, z.B. die der kommunistischen Tudeh-Führer. Sie beteiligen sich am Krieg gegen den Irak, wo sie Selbstmordkommandos vorbereiteten. Sie bilden auch Ausländer als Terroristen aus, um »die iranische Revolution zu exportieren«. An ihrer Expansion kann man das Mißtrauen des Regimes gegenüber dem regulären Heer erkennen.

Den Pasdaran wird in der Machtkrise nach Khomeinis Ableben eine zentrale Rolle zukommen. Die verschiedenen Anwärter auf die Nachfolge bemühen sich um die Gunst der Pasdaran, und die zwei führenden Figuren dieser Institution – Minister Mohsen Rafiq Dost und Oberbefehlshaber Mohsen Rezai – sind einflußreiche Persönlichkeiten.

Neben diesen neuen Organisationen hat das Regime auch noch Teile des Sicherheitsapparates des Schahs beibehalten: die Armee (in reduzierter Form), die Polizei und die Gendarmerie.[59]

Schätzungen über die Zahlen der durch Terror des Regimes ums Leben gekommenen Personen variieren stark. »Amnesty International« geht davon aus, daß bis Juli 1982 ca. 4400 Hinrichtungen stattgefunden haben. Die Mudschaheddin haben für denselben Zeitraum 15000 Exekutionen angegeben.[60] Sie berichten von 40000 politischen Häftlingen. Politische Gewalttaten dauern weiterhin an. Auch die fundamentalistische Führung selbst war vielen gewalttätigen Angriffen ihrer Opponenten ausgesetzt. Nach der Amtsenthebung Bani-Sadrs im Juni 1981, als zwischen dem Regime und den Mudschaheddin de facto Kriegszustand herrschte, wurden 74 Mitglieder der regierenden Elite in einem Bombenangriff getötet. Darunter befanden sich der IRP-Führer Ayatollah Beheschti, vier Kabinettsmitglieder, sechs Vizeminister und 27 Parlamentsangehörige.

Das Regime hat vielen innen- und außenpolitischen Herausforderungen standgehalten und starke Institutionen geschaffen. Khomeini scheint zu glauben, daß diese Phase nun zu Ende sei. Bereits im März 1982 hat er erklärt: »Wir sollten nicht länger sagen, daß wir uns in einer revolutionären Situation befinden.«[61] Es gibt jedoch Gründe, daran zu zweifeln, daß eine totale Stabilisierung der politischen Lage erreicht ist. Obwohl der Widerstand gegen das Regime geringer geworden ist, darf er nicht gänzlich negiert werden. Die Fähigkeit und Bereitschaft der Regierung, weiterhin Gewalt anzuwenden, und die Bereitschaft des Volkes, dies hinzunehmen, sind die Voraussetzungen für den Machterhalt dieses Regimes. Ob die Fundamentalisten sich endgültig konsolidieren können, wird davon abhängen, ob sie Legitimität erzielen und aufrechterhalten können. Dies wird wiederum nur möglich sein, wenn sie die grundlegenden Probleme des Landes werden lösen können. In diesem Zusammenhang wird es unabdingbar sein, die modernistischen Experten zu integrieren oder eine fundamentalistisch gesinnte Elite herauszubilden, wobei die Präferenz des Regimes deutlich in die zweite Richtung geht. Längerfristig muß auch ein Weg gefunden werden, dic Konflikte unter den Interessensgruppen anders als durch permanente Ausnahmezustände zu handhaben, die Opposition zu neutralisieren und die Unterstützung der breiten Masse zu festigen.

7. Die Wirtschaftspolitik

Der Wirtschaftslage bzw. dem Lebensstandard mißt die Islamische Republik offiziell keinen hohen Stellenwert bei. Khomeini scheint mit Lenin im Hinblick auf den Primat der Politik gegenüber der Ökonomie übereinzustimmen. Zwischen den Fundamentalisten, besonders den radikaleren, und ihren schärfsten Kritikern, den Modernisten, bestand paradoxerweise zu Beginn Einstimmigkeit hinsichtlich etlicher wirtschaftlicher Prinzipien. Dazu gehören das Ziel der nationalen Autonomie[62] auf der Grundlage von Dissoziation, die Forcierung der landwirtschaftlichen Entwicklung, die

Dezentralisierung und die Konzentration auf die Erfüllung von Subsistenzbedürfnissen.

Hinzu kommt bei den Fundamentalisten eine Philosophie der Sparsamkeit und Entsagung sowie die Aufrechterhaltung eines prolongierten Krisenzustands, der auch in der Wirtschaft einen Ausnahmezustand rechtfertigen soll.

Sowohl die Fundamentalisten als auch ihre Gegner, die Linken und die Modernisten, stellen in ihrer offiziellen Ideologie die Bedürfnisse der Gemeinschaft über die des einzelnen.[63] Das ist nicht weiter bemerkenswert, da dies bei vielen politischen Bewegungen in der Phase ihrer Radikalisierung üblich ist.

Die radikalen Fundamentalisten sowie auch einige ihrer Gegner behaupten, ihr Ziel sei die klassenlose Gesellschaft. Sie stellen sich als die Vertreter der Interessen der Arbeiter und der Unterdrückten dar. Es scheint so, als ob einige fundamentalistische Ideen aus dem Bereich der Ökonomie, wenn nicht inhaltlich, so zumindest in bezug auf die Terminologie, ein Vermächtnis ihrer kurzen Verbindung mit den radikalen Modernisten seien. Während er noch »in Gnaden« war, hielten sich Bani-Sadrs Reden ziemlich getreu an die Linie des orthodoxen »Dritte-Welt-Marxismus«, scheinbar ohne damit bei den Fundamentalisten auf Widerspruch zu stoßen. Selbst heute sagt er noch, daß Wirtschaftsfragen nie ein ernsthafter Konfliktpunkt zwischen ihm und den Fundamentalisten gewesen seien und daß Themen wie beispielsweise die Landreform nicht zur Bildung verschiedener Fraktionen geführt haben.[64] Uneinigkeit bestand vielmehr über die Art der Machtausübung.

In Wirtschaftsfragen setzten sich bei der Abfassung des IRP-Programmes die Radikalen durch, wodurch das Programm stark von der Sprache linker Entwicklungspläne beherrscht wurde. Zum Beispiel heißt es: »In der islamischen Revolution ist kein Platz für die Herrschaft des Kapitals, wie sie dem Kapitalismus zugrunde liegt.«[65] Privater Besitz wird anerkannt, ist aber an Bedingungen geknüpft, die unter dem Schlagwort »Verhinderung der Ausbeutung« zusammengefaßt werden. Dieses Ziel soll erreicht werden, indem die Arbeiter »für sich selbst arbeiten«, entweder auf der Basis von eigenem Kapital oder mit zinsfreien Krediten des Staates. Artikel 43 der iranischen Verfassung verpflichtet den Staat, die Bevölkerung mit den Notwendigkeiten des Lebens, wie Nahrung, Wohnung, Gesundheitsfürsorge, Schulbildung und »dem nötigen Minimum zur Gründung einer Familie« zu versorgen. Die Verfassung verspricht Wohnungen für alle, und die IRP meinte, das Land für Neubauten solle kostenlos zur Verfügung gestellt werden, und die Regierung solle zinsfreie Kredite für ihre Errichtung genehmigen. Die »Pahlawi-Stiftung« wurde durch die »Mustazafni-Stiftung« ersetzt.[66] Auch mehrere Organisationen wurden zum Zwecke der Hilfeleistung für die Armen gegründet. Der Staat soll die Vollbeschäftigung garantieren. Um wirtschaftliche Eigeninitiative anzukurbeln, sollen kleinen Gewerbetreibenden zinsfreie Kredite eingeräumt werden.

Das meiste hiervon ist jedoch Theorie geblieben. Starke Meinungsverschiedenheiten innerhalb der Führungsschicht haben verhindert, daß sich eine klare ökonomische Linie abzeichnen konnte. Strukturelle Veränderungen der Wirtschaft haben daher nicht stattgefunden. Zum Beispiel wurden keine konkreten Schritte unternommen zur Verwirklichung des deklarierten Ziels, die Klassenunterschiede zu reduzieren. Laut eigenen Statistiken verfügten die oberen 20% der Bevölkerung 1986 über 50% des Nationaleinkommens.[67]

Das Parlament hat Gesetze zur Nationalisierung des Außenhandels, der Banken und Versicherungsgesellschaften erlassen, ein Ziel, das den radikalen Modernisten sehr am Herzen lag. Der Rat der Revolutionswächter widersetzt sich aber einer Nationalisierung, obwohl sie vom IRP-Programm verlangt wird. Bei diesem Thema zeichnen sich Meinungsverschiedenheiten in der Partei ab[68], die sich später verschärfen können.

Landwirtschaft

In ihren Programmen und Reden weisen die fundamentalistischen Führer auf die Bedeutung der Landwirtschaft hin. Schon im Pariser Exil hat Khomeini dem Schah vorgeworfen, die Landwirtschaft zugrundegerichtet zu haben. Khomeini betonte, daß er die landwirtschaftliche »Gesundheit« des Iran wiederherstellen werde.[69] Das neue Regime rief auch einen »Heiligen Krieg« gegen landwirtschaftliche Rückständigkeit aus. Die Vereinigung »Jihadi Sazandegi« (Heiliger Krieg des nationalen Aufbaus) wurde auf Befehl Khomeinis im Jahre 1979 gegründet. Unter anderem richtet diese Organisation ihr Augenmerk auf landwirtschaftliche Fragen, Straßen- und Brunnenbau, Verteilung subventionierter Traktoren. Die landwirtschaftliche Entwicklung wird stark gehemmt durch die Unklarheit in der Frage des Grundbesitzes. Nach dem Sturz des Schahs fanden viele spontane Enteignungen von Grundbesitzern statt. In manchen Fällen wurden diese rückwirkend für gültig erklärt, aber in zahlreichen anderen Fällen entschied die Regierung zugunsten der Besitzer.[70]

Unter Bazargans Regierung wurde im September 1979 ein bescheidenes Landreformprogramm entwickelt. Aus Angst vor dem Ausbruch ernster Konflikte in den ländlichen Regionen verhinderte die Regierung weitere unerlaubte Enteignungen. Khomeini persönlich intervenierte zugunsten der Grundbesitzer.[71] Nach dem Zusammenbruch der Regierung Bazargan erließ der Revolutionsrat ein umfassenderes Landreformprogramm, das jedoch nie ungeteilte Zustimmung erhielt. Viele religiöse Führer, darunter Ayatollah Ghomi und Golpayegani, bekämpften dieses Gesetz.

Das IRP-Programm nimmt zur Landreform selbst keine Stellung[72], und zahlreiche Führungspersönlichkeiten unter den Fundamentalisten verfügen persönlich über beträchtlichen Landbesitz. Einige Religionsgelehrte, die unter dem Schah ihren Grundbesitz verloren hatten, haben ihn seither zurückgewonnen und oft wesentlich vergrößert. Das Reformprogramm hatte zunächst in ländlichen Regionen viel Unruhe hervorgerufen, oft wurden Ländereien enteignet und ohne Genehmigung neu verteilt. Einige dieser Enteignungen wurden widerrufen, und das Landreformgesetz vom April 1980 wurde bereits im September wieder aufgehoben. Gleichzeitig hat das Parlament ein neues Gesetz erlassen, das aber vom Rat der Revolutionswächter abgelehnt wurde. Seither ist es dem Parlament noch nicht gelungen, ein Kompromißgesetz zu entwickeln, dem der Rat der Revolutionswächter zustimmen würde.

Die Produktionsentwicklung im Landwirtschaftssektor nach der Machtübernahme der Mullahs ist unklar. Laut offiziellen Regierungsberichten hatte die landwirtschaftliche Produktion in dem Jahr nach dem Sturz des Schahs eine Steigerung von 327,3 Milliarden Rials im Jahr 1356 (iranische Zeitrechnung, März 1977 bis März 1978) auf 357,6 Milliarden in 1358 (März 1979 bis März 1980) zu verzeichnen. Regierungsdaten zeigen jedoch zugleich, daß in diesem Zeitraum weniger Grundnahrungsmittel angebaut wurden, was auf die allgemeine Verunsicherung im landwirtschaftlichen Sektor wie auch auf die Auswirkung des iranisch-irakischen Krieges zurückzuführen ist.[73]

Beamte in Landgemeinden haben sich gelegentlich gegen die Aktivitäten der »Jihadi Sazandegi« gewehrt, weil sie diese als Eindringlinge in ihre Angelegenheiten betrachten. Die »Jihadis« wiederum betonen ihre Unabhängigkeit gegenüber den bürokratischen Strukturen und erkennen die Autorität der Provinzführung nicht an. Sie genießen die volle Unterstützung der Regierung. Offizielle Berichte loben ihre »guten Dienste für die islamische Regierung«. Sie sollen 1979 und 1980 1934 Häuser, 1997 Schulen, 484 Moscheen, 1464 öffentliche Bäder und 80 Spitäler gebaut, 2000 Brunnen ausgehoben, über vier Millionen Bücher verteilt und mehr als 3000 Alphabetisierungskurse abgehalten haben.[74]

Ölexport und Industrie

Wie die Landwirtschaftspolitik ist auch die Industriepolitik auf Selbstversorgung und kleine Produktionseinheiten ausgerichtet. Von anfänglichen Vorhaben für kapitalintensive Industrieprojekte hat man wieder Abstand genommen, und viele unabgeschlossene Vorhaben aus der Schah-Zeit wurden fallengelassen oder zumindest in ihren Dimensionen reduziert.[75] Die IRP hat vorgeschlagen, dem Aufbau von Industriegebieten in ländlichen Regionen des Landes Vorrang zu gewähren, um die Landflucht zu stoppen. Die Durchführung dieses Ziels ist auf Schwierigkeiten gestoßen, und die ökonomische Situation des Landes verschlechtert sich. War die Landflucht eines der großen strukturellen Probleme unter dem Schah, so hat die neue Regierung hier wenig erreichen können: Seit der offiziellen Zählung 1976 ist die Einwohnerzahl Teherans von 4,5 Millionen auf über 6 Millionen gestiegen.

1981 war fast ein Drittel der Arbeitskräfte in den Städten arbeitslos, die Inflationsrate bewegte sich zwischen 30% und 100%, das Einkommen aus der Ölindustrie sank, viele wichtige Nahrungsmittel sind nach wie vor rationiert, und die Finanzlage des Landes verbesserte sich nicht. Verläßliche Zahlen sind nicht zu erhalten, aber keinesfalls kann von einschneidenden Veränderungen gesprochen werden. Der Krieg mit dem Irak spielt eine zwiespältige Rolle: Einerseits verschlingt er große Summen, andererseits ermöglicht er die Aufschiebung von wirtschaftlichen und sozialen Reformen, die ohne ihn in ihrer vollen Dringlichkeit unübersehbar wären. Trotz der häufig verkündeten Absicht, die Abhängigkeit vom Öleinkommen zu reduzieren, hat die iranische Regiehung hier keine Fortschritte machen können.

Damit folgt die Regierung demselben verhängnisvollen Kurs, den vor ihr schon der Schah beschritten hatte. 1976 befanden sich insgesamt ungefähr 600 Milliarden Rials im Umlauf; 1981 waren es schon fast 1700 Milliarden Rials. Dieser Geldzuwachs hat die Inflation stark angeheizt, die 1982 auf 100% geschätzt wurde.[76] Eine weitere Folge der Verminderung der Öleinnahmen bei gleichbleibend hohen Importen (8,4 Milliarden US-Dollar 1979, 12,5 Milliarden US-Dollar 1980 und 12,6 Milliarden US-Dollar 1981)[77] bestand in einer Abnahme der ausländischen Währungsreserven des Landes. Als der Schah das Land verließ, hatte der Iran mehr als 15 Milliarden US-Dollar-Reserven. Ende 1981 waren es dann weniger als 1 Milliarde US-Dollar. Neben dem verringerten Einkommen aus der Ölförderung brachte der Krieg mit dem Irak schwere Schäden für die Infrastruktur und die landwirtschaftliche Produktion des Landes. Tausende Hektar Land lagen fast brach, weil Landarbeiter zum Militärdienst einberufen wurden. Die Fundamentalisten schoben die Schuld für die ökonomischen Probleme des Landes einer »Verschwörung« im In- und Ausland zu und verkündeten weiterhin die Wichtigkeit der Selbsteinschränkung und der nationalen Opferbereitschaft. Tatsächlich haben die ökonomischen Schwierigkeiten zwei Hauptgründe: den Krieg mit dem Irak und das unveränderte Chaos im Land.

Es wird geschätzt, daß die Kriegskosten 1981 20% bis 30% der Regierungsausgaben betrugen.[78] Die ökonomische Lage verbesserte sich erst 1982 – dank eines erfolgreicheren Ölexportes – langsam. Iranischen Berichten zufolge betrug das Öleinkommen zwischen März 1982 und März 1983 23 Milliarden US-Dollar. Dem entspräche ein Export von durchschnittlich ca. 2,1 Millionen Fässer pro Tag.[79] Erreicht wurde dies zum größten Teil durch Irans energische Marketing-Politik, die auch auf der Gewährung von großzügigen Preisrabatten beruht. Man drängte die OPEC dazu, Irans Exportquote auf 2,4 Millionen Fässer zu erhöhen. Der Iran unterzeichnete eine Reihe von Handelsabkommen mit anderen Ländern – selbst solchen, die als feindlich betrachtet wurden –, um den Bedarf des Landes an Nahrungsmitteln bis hin zu industriellen Gütern zu decken und damit die Masse der Bevölkerung durch bessere Lebensmittelversorgung zu beruhigen.

Es gibt auch Anzeichen einer vorerst nur zögernden Abkehr von der ursprünglichen Politik der Förderung kapitalintensiver Vorhaben. Die Regierung zeigt sich z. B. interessiert an der Wiederbelebung von Projekten, die vom Schah initiiert worden waren: Dies betrifft u. a. einen großen petrochemischen Komplex sowie den Bau von Kernkraftwerken. Die Regierung ist bemüht, die Mittelschicht nicht durch radikale Umstellungen bezüglich des Privatbesitzes und Profits zu verärgern, obwohl es grundlegende Auseinandersetzungen innerhalb der Führungsschicht zu diesen Themen gibt und einzelne Fraktionen immer wieder nach Enteignungen drängen. Die größte Veränderung betraf aber die Verteilung bestimmter Produkte. Selbst in der Phase größerer wirtschaftlicher Schwierigkeiten war das Regime bemüht, zumindest den Grundbedarf der Bevölkerung zu decken. Man hat versucht, die Waren vorrangig der Unterschicht zukommen zu lassen.[80] Die Regierung teilte Lebensmittel und andere Versorgungsgüter zu subventionierten Preisen über islamische Kooperativen und Moscheen aus, in der Hoffnung, auf diese Weise die religiösen Institutionen als Zentrum der Islamischen Republik zu erhalten.[81]

Teherans künftige ökonomische Aufgaben hängen von verschiedenen Faktoren ab. Das Einkommen aus der Ölindustrie ist ein Hauptfaktor. Wesentliche Verminderungen der Ölproduktion oder sinkende Ölpreise würden sich negativ auswirken. Ebenfalls von großer Bedeutung ist die Verfügbarkeit über technische und Planungs-Experten. Nach dem Sturz des Schahs haben Tausende qualifizierte Kräfte das Land verlassen. Die Schließung der Universitäten und 122 Höherer Lehranstalten, an denen 400 000 Studenten eingeschrieben waren, hat einen Verlust an erfahrenem Personal bewirkt und die Zahl der Experten drastisch reduziert. Die Universitäten sind zwar wieder geöffnet, und das Regime bemüht sich, emigrierte Techniker zur Rückkehr zu bewegen. Inwieweit diese Bestrebungen Erfolg haben, ist nicht ersichtlich. Ständig wird von Auseinandersetzungen zwischen Technokraten und religiösen Führern berichtet. Man ist sich noch nicht einmal in der Frage einig, welchen Stellenwert ökonomische Angelegenheiten erhalten sollen. Klar ist nur, daß langfristig »der Preis von Melonen« doch von Bedeutung ist. Eine Verschärfung der ökonomischen Probleme würde die Verwundbarkeit der Regierung nur steigern.

8. Die Minderheiten

Iran ist eine ethnisch gemischte Gesellschaft. Obwohl genaue Daten über die Zusammensetzung der Bevölkerung nicht bekannt sind, hat eine Schätzung des Deutschen Orient-Instituts ergeben, daß die iranischen Minderheiten (ethnisch und religiös) bis zu 53% der Bevölkerung ausmachen.[82] Wie in anderen ethnisch gemischten Gesellschaften stellten die Gebiete der Minderheiten in der Vergangenheit eine Hauptbarriere gegen die Ausdehnung der Zentralmacht dar. Die Modernisierungstheorie behandelt im allgemeinen die Existenz verschiedener Ethnien als Problem, das im Laufe der Modernisierung gelöst werden muß. Man erwartet, daß die Loyalität zur eigenen Ethnie abgelöst wird durch die Loyalität zum Nationalstaat, der zum Zentrum der politischen Identität werden soll. Tatsächlich geschieht sehr häufig das Gegenteil.[83] Das Klima des Nationalismus, des sozialen Wandels und der Konfrontation hat nicht nur das Aufkommen nationalistischer und sogar supra-nationaler Bewegungen gefördert, sondern auch umgekehrt den Partikularismus, das ethnische Bewußtsein und Selbständigkeitsbestrebungen gestärkt.

Vielen Ländern und auch dem Iran droht die Gefahr interner Unruhen durch die Politisierung ethnischer Gruppen. Diese Tendenzen verleiten einige Theoretiker zum anderen Extrem: Sie prognostizieren die Auflösung ethnisch gemischter Staaten unter dem Druck des ethnischen Nationalismus.[84] Obwohl dieser die vielen administrativen und politischen Probleme des Iran noch zusätzlich verschärft, ist eine Balkanisierung des Landes oder der Zusammenbruch des Zentrums ohne massive Intervention einer Fremdmacht mehr als unwahrscheinlich.[85]

Wie ihre Vorgänger, die Pahlawis, bekämpfen auch die Fundamentalisten den ethnischen Nationalismus. Loyalität zum Islam ist allen anderen Loyalitäten überzuordnen. Im Namen der islamischen Solidarität sollen sich auch die ethnischen Minderheiten dem Staat zugehörig fühlen. Die Situation der religiösen Minderheiten hat sich seit der Machtübernahme der Mullahs sehr verschlechtert, besonders die der Bahais, die nicht als religiöse Gruppe anerkannt werden. Khomeini entschied, daß »die Bahais keine Sekte, sondern eine Partei sind; ehemals von England und nun von Amerika unterstützt. Außerdem sind die Bahais Spione, genau wie die Tudeh.«[86] Als Feinde des Islams ist ihre Verfolgung somit moralisch gerechtfertigt. Auch die ethnischen Minderheiten gelten als Gefahr für die Einheit der Muslims, die somit anfällig für die Einmischung von Fremdmächten werden.[87]

Die iranische Verfassung gestattet jedoch ein gewisses Maß an religiöser Selbstverwaltung. Die Fundamentalisten haben auch zugesagt, daß sie ethnische Sprachen und Sitten anerkennen würden und es Minderheiten gestattet sei, ihre eigene Literatur und Kultur zu pflegen. Ethnische Gruppen sollen Anerkennung und Schutz genießen und nicht als anti-islamisch diskriminiert werden.

Die Beziehungen zwischen der Zentralregierung und den ethnischen Minderheiten sind in der Realität jedoch äußerst problematisch. In der Zeit des Chaos nach dem Sturz des Schahs sowie in den zahlreichen Konflikten innerhalb der regierenden Gruppen witterten die ethnischen Nationalisten eine Chance, eigene Wünsche – und besonders das Ziel einer größeren Autonomie – durchzusetzen. Die aktivste Minderheit sind die Kurden, deren verschiedene politische Parteien und Organisationen sich jedoch gegenseitig bekämpfen.

Die 1945 gegründete Demokratische Partei Kurdistans (DPK) fordert die Autonomie für die Kurden im Rahmen eines iranischen Nationalstaates, verbunden mit dem Sturz des Khomeini-Regimes – eine Politik, die zu Beginn auch von den Mudschaheddin unterstützt worden ist. Befürwortet wurde diese Forderung auch von Scheich Ezzedin Hosseini, einem parteiunabhängigen regionalen Führer.[88]

Daneben bestehen unter den Kurden aber auch Vorstellungen über eine Unterstützung Khomeinis und der Zentralmacht. Man versuchte, einen Kompromiß zwischen der DPK und der Regierung herzustellen. Nach dem Sturz des Schahs wurden »Revolutionskomitees« gebildet, die für die Unterstützung des neuen Regimes warben. In ihnen arbeiteten sogar Angehörige der DPK mit, die sich im Juni 1980 aber von der Partei trennten.[89]

Die marxistisch-leninistischen Komala hingegen lehnen jeden Kompromiß mit dem Khomeini-Regime ab, da sie dessen Ideen als für den Fortschritt hinderlich ansehen. Sie beschuldigen die DPK, zu lasch mit dem Khomeini-Regime umzugehen und mit der Sowjetunion zu sympathisieren. Die Politik der fundamentalistischen Regierung gegenüber den Kurden schwankte zwischen Verfolgung und gelegentlichen Kompromissen. Dieses Vorgehen hat die DPK letztlich geschwächt und zu einer radikale Position veranlaßt.

Unmittelbar nach dem Sturz des Schahs nahmen die Kurden, mit allen möglichen Waffen und sogar mit Panzern ausgerüstet, einige Städte der Region ein. Zunächst versuchte die Regierung, die Kurden zu beschwichtigen. Um ihren Autonomieforderungen entgegenzukommen, ernannte die Regierung erstmals in der jüngsten iranischen Geschichte einen Kurden, Ibrahim Yunesi[90], zum Generalgouverneur der Provinz. Trotzdem hielten die Kämpfe zwischen den Pesh Merga (kurdische Partisanen/Freischärler mit Verbindungen zur DPK) und den Revolutionsgardisten an. Schließlich mußte Yunesi zurücktreten, wobei er der Zentralregierung die Schuld an der Fortdauer des Krisenzustandes gab.

Das ursprüngliche Entgegenkommen der Teheraner Regierung verwandelte sich in eine rigorose Niederschlagung der kurdischen Bestrebungen. Die DPK wurde im August 1979 verboten, und ihr Führer Abdul Rahman Ghassemlu verlor seinen Sitz im 73 Mitglieder umfassenden Expertenrat. Khomeini rief die kurdischen Rebellen auf, die Waffen niederzulegen. Die Zentralregierung versprach denen, die sich freiwillig ergaben, Straffreiheit.

Viele Kurden boykottierten den Volksentscheid vom März 1979 über die neue iranische Verfassung, obwohl Khomeini es zur religiösen Pflicht erklärt hatte, für das Dokument zu stimmen. Nach der Besetzung der amerikanischen Botschaft im November 1979 verbesserte sich die Lage in Kurdistan. Die DPK erklärte ihre Bereitschaft, »Khomeinis Kampf gegen den Imperialismus« zu unterstützen. Es wurde über einen Kompromiß zwischen den beiden Seiten berichtet, der auf der Wiederzulassung der DPK und dem Abzug der Pasdaran aus kurdischen Gebieten beruhen sollte.[91] Aber die Annäherung war nicht von langer Dauer. Die Konflikte in Kurdistan dauern immer noch an. Die Frage der regionalen Autonomie scheint starke politische Differenzen innerhalb der Regierung ausgelöst zu haben. Die DPK hat das erkannt und sucht den Anschluß an andere Khomeini-Gegner.

Auch für die anderen ethnischen Bewegungen ist die heterogene Zusammensetzung charakteristisch. Die Umstände ihrer Herausbildung, die sozio-ökonomischen Bedingungen und die Schwäche der Zentralmacht haben Bewegungen entstehen lassen, die ideologisch fast nichts verbindet, außer dem Wunsch nach Eigenständigkeit. Auch dieses Bestreben kann sich auf sehr verschiedene

Weisen äußern. In der Provinz Balutschistan-Sistan z. B. bildeten sich Gruppen, denen der sich anbahnende Sturz des Schahs eine Chance zu versprechen schien. Eine der wichtigsten Organisationen war die Moslemische Einheitspartei (»Etehadol Moslemin«). Sie unterstützte das neue Regime in Teheran, lehnte eine Unabhängigkeit Balutschistans ab, forderte aber eine viertelparitätische Beteiligung von Balutschen in der Lokalverwaltung. Diese Partei befürwortete aber auch den Schulunterricht in der Sprache der Balutschen und den Schutz ihrer Rechte als Sunniten im schiitischen Iran. Der Führer der Moslemischen Einheitspartei, Maulawi Abdol Aziz, war Mitglied der Expertenversammlung, die die neue Verfassung entwarf – ein Versuch der Regierung, durch symbolische Gesten die Minderheiten zu beschwichtigen. Als die Islamische Verfassung den Schiismus zur Staatsreligion (Artikel 13) erklärte und Persisch zur einzigen Schulsprache machte, fanden in Balutschistan Demonstrationen, Boykotts und Zusammenstöße mit Regierungskräften statt. Khomeini schickte einen Abgesandten, Ibrahim Yazdi, nach Balutschistan, der sich die regionalen Forderungen anhören und die ökonomischen Probleme der Gegend erkunden sollte. Stammesführer der Balutschen verlangten einen der ihren als Generalgouverneur für ihre Region.[92] Später stimmte die Regierung zu, den Sunniten mehr Rechte einzuräumen, und erlaubte die Etablierung einer eigenen Gerichtsbarkeit. Daraufhin gab die Moslemische Einheitspartei ihren Widerstand auf.

Andere Gruppen aber waren mit derartigen Kompromissen nicht zufrieden. Einige Stammeshäuptlinge sind nach wie vor Monarchisten und pro-westlich orientiert. Die iranische Presse teilte mit, daß Wahllokale während der Volksabstimmung über die neue Verfassung angegriffen wurden, wobei die Demonstranten die Parole »Lang lebe der Schah« riefen.[93] Einige Gruppen, vor allem die Linken, haben ihre Aktivitäten noch verstärkt. Es handelt sich hierbei um die Mudschaheddin, Fedajin, Tudeh-Partei und Peykar. Zudem existieren Nationalistenorganisationen: die Balutschistanische Befreiungsfront und die Balutschistanische Freiwilligenbewegung.

Mit dem Sturz des Schahs flammte die Feindschaft zwischen den Azerbaitschanen, der größten Minderheitengruppe im Iran, und der Zentralregierung wieder auf. Diese Region grenzt an die Sowjetunion. Zwischen 1907 und 1908 stand das Gebiet unter russischem Einfluß, beruhend auf einem im Jahre 1907 geschlossenen Abkommen zwischen Großbritannien und dem zaristischen Rußland, das den Iran in zwei Teile spaltete. Azerbaitschan fiel abermals der Sowjetunion zu, als die UdSSR 1942 das Land besetzte. Nach Ende des Zweiten Weltkrieges verzögerten die Sowjets den Abzug aus diesem Gebiet. Ende 1945 wurde schließlich die von der Sowjetunion unterstützte »Autonome Republik Azerbaitschan« gegründet. Als sie 1946 ihr Militär abzogen, brach die Republik Azerbaitschan schnell zusammen.

Die Azerbaitschanen waren verhältnismäßig stark im iranischen Militär- und Staatsapparat vertreten. Sie waren ein wesentlicher Bestandteil der ökonomischen Elite, eine große Anzahl lebt in den Städten. Sie sprechen Türkisch und sind wie die meisten Iraner Schiiten.[94] Viele von ihnen waren in der Verfassungsbewegung aktiv, haben Mossadegh unterstützt und gegen die Monarchie gekämpft. Die Schah-Regierung hatte den Gebrauch der Azeri-Sprache in Wissenschaft und Medien verboten. Wie die Kurden und die Balutschen kämpfen auch sie für mehr Autonomie.

Die wichtigste politische Partei in dieser Region ist seit dem Sturz des Schahs die Moslemische Republikanische Volkspartei (MRVP) unter Vorsitz von Abdolhassan Rostamkhani. Sie unterstützte Ayatollah Schariat-Madaris Widerstand gegen das fundamentalistische Regierungskonzept des »Faqih«. Nach dem Boykott des Volksentscheids über die Verfassung griffen die Pasdaran das Haus Schariat-Madaris an, was wiederum zu massiven Demonstrationen gegen die Regierung führte. Die Regierung entsandte eine Delegation, die erkunden sollte, wie man die Situation entschärfen könnte, aber die Abordnung war wenig erfolgreich. Etliche Zusammenstöße zwischen den Pasdaran und MRVP-Anhängern waren die Folge. Am 11. Januar 1980 wurde das MRVP-Hauptquartier überfallen, vier Parteimitglieder wurden getötet, elf weitere hingerichtet. Wenig später wurde Personal der Luftwaffenstation in Täbris verhaftet und beschuldigt, einen Staatsstreich geplant und MRVP-Mitgliedern Waffen besorgt zu haben. Vier Offiziere wurden hingerichtet. Unter dem Druck aus Teheran zog Schariat-Madari seine Unterstützung für die MRVP zurück. Die Partei löste sich auf. Schariat-Madari hielt sich 1980 und 1981 im Hintergrund. Später tauchte er wieder auf, aber seit sein Name mit Sadegh Ghotbzadeh in Zusammenhang gebracht wurde, der angeblich ein Komplott gegen die Regierung geplant hatte, lebte er bis zu seinem Tod 1986 praktisch unter Hausarrest. Es ist ein Zeichen für den starken Zusammenhalt unter den Religionsgelehrten und vielleicht auch ein Zeichen der Bedeutsamkeit Schariat-Madaris, daß er nicht wie Ghotbzadeh verhaftet und hingerichtet wurde.

In der gegenwärtigen Führung sind die Azerbaitschanen gut vertreten. Nach dem Bruch mit Schariat-Madari übernahm ein Azerbaitschane namens Ayatollah Assatollah Madani, der Khomeini nahesteht, die Kontrolle über die Provinz.

Andere ethnische Gruppen, die seit Khomeinis Machtübernahme in Opposition zur Regierung stehen, sind die Kaschkais und die Turkmenen. Im Gegensatz jedoch zu den anderen Minderheiten streben die Kaschkais nicht nach mehr Autonomie, sondern nach stärkerem Einfluß auf die Politik Teherans. Gleichzeitig haben sie versucht, Verbindung zu Khomeini-feindlichen Gruppen herzustellen, besonders zu solchen mit monarchistischen Tendenzen. Die Turkmenen hingegen sind stärker linksorientiert.

Die Frage der Minderheiten wird aller Voraussicht nach weiterhin eine Quelle der Schwächung und eine Bedrohung der Legitimität des Staates sein. Die Nationalisten werden sicherlich weiterhin ihre militanten Aktivitäten fortsetzen. Autonomie wird ihr oberstes Ziel bleiben, manche werden sogar die totale Unabhängigkeit anstreben. Irans politisches Regime wird sich vor die schwierige Aufgabe gestellt sehen, eine bessere Taktik gegenüber den Volksgruppen entwickeln zu müssen. Eine schwache, aber interventionsfreudige Regierung wird die Instabilität der Beziehungen zwischen Zentrum und Peripherie nur vergrößern.

9. Der Widerstand gegen das Mullah-Regime

Ob ein Regime Krisen und Herausforderungen bewältigen kann, liegt nicht nur allein an seinen eigenen Fähigkeiten, sondern auch an der Stärke und der Taktik der Opposition. Je stärker die Opposition und je größer die Bereitschaft, verschiedene Taktiken anzuwenden, einschließlich der direkten Konfrontation mit dem herrschenden Regime, desto größer wird die politische Instabilität des Landes sein. Wenn über die Konfliktregulierung keine Einigkeit besteht, wird eine Regierung nur dann stabil sein, wenn sie bereit und imstande ist, massiv Gewalt anzuwenden, oder wenn die Opposition schwach ist. Das Khomeini-Regime hat von Anfang an mit beträchtlichem Widerstand zu kämpfen gehabt, ein Widerstand, der sich im Laufe der Zeit noch verstärkt hat. Unmittelbar nach dem Sturz des Schahs genoß das Regime breite Unterstützung. Junge Arbeiter, Bauern, Kaufleute, Künstler, Religionsgelehrte, die höheren Berufsstände, die Mittelschicht und die Frauen der städtischen Zentren waren ihm tendenziell zugeneigt. Durch den Konflikt zwischen der Regierung Bazargan und den fundamentalistischen Anhängern verlor das Regime die Unterstützung der modernistischen Mittelschicht. Dieser Trend verschärfte sich weiter mit der Entlassung und Flucht Bani-Sadrs. Große Teile der gebildeten Mittelschicht und der Experten verließen das Land. Die Devisenkontrollen und die Handelspolitik der Regierung verärgerten viele Bazaaris, die die Opposition gegen den Schah finanziell unterstützt hatten. Der Konflikt mit den Bazaaris hält sich noch in Grenzen, da die befürchtete Verstaatlichung bis jetzt noch nicht umgesetzt worden ist. Viele Frauen, die ehemals die Revolte mitgetragen haben, wurden durch die repressiven fundamentalistischen Bestimmungen in die Opposition gedrängt. Die Industriearbeiter wurden polarisiert.

Zur Opposition zählen ferner die Anhänger des Königshauses, Verbündete der Modernisten und radikal-linke Gruppen. Unter ihnen sind trotz großer Verluste weiterhin die Mudschaheddin die beharrlichsten[95], die Ziel der massivsten Attacken der Regierung waren. Der Mudschaheddin-Führer Massoud Radschawi hatte zusammen mit Bani-Sadr und dem DPK-Führer Ghassemlu im Oktober 1981 in Paris einen Nationalen Widerstandsrat gegründet. Inzwischen haben Radschawi und Bani-Sadr sich zerstritten, da Radschawi sich dem Irak angenähert hat. Desweiteren haben sich inzwischen Mudschaheddin und DPK wegen angeblich zu großer Kompromißbereitschaft gegenüber der Teheraner Regierung entzweit. Diese Entwicklung hat die Mudschaheddin noch weiter geschwächt, aber sie bleiben die Hauptherausforderung an das Regime.

Eine weitere Gruppe, die dem Regime Sorgen bereitet, ist nach wie vor die pro-sowjetische Tudeh-Partei. Sie spielte nur eine kleine Rolle im Aufstand von 1978/79[96] und hat nur eine kleine hefolgschaft, ist aber gut organisiert. Viele ihrer Mitglieder kehrten nach dem Sturz des Schahs aus ihrem Exil zurück und versuchten, sich mit Khomeini zu arrangieren, indem sie sein Regime unterstützten. Der Tudeh-Führer Nureddin Kianuri nannte Khomeini eine »Stimme des Anti-Imperialismus und der sozialen Gerechtigkeit«.[97] Selbst wenn sie die Regierung kritisierten, dann nur mit der sorgfältig gewählten Formulierung, daß diese »nicht dem Leitfaden Khomeinis folge«. Die Tudeh-Partei hoffte, das Regime veranlassen zu können, die Linke zu stärken und diejenigen, die sie als feindliche Kräfte für sich selbst und für Moskau betrachteten, zu eliminieren. Scheinbar glaubten sie, daß die Beseitigung westlich-orientierter Gruppen ihnen helfen könnte, nach Khomeinis Tod die Revolution zu »erben«. Wahrscheinlich hofften sie auch, daß jene säkularen und modernistischen Personen und Gruppen, die das Regime ablehnten, sich ihnen anschließen würden. Die Tudeh-Partei versuchte auch, das Militär, die Pasdaran und die Verwaltung zu infiltrieren. Einige Oppositionsgruppen – darunter die Mudschaheddin – beobachteten neidvoll die partiellen Erfolge der Partei bei diesen Bemühungen und fürchteten, daß diese Partei einen beträchtlichen Einfluß in der Regierung erzielen könnte.[98] Eine Fraktion der Fedajin, Aksariat, schloß sich der Tudeh-Partei an.

Die Khomeini-Regierung zeigte sich anfänglich sehr aufgeschlossen gegenüber der Tudeh-Partei. Ihr Publikationsorgan *Mardom* konnte als einzige linke Zeitung weiterhin erscheinen. Trotzdem wurde die Partei von großen Teilen der iranischen politischen und intellektuellen Elite sowie der Bevölkerung vor allem wegen ihrer engen Beziehungen zur Sowjetunion mit Mißtrauen betrachtet. Obwohl einige Fundamentalisten dies energischer bestreiten als andere, hatte die Regierung in bezug auf die Tudeh-Partei von Anfang eine sehr ambivalente Haltung. Am 9. Juli 1982 schlug die Stimmung endgültig zuungunsten der Partei um: Die Zeitschrift wurde verboten; einige Parteibüros wurden verwüstet und viele Mitglieder von ihren Regierungsposten enthoben. Der Generalsekretär der Partei, Kianuri, und einige andere führende Parteimitglieder wurden Anfang 1983 verhaftet, schließlich wurde die Partei verboten, und mehr als 1000 Mitglieder wurden eingesperrt. Seither existiert sie nur im Untergrund. Dieser Zusammenstoß zwischen den Fundamentalisten und der Tudeh-Partei war in gewisser Hinsicht unausweichlich, nicht nur wegen der grundsätzlichen Unvereinbarkeit ihrer Überzeugungen, sondern auch weil die Fundamentalisten auf Dauer keine Rivalen dulden und stets auf eine Alleinherrschaft hingearbeitet haben. Systematisch wurden die rivalisierenden Gruppen, einschließlich westlicher Modernisten, islamischer Linker (Mudschaheddin) und radikaler Linker bekämpft und an den Rand gedrängt. Irgendwann mußte diese Politik auch die Tudeh-Partei treffen. In absehbarer Zeit wird sie keine Gefahr für die Regierung darstellen. Das heißt aber nicht, daß man sie generell vernachlässigen könnte, denn durch ihre Verbindung zur Sowjetunion könnte die Partei auch wieder an Bedeutung gewinnen.

Ferner gibt es eine Reihe kleinerer linker Gruppen, die ebenfalls in Opposition zum Regime stehen. Zu ihnen gehören auch die Aqaliat-Fraktion der Fedajin, Peykar, Ranjbaran etc. Keine von ihnen bedeutet für das Regime eine ernste Herausforderung.

Außer den Linken gibt es noch verschiedene andere oppositionelle Gruppen, einzelne Persönlichkeiten, Säkularisten und traditionelle Nationalisten.

Dazu zählt auch die kaiserliche Familie. Der Sohn des Schahs, Cyrus, hat sich in Kairo als Reza Schah II ausrufen lassen. Die ihn unterstützenden Gruppen senden von einer Radiostation im Süden Ägyptens ihre Nachrichten in den Iran.[99] Seine Anhänger wollen eine Monarchie nach englischem Vorbild errichten und hoffen, daß er als Integrationsfigur dienen kann. Andere vermuten, daß er in Zusammenhang mit einem rechtsgerichteten Militärputsch die Macht ergreifen könnte. Unter den Anhängern Reza Schahs sind etliche Generäle der kaiserlich-iranischen Armee. Die prominentesten unter ihnen sind Gholam Ali Oveissi und Bahram Aryana.[100] Gerüchten zufolge bereiten sie eine Machtergreifung des Militärs vor. Sie haben Verbindungen zu einigen traditionell eingestellten Kurdenführern und hatten vor dem Ausbruch des iranisch-irakischen Krieges auch wichtige Beziehungen zum Irak. Es gab auch Meldungen, daß sich Aryanas Militäreinheiten im Osten der Türkei befänden. Dies wurde von der türkischen Regierung verneint. Ein anderer ehemaliger Offizier, aber ohne kompromittierende Verbindung zum Irak, ist Admiral Ahmad Madani. Nach dem Sturz des Schahs war er Gouverneur von Chusistan und Bani-Sadrs Konkurrent um das Präsidentenamt. Bei den Parlamentswahlen eroberte er einen Sitz, ist dann aber ins Exil gegangen.

Das iranische Militär ist durch die jüngsten Ereignisse personell geschwächt und durch den Krieg gegen den Irak zu sehr in Anspruch genommen. Die Stärke der Armee ist von 400 000 Mann während des Schah-Regimes auf 200 000 zurückgegangen. Die Möglichkeit eines Putsches besteht natürlich immer insofern, als Putsche per Definition unvorhersehbare Ereignisse sind. Es ist vorstellbar, daß ein Militärputsch mit, aber auch ohne Hilfe ehemaliger Offiziere versucht werden wird.

Ferner gibt es noch eine Reihe politischer Persönlichkeiten, die sich dem Regime widersetzen. Dazu gehört der letzte Premierminister des Schahs, Schapur Bachtiar. Er war einmal einer der prominentesten iranischen Oppositionsführer im Ausland, aber sein Ansehen ist wegen seiner Beziehungen zur irakischen Regierung stark gesunken. Diese guten Beziehungen bestanden auch noch nach Ausbruch des iranisch-irakischen Krieges fort, und es gibt Gerüchte, nach denen er es war, der den Irak zur Invasion ermutigte. Er hat zum Sturz Khomeinis und zur Abhaltung von Wahlen aufgerufen, hat sich aber nicht öffentlich geäußert, welche Regierungsform er für den Iran anstrebt. Es ist offensichtlich, daß er den Kontakt zur kaiserlichen Familie aufrechterhalten hat, aber diese Beziehung hat durch sein Verhalten in der Irak-Frage sehr gelitten.

Es ist schwer zu sagen, wieviel Popularität die Opposition gegen das Khomeini-Regime beim iranischen Volk genießt. Die Regierung hat bedeutende Schritte zur Institutionalisierung ihrer Macht unternommen und ihre Kontrolle des Staatsapparates dazu benützt, etlichen Oppositionsgruppen das Rückgrat zu brechen. Aber die vollständige Unterdrückung des Widerstands ist bisher nicht gelungen. Die Staatsgewalt konnte sich nicht über das ganze Land ausbreiten, eine wesentliche oppositionelle Tätigkeit besteht weiterhin fort. Wenn die Regierung jedoch den starken Druck auf die Oppositionsgruppen fortsetzt und weiterhin mit der Unterstützung der Masse der Bevölkerung rechnen kann, wird der Widerstand gegen das Regime vielleicht erlahmen oder dezimiert werden. Andererseits wird der Widerstand in kleinerem Ausmaß sicher fortgeführt werden, und einige Regionen werden zeitweise außerhalb wirksamer Regierungskontrolle bleiben.

10. Die Fraktionen in der Führung der Islamischen Republik

Die große Prüfung für das Regime kommt nach dem Tod Khomeinis. Die fundamentalistische Regierung ist sich dessen bewußt und denkt über die Nachfolge nach. Man will diese Frage lösen, um die zu erwartenden internen Machtkämpfe nach Khomeinis Tod zu minimieren. Die Landesverfassung schreibt entweder einen einzelnen Nachfolger vor oder die Wahl eines Führungskonziliums von drei bis fünf rangälteren Religionsgelehrten. Es wird schwierig sein, Khomeini zu ersetzen. Die Art der Unterstützung, die Khomeini als charismatischer Führer genießt, wird sich nicht übertragen lassen.

Nach langen Auseinandersetzungen und gemäß dem nachdrücklichen Willen Khomeinis wurde schließlich Ayatollah Montazeri als Nachfolger bestimmt. Auf jeden Fall wird diese Nachfolge mit Schwierigkeiten verbunden sein. Parlamentspräsident Rafsandschani hat sich zwar zu ihm bekannt, ist aber selbst eine weitaus stärkere Persönlichkeit. Montazeri, der durch Heirat mit Khomeini verwandt ist, hat nicht Khomeinis Ausstrahlung. Er ist fast taub, und sogar seine religiösen Qualifikationen gelten als fragwürdig.

Unter den Fundamentalisten bestehen viele Differenzen, eine Tatsache, die für totalitäre Parteien nicht ungewöhnlich ist. Die genauen Hintergründe dieser Konflikte aber sind für Außenstehende nicht immer ersichtlich. Es zeichnen sich zwar gewisse Fraktionen ab, aber nicht alle politischen Führungspersönlichkeiten lassen sich entsprechend einordnen. Unter den Religionsgelehrten ist die Frage nach dem Ausmaß der religiösen Vorherrschaft über die Regierung und Verwaltung des Landes der hauptsächliche Streitpunkt. Die IRP und Khomeini meinen, daß während der Abwesenheit des göttlich inspirierten Imam (nach dem Glauben der »Zwölfer-Schiiten« ist der »Zwölfte Imam« im Jahre 874 in die Verborgenheit eingegangen und wird am »Ende der Zeit« als »Mahdi«, als letzter Prophet, wiedererscheinen) die Oberherrschaft in den Händen qualifizierter Religionsführer liegen muß, weil diese die einzigen ermächtigten Interpreten der Scharia, die das gesamte islamische Leben regelt, sind. Diese Ansicht wird nicht von allen Religionsgelehrten geteilt. Der prominenteste »Dissident« war Ayatollah Schariat-Madari, aber auch

Religionsführer wie Ayatollah Ghomi, Ayatollah Schirazi und Ayatollah Zandschani traten gegen das Konzept des »Vilayat-e-Faqih«[101] und gegen den Regierungsstil der Islamischen Republik auf. Diese Religionsgelehrten haben innerhalb der Machtelite seit 1979 immer mehr Einfluß verloren, während Khomeinis Position an Bedeutung gewann. Aber diese Religionsgelehrten haben ihre Anerkennung als wahre Religionsführer behalten und könnten eine entscheidende Rolle in der Legitimierung eines alternativen Regimes spielen – vor allem nach Khomeinis Tod, wenn seine Nachfolger nicht mehr die Unantastbarkeit seiner Person und seiner Urteile beanspruchen können.

Selbst unter den Fundamentalisten findet man verschiedene Nuancen der Verbindlichkeit für den Grundsatz des »Vilayat-e-Faqih«. Unter der Ägide von Religionsführern und immer noch in enger Verwandtschaft zu ihnen – oft in wortwörtlichem Sinn – gewinnen auch Persönlichkeiten an Einfluß, die zwar überzeugte Fundamentalisten, nicht aber Religionsexperten sind. Viele von ihnen haben im westlichen Ausland gelebt und studiert, und es ist zu erwarten, daß durch sie neue ideologische Elemente in den Fundamentalismus hineingetragen werden.

Verschiedentlich wurde versucht, ideologische Fraktionen innerhalb der fundamentalistischen Führungsschicht und der IRP zu identifizieren. Die allgemein gebräuchliche Kategorisierung unterscheidet zwischen Radikalen und Konservativen, Pragmatikern und Ideologen, Gemäßigten, Radikalen und Extremisten oder »Hujatis« und »Maktabis«.[102]

Die Stellung zur Sowjetunion und zum Westen, die Wirtschaftspolitik und die Bereitschaft zum »Export der Revolution« sind die Kriterien, anhand derer die Fraktionen bestimmt wurden. Während kein Zweifel an dem Vorhandensein enormer Meinungsverschiedenheiten besteht, ist es trotzdem äußerst schwierig, diese Fraktionen und ihre relative Stärke zu messen. Diese Einteilungen müssen daher mit Vorsicht betrachtet werden.

Die iranisch/amerikanische Waffenaffäre, in der die Amerikaner vorschnell auf vermeintliche »moderate« Elemente in der iranischen Führungsschicht bauten, illustriert das. Auf die Hintergründe und Bedeutung dieser Affäre wird im nächsten Kapitel Bezug genommen.

Von Bedeutung war die Unterscheidung zwischen »Hujatis« und »Maktabis«. Von letzteren wurde angenommen, daß sie ein radikaleres Wirtschaftsprogramm bevorzugten und sich strikt den Religionsgelehrten unterwerfen. Die »Hujatis« hingegen lehnten scheinbar radikale ökonomische Programme, besonders eine Kontrolle des Handels durch die Regierung und eine radikale Landreform ab, und befürworten auch nicht das Prinzip des »Vilayat-e-Faqih«. Sie entstanden unter der Schah-Herrschaft als Anti-Bahai-Gesellschaft, versuchten aber zugleich die Idee des islamischen Republikanismus zu verbreiten. Sie waren auch stets antikommunistischer und antisowjetischer eingestellt als die »Maktabis«, obwohl diese ebenfalls ihre Distanz gegenüber der Sowjetunion zum Ausdruck brachten. Die UdSSR scheint diese Einschätzung zu übernehmen: Sowjetische Radiomeldungen aus Baku werfen den »Hujatis« vor, »ein Instrument der USA und der Konterrevolution«[103] zu sein.

Der amerikanische Politologe James Bill hat drei andere Gruppierungen innerhalb der IRP benannt.[104] Die erste sind seiner Ansicht nach die »Radikalen«, weniger feindselig den Sowjets gegenüber als die beiden anderen Fraktionen. Sie bevorzugen eine radikalere Wirtschaftspolitik. (Diese Gruppe und die »Maktabis« überschneiden sich leicht.) Eine zweite Fraktion wird als »gemäßigt« eingestuft; ihre Mitglieder sind weniger radikal in bezug auf innere Reformen, aber distanzierter gegenüber den Sowjets und zugleich weniger feindlich gegenüber dem Westen als die Radikalen. Sie befürworten engere Beziehungen zu jenen islamischen Ländern, die gute Beziehungen zum Westen haben. Zwischen dieser Gruppe und den »Hujatis« sind ebenfalls Überschneidungen erkennbar. Die dritte Gruppe, als »Extremisten« bezeichnet, behauptet ihre Feindseligkeit sowohl gegenüber dem Westen wie auch den Sowjets. Bezüglich der innenpolitischen und wirtschaftlichen Programme sind ihre Ansichten vergleichbar mit denen der Radikalen. Es ist aber äußerst schwierig, einzelne Persönlichkeiten diesen Kategorien zuzuordnen. Trotz ihrer Differenzen demonstrieren sie Einigkeit, wenn es um den Erhalt des Regimes geht, und dies werden sie vermutlich auch in Zukunft tun. Es ist natürlich möglich, daß mit Khomeinis Ableben die internen Spaltungstendenzen zunehmen und daß bei dem Kampf um die Macht eine Parteifraktion die Oberherrschaft über das politische System erringt, indem sie alle anderen ausschaltet. Das Beispiel anderer totalitärer Regime läßt vermuten, daß dieser Kampf gewalttätig und lang sein könnte.

In der Entwicklung der Islamischen Republik lassen sich drei Phasen unterscheiden. Die erste Phase galt der Konsolidierung der Macht durch Ausschaltung der wichtigsten Rivalen und Etablierung der Klerikalen und ihrer Gefolgsleute in den zentralen Machtpositionen.

Die zweite Phase führte zur Institutionalisierung der Macht der Fundamentalisten, wozu auch ein Transfer von Institutionen gehörte. So wurden z.B. zunächst die Pasdaran als »flankierende Maßnahme« etabliert; danach wurde diese Maßnahme institutionalisiert, indem die Pasdaran ein eigenes Ministerium erhielten.

In der dritten Phase hat Khomeini seit Ende 1987 begonnen, durch eine Reihe sehr radikaler Edikte eine Transformierung der fundamentalistischen Ideologie und ihre verstärkte Fusionierung mit der staatlichen Gewalt einzuleiten.

Diese Veränderungen deuten darauf hin, daß Khomeini die Frage seiner Nachfolge weniger als personelle und weit mehr als strukturelle Problematik begreift. Seine Maßnahmen, die sehr stark von den Prinzipien des islamisch-fundamentalistischen Dogmas abweichen und weitgehend nur durch Khomeinis persönliche Autorität, nicht aber durch irgendwelche theologischen Grundlagen gedeckt sind, vergrößern drastisch die Entscheidungsfreiheit und Autorität des Staates. Das bedeutet, daß seine Nachfolger auch ohne seine Ausstrahlung und persönliche Legitimität in der Lage wären, prinzipielle Fragen der Doktrin bezüglich Ökonomie und Gesellschaft aus eigener Autorität zu entscheiden. Seine Maßnahmen haben heftigen Widerstand bei den traditionellen Religionskräften geweckt, die erstmals keine religiöse Rechtfertigung für sein Vorgehen sehen, sondern darin eine Art gewalthafte Kooptierung der Religion erkennen. Khomeini erwidert diesen Widerstand mit scharfen Maßnahmen gegen kritische Traditionelle, darunter sogar die »Aberkennung« ihrer religiösen Titel durch seine Gerichte.

Seit Ende 1987 arbeitet Khomeini systematisch und radikal an der Ausdehnung der Staatsgewalt. In einem besonders prägnanten Beispiel entschied er am 7. Januar 1988, daß eine »islamische Regierung als totaler Regentschaftsauftrag durch Gott« zu sehen sei und daher »im Interesse des Islam eigenmächtig jede gesetzliche Bestimmung überstimmen dürfe«. Um zu verdeutlichen, wie umfassend diese Entscheidungsgewalt sei, führte Khomeini folgende eklatanten Beispiele an: die islamische Regierung dürfe, wenn sie es für richtig befände, »die Pflicht der Pilgerfahrt nach Mekka suspendieren, Moscheen zertrümmern, und die gravierendsten Rechte beanspruchen«.

Diese Aussagen Khomeinis erweitern das Mandat der Zentralgewalt ganz entscheidend. Von den radikaleren Elementen sind sie als Zustimmung für die Radikalisierung wirtschaftlicher Reformen betrachtet worden. So fanden z. B. eine Reihe von Demonstrationen statt, in denen unter Berufung auf Khomeini weitgehende Verstaatlichungen gefordert wurden. Khomeinis Aussagen können als entscheidender Sieg für den radikalen Flügel gewertet werden und bedeuten eine Bestätigung der Positionen von Personen wie Parlamentssprecher Rafsandschani, Innenminister Mohtashami-Pur sowie der Pasdaran. Sie können daraus eine entscheidende Rückendeckung für die zu erwartenden Konflikte und Machtkämpfe nach Khomeinis Tod erhalten.

Mit dieser Neudefinierung der Autorität des islamischen Staates korreliert die Erweiterung von Khomeinis persönlicher Autorität. Khomeini hat sich mit immer umfassenderen juristischen und richterlichen Mandaten versehen, von denen er dann einige an den »islamischen Staat« weitergeben will. Indem Khomeini sich persönlich zur überragenden, religös-theologischen »unfehlbaren« Autorität macht – die nicht nur interpretieren, sondern sogar die religiösen Bestimmungen verändern, suspendieren und ergänzen darf – gibt Khomeini dem Fundamentalismus eine radikale Wende. Paradoxerweise ist damit sogar eine Art »Säkularisierung« erreicht, denn der Staat ist von der eigentlichen religiösen Autorität und dem strikten religiösen Dogma befreit und steht – gedeckt durch die sehr gewagte These, ein »islamischer Staat« und damit die Verkörperung des göttlichen Willens zu sein – über der Religion und über den religiösen Autoritäten, Kraft des persönlichen Mandats von Khomeini als höchster und unantastbarer religiöser Autorität.

Damit hat Khomeini den Gleichgesinnten unter seinen Nachfolgern ein außerordentlich mächtiges Instrument in die Hände gelegt. Es wird niemanden geben, der seine Bestimmungen auf der Grundlage religiöser Nachfolgeautorität revidieren, aufheben oder auch nur entscheidend relativieren kann. Montazeri ist dafür viel zu schwach und bar jeglicher charismatischen Autorität. Die traditionellen Religionsführer könnten die theologische Grundlage zur Infragestellung dieser Edikte liefern, aber auch sie sind schwach und verfügen über keine schlagkräftige politische Basis. Und sie sind gegenwärtig das Ziel von Maßnahmen Khomeinis, die sie noch weiter schwächen sollen.

Es spricht viel dafür, daß sich Khomeini seine »Erben« ausgesucht hat: die jungen Radikalen; und daß er sein Vermächtnis vorbereitet: eine starke, autoritäre totalitäre Staatsgewalt. Die Parlamentswahlen im April 1988 bestätigten diesen Kurs. Aus ihnen gingen die radikalen islamischen Fundamentalisten als Sieger hervor, während die Position der mit den Bazaaris und anderen traditionellen Gruppen verbundenen Kräfte geschwächt wurde.

Die Prognosen für die Zukunft des Iran unter der Herrschaft der Fundamentalisten, die wir als Variante eines totalitären Systems sehen, sind gemischt. Die Strategie des Regimes, an der Macht zu bleiben, läßt einige wesentliche Grundelemente erkennen, von dessen zukünftigem erfolgreichen Einsatz das Überleben dieses Systems abhängen wird.

Diese Elemente sind erstens eine unerbittliche Repression gegenüber all jenen, die dem weltanschaulichen und dem politischen Konzept der Fundamentalisten kritisch gegenüberstehen; zweitens eine gezielte Undeutlichkeit bei gewissen zentralen Fragen, die eine Vereinigung und Mobilisierung des innen- und außenpolitischen Widerstandes gegen das Regime verhindert (deutlich beim sorgfältig abgestuften Vorgehen gegen die Modernisten, gegen die ethnischen Minderheiten und gegen die Frauen); drittens die Aufrechterhaltung einer militanten Extremposition, eines andauernden radikalen Ausnahmezustands, wiederum gekoppelt mit dem gezielten Aussenden von Signalen, die den Bedrohten die Hoffnung geben, es sei doch alles nicht so ernst wie es klänge; und viertens das Primat der Außenpolitik, in Gestalt einer expansionistisch-missionarischen Ideologie und eines fortdauernden Krieges.

Die Frage nach der Stabilität und Überlebensfähigkeit des Fundamentalismus im Iran hängt jedoch tendenziell enger mit der außen- als mit der innenpolitischen Situation zusammen.

VI. Die Islamische Republik und die Welt

Nach dem Sturz des Schahs mußten viele grundsätzliche Fragen der Innen- und Außenpolitik geklärt werden. Zwar waren innenpolitische Fragen vorrangig, aber auch in der Außenpolitik mußten neue Wege beschritten werden. Schließlich war auch die Außenpolitik des Schahs einer der zentralsten Angriffspunkte seiner Kritiker gewesen.

Obwohl es zwischen der Außenpolitik des Schahs und der des Fundamentalismus mitunter mehr Kontinuität gibt, als man vielleicht erwarten würde, haben sich auch einige dramatische Veränderungen ergeben. Die Außenpolitik des Iran befindet sich noch immer in einer Übergangsphase, und weitere Umorientierungen sind durchaus möglich. Sowohl ihre Ziele als auch die angewandten Mittel können sich noch stark wandeln. Dies könnte für die Region schwerwiegende Folgen haben und unter Umständen auch eine Verschärfung der Beziehungen zwischen den Supermächten verursachen.

Bei der Betrachtung der Außenpolitik der Islamischen Republik fallen, wie schon bei der Innenpolitik, einige verblüffende Entsprechungen zu totalitären Regimen in ihrer Konsolidierungsphase auf. Zu den wichtigsten außenpolitischen Merkmalen solcher Regime gehören:

Erstens: eine internationalistische Ideologie, die aufruft zu internationaler Rebellion, vor allem zum Sturz feindlicher Regierungen.

Zweitens: die Aufrechterhaltung eines Krisenzustandes, wodurch von innenpolitischen Problemen abgelenkt werden kann.

Drittens: die demonstrative Ablehnung vieler Aspekte der internationalen Diplomatie und des Völkerrechts. Zur außenpolitischen Aktivität gehören demnach Unterminierung legaler Regierungen, Unterstützung terroristischer Gruppen, Mißachtung der diplomatischen Immunität und die Verwendung einer aggressiven und extremen Sprache im Umgang mit anderen Regierungen.

Viertens: die Glorifizierung von Kampf und Krieg.

Fünftens: der Glaube an die Unausweichlichkeit des eigenen Sieges.[1]

Die obengenannten Punkte können auch in anderen Systemen

gefunden werden; in so intensiver und geballter Form sind sie jedoch typisch für totalitäre Regime. Khomeinis Außenpolitik entspricht ihnen in vielen Details.

1. Die ideologischen Grundannahmen der iranischen Außenpolitik

Die Außenpolitik des neuen Regimes hat keineswegs immer eindeutige und konstante Linien gezeigt, und es scheint auch ernstzunehmende außenpolitische Differenzen innerhalb der regierenden Elite zu geben. Trotzdem haben sich einige ideologische Präferenzen und Prinzipien herausgebildet. Sie finden ihren Ausdruck in den Reden Khomeinis, in der neuen Verfassung, bis zur Auflösung der IRP auch im Parteiprogramm, das immer noch eine wertvolle Informationsquelle über die außenpolitische Diskussion in den ersten Jahren nach dem Sturz des Schahs darstellt, und in einigen wichtigen außenpolitischen Deklarationen. Diese Prinzipien lassen sich in vier allgemeinen Punkten zusammenfassen: erstens islamischer Internationalismus, zweitens Feindseligkeit gegenüber beiden Großmächten, drittens Widerstand gegen Israel und viertens Zugehörigkeit zur Dritten Welt.

Islamischer Internationalismus

Während der Schah den iranischen Nationalismus in den Vordergrund stellte, betont das neue Regime den islamischen Internationalismus und den Pan-Islamismus. Khomeini strebt die »Einheit der islamischen Welt« an und hat ihre Teilung in viele Nationalstaaten als Werk des »Imperialismus« und »tyrannischer, selbstsüchtiger Herrschaft«[2] verurteilt und als »künstlich«[3] verworfen. Den Reden und Aussagen von Khomeini und anderen iranischen Führern ist zu entnehmen, daß sie den Iran als eine Art Preußen der islamischen Welt sehen, das den Islam und die »islamische Revolution« verbreiten wird.

Die Fundamentalisten glauben an ihre Mission, die Welt umzugestalten. Sie geben sich nicht damit zufrieden, die Macht innezuhaben, sondern glauben an die unvermeidbare Ausbreitung der islamischen Ideologie. Der Wunsch, den islamischen Republikanismus zu verbreiten, vermischt sich mit dem traditionellen Hang des Iran zur Dominanz über die Region und seinem Großmachtstreben.

Die Idee des islamischen Republikanismus hat den alten Ambitionen des Iran ein machtvolles ideologisches Fundament gegeben. Khomeini sagte in einer Rede anläßlich des ersten Jahrestages der Revolution: »Wir werden unsere Revolution bis in die vier Ecken der Welt hinaustragen, weil unsere Revolution islamisch ist. Der Kampf wird weitergehen, bis der islamische Glaube in aller Welt vorherrscht.«[4]. Bei vielen Gelegenheiten hat Khomeini zur »weltweiten islamischen Revolution« aufgerufen. Messianische Züge sind ein Merkmal totalitärer Systeme. Sie erfüllen auch einen pragmatischen innenpolitischen Zweck, indem sie die fanatische Grundhaltung begünstigen, die diese totalitären Systeme während der Konsolidierungsphase benötigen.[5]

Wie auch andere totalitäre Systeme besticht der Iran im Umgang mit anderen Staaten durch Aggressivität und Selbstgefälligkeit. Schon bevor Khomeini in den Iran zurückkehrte, betonte er in seinen Schriften, daß die Errichtung einer Islamischen Republik entscheidend für die Unabhängigkeit aller Moslems sei. Die Islamische Republik würde sich von den Großmächten distanzieren. Allein die Errichtung einer islamischen Regierung sei geeignet, die islamische Einheit zu erzielen.[6] Ohne eine derartige Regierung würden die Moslems weiterhin den Nicht-Moslems, die das internationale System beherrschen, unterworfen bleiben. Sobald eine Islamische Republik geschaffen sei, würde ihre Verteidigung und ihre Ausbreitung in den anderen Staaten ein Gebot für alle Moslems sein, denn der islamische Republikanismus sei nicht lebensfähig ohne Expansion. Obwohl es diesmal unter den Slogans des islamischen Internationalismus geschieht, so hat die Selbsternennung des Iran zur islamisch-revolutionären Vorhut dennoch eine unübersehbare nationalistische Komponente und zeigt keine wirkliche Abweichung von der ambitiösen regionalen Außenpolitik des Schah-Regimes. Obwohl seine Wortwahl und sein Stil sehr verschieden war von dem der Fundamentalisten, strebte auch der Schah eine regionale Führungsrolle für den Iran an und betrachtete ihn als das fortschrittlichste Land der Region.

Das fundamentalistische Regime zeigt keine einheitliche Haltung hinsichtlich der Wege zur Realisierung dieses Zieles. Sogar die offiziellen Erklärungen des Regimes weisen starke Widersprüchlichkeiten auf. Das deutet auf bedeutende Unstimmigkeiten in der

Führungsschicht hin, kann aber auch als kalkulierte Strategie zur Verwirrung des Gegners gedeutet werden. Auch wenn das Ziel – die Errichtung einer »internationalen islamischen Herrschaft« – feststeht, so stellen sich die verschiedenen Fraktionen darunter doch sehr unterschiedliche Dinge vor. Für die Gemäßigteren heißt dieser Slogan lediglich, daß der Iran sich zu einem vorbildlichen Staat entwickeln soll, dem andere aus Bewunderung nacheifern werden. Die Radikaleren aber verstehen ihn als Aufruf zur aktiven Unterwanderung anderer Staaten und zur aggressiven Ausbreitung der eigenen Herrschaft. Einige unterstreichen die Unvermeidbarkeit eines militärischen Konfliktes, während andere den Wunsch nach friedlicher Ko-Existenz mit den nicht-islamischen Regierungen bekunden. Khomeini hat scheinbar manchmal die eine, dann wieder die andere Version bekräftigt; in dieser Wankelmütigkeit spiegelt sich vielleicht die Unentschlossenheit seiner Ratgeber wider. Als Beweis, daß er gute zwischenstaatliche Beziehungen zu nicht-islamischen Regierungen unterhalten wolle, sagte Khomeini: »Wir halten nichts von einem Export der Revolution durch Waffengewalt.«[7] Das IRP-Programm versprach, daß »die Revolution sich ausbreiten wird«, weil Iran den »perfekten« Staat errichten würde, den andere nachahmen würden; darum ermutigte es »geistige Beziehungen zu anderen Nationen, um den befreienden Islam weiterzuverbreiten«.[8]

Ungeachtet solcher Besänftigungsversuche fühlen sich einige Staaten in der Region durch den Iran bedroht. Sie fürchten die ideologische Subversion, die ein bedeutendes Element der iranischen Außenpolitik ist. Die Eindämmung dieser Gefahr ist eines der vorrangigsten Ziele vieler Golfstaaten. Während sowohl Khomeini als auch die iranische Verfassung die »islamische Einheit« betonen, wollte die IRP islamische Staaten ermutigen, »westliche und östliche Militärpakte« abzulehnen und die islamische Welt zu »einer großen und unabhängigen Macht«[9] machen. Wie dieses Ziel erreicht werden sollte, wurde nicht erklärt. Die IRP verlangte auch die Unabhängigkeit für die »Welt der Moslems, für islamische Gebiete unter fremder Besatzung, besonders für das besetzte Palästina und Afghanistan«.[10]

Obwohl die iranische Regierung bekräftigt, daß die politische, ökonomische, kulturelle und militärische Einheit unter den Moslems »mit gleichem Recht für alle bestehen soll, ohne daß eine Gruppe oder Nation die Herrschaft über die anderen ausübt«[11], sah das IRP-Programm ein System ideologischer Differenzierungen vor. Drei Regierungssysteme werden unterschieden, und die IRP empfahl ihnen gegenüber verschiedene Taktiken. Die bevorzugte Kategorie bildeten selbstverständlich die Staaten, die nach islamischen Regeln regiert werden. Zu diesen Staaten suchte die IRP »brüderliche Beziehungen« und drängte auf eine Verstärkung der Einheit. Die zweite Kategorie bezog sich auf jene islamischen Länder, die zwar nicht islamisch regiert wurden, aber dennoch die Unterstützung des Volkes genossen und »wahrhaft nationale Regierungen« waren. Beziehungen zwischen diesen Staaten und dem Iran wurden gutgeheißen und sollten ausgeweitet werden, »unter der Voraussetzung, daß eine echte islamische Bewegung dort volle Aktionsfreiheit ohne jegliche Behinderung genießt«.[12] Zur dritten Gruppe gehörten jene Staaten, »die keine nationale Grundlage haben und das Volk ausbeuten«.[13]

Von solchen Regierungen wurde angenommen, daß sie von fremden Mächten abhängig seien und in erster Linie fremden Interessen dienten. Die IRP kündigte an, jede »islamische Gruppe«, die sich diesen Regierungen widersetzte, zu unterstützen und die Staaten der ersten und zweiten Kategorie zu ermutigen, dasselbe zu tun.

Die Kriterien, ob eine Regierung die »Unterstützung des Volkes genießt« oder nicht, waren jedoch unklar. Und die Ideologie war nicht allein dafür ausschlaggebend, welche Bewegungen und Gruppierungen in welchem Ausmaß zu fördern seien. So sollte u.a. in Betracht gezogen werden, ob die Unterstützung einer bestimmten Bewegung die »islamische Revolution im Iran« festigen würde. Darüber hinaus waren die Erfolgschancen der Gruppen zu prüfen, wobei denen mit größeren Chancen der Vorzug zu geben war.[14]

Das Parteiprogramm riet auch zur friedlichen Lösung von Grenzstreitigkeiten unter islamischen Staaten durch Verhandlungen oder Einschaltung des »islamischen Gerichts«. (Scheinbar wünschte sich die IRP die Errichtung eines internationalen islamischen Gerichtshofes.)

Die Partei verlangte einen gemeinsamen islamischen Markt, die Erarbeitung gemeinsamer Stellungnahmen zu Weltwirtschaftsfragen und die Einberufung internationaler Konferenzen zur Lösung »islamischer Probleme«. In solchen Fällen, meinte die IRP, könnten alle Kategorien islamischer Staaten zusammenarbeiten.[15]

Feindschaft gegenüber den Supermächten

Auch in der Grundhaltung gegenüber den Supermächten gibt es zwischen der Politik des Schahs und der der Fundamentalisten Ähnlichkeiten wie auch wichtige Unterschiede. Die bedeutendste Differenz liegt in dem Standpunkt gegenüber den USA, während die Haltung gegenüber der Sowjetunion weitgehend gleich geblieben ist. Trotz seines Mißtrauens gegenüber den USA bestanden unter dem Schah durchweg enge Beziehungen zwischen den beiden Ländern, die zentraler Bestandteil der iranischen Außenpolitik waren. Das Bündnis mit den USA ging einher mit – bzw. war in vielen Fällen sogar erzeugt durch – Abneigung und Angst vor der Sowjetunion.

Die islamischen Fundamentalisten stehen den USA sehr feindselig gegenüber. Schon in seinem Pariser Exil hatte Khomeini uns mitgeteilt, daß alle Probleme des Iran seiner Ansicht nach auf die USA zurückzuführen seien.[16] Der Schah war für ihn ein Lakai der USA, der nur den Interessen Washingtons diente. Er sei von Washington zum Herrscher über den Iran ernannt worden. (Khomeini spielte damit wahrscheinlich auf die Absetzung Reza Khans durch seinen Sohn im Jahre 1941 und die Rolle der USA beim Sturz Mossadeghs im Jahre 1953 an.) Die USA hätten sich in die Innenpolitik des Iran eingemischt, die Schah-Regierung habe in erster Linie die Befehle der Amerikaner ausgeführt. Die Vereinigten Staaten hätten den Iran wirtschaftlich ausgebeutet und die kulturellen und moralischen Werte des Landes zerstört.[17] Damit sprach Khomeini für die gesamte Opposition, die sich trotz aller Unterschiede in diesem Punkt einig war. Nach dem Sturz des Schahs wurden zahlreiche Vereinbarungen mit den USA und anderen westlichen Ländern aufgekündigt.

Die Bazargan-Regierung war an normalen zwischenstaatlichen Beziehungen mit den USA interessiert, aber diese Politik erwies sich bald als unrealisierbar, nachdem sich die Beziehungen zwischen den beiden Ländern schnell und drastisch verschlechterten. Die Besetzung der US-Botschaft in Teheran und der Abbruch der diplomatischen Beziehungen markierten auf dramatische Weise die Wende. Diese Entwicklung fand auch ihren sprachlichen Ausdruck. Khomeini und die Fundamentalisten waren erfindungsreich im Ersinnen neuer Bezeichnungen für die USA: »der große Satan«, »kriminelles Amerika«, »die Weltverschlinger« etc. Bald war allein der Name »Amerika« ein emotionsgeladenes Wort, mit dem die Massen aufgestachelt werden konnten. Alle Andersgesinnten waren »Agenten für Washington«, die bösen Absichten der USA forderten ständige Wachsamkeit und verstärkte zentrale Kontrolle, mit dem Kampf gegen die USA ließen sich Opfer, Engpässe und Rückschläge erklären. An der Entwicklung der Rhetorik lassen sich auch die politisch-strategischen Veränderungen in der Politik des Iran ablesen. 1986, zur Zeit der Waffengeschäfte und der Freilassung von Geiseln, nahmen die verbalen Attacken gegen die USA abrupt ab. Ende 1987, seit der verstärkten amerikanischen Präsenz im Golf und der Beflaggung kuwaitischer Schiffe durch die USA, lebte die militante Rhetorik wieder auf.

Während sich die Beziehungen zu den USA gegenüber der Regierungszeit des Schahs grundlegend gewandelt haben, blieb das Verhältnis zur Sowjetunion relativ konstant. Wie schon unter dem Schah sind die Beziehungen auch heute durch Mißtrauen geprägt.

Wenn es eine Veränderung im Verhältnis zu den Supermächten gibt, dann bloß eine relative: die Beziehung zur Sowjetunion hat sich insofern verbessert, als die USA ihre bis zum Sturz des Schahs unangefochtene Position verloren haben.

Aber auch die Sowjetunion entgeht nicht den Verurteilungen durch das Khomeini-Regime, die nur eine Spur weniger heftig ausfallen als jene, die für die USA bestimmt sind. Wie schon unter dem Schah, sind die Beziehungen des Iran zu Moskau seit 1979 vielen Schwankungen unterworfen. Der Iran ist nach wie vor bemüht, die Supermächte gegeneinander auszuspielen, ohne dabei in zu große Abhängigkeit von der Sowjetunion zu geraten. Die Ideologie der Fundamentalisten macht im allgemeinen keine Unterschiede zwischen den nicht-islamischen Groß- und Supermächten. In den Worten Khomeinis: »Amerika ist schlechter als Großbritannien. Großbritannien ist schlechter als Amerika. Die Sowjetunion ist schlechter als beide zusammen. Jeder von ihnen ist schlechter und unreiner als der andere.«[18]

Das neue politische System bekennt sich zum Neutralismus. »Prinzip 146« des zweiten Kapitels der Verfassung verbietet die Errichtung fremder Militärstützpunkte im Land, »selbst wenn diese Stützpunkte friedlichen Zwecken dienen sollten«.[19]

»Prinzip 192« in Kapitel 10 unterstreicht Irans Neutralität »in Hinsicht auf die Supermächte«. »Prinzip 153« schließt jedes Abkommen aus, welches einer fremden Macht erlauben würde, »die natürlichen Ressourcen oder die wirtschaftlichen, kulturellen, militärischen oder anderen Werte des Landes zu beherrschen.« »Prinzip 154« erklärt die Verpflichtung des Iran, »den Kampf der Schwachen gegen die Anmaßenden in allen Teilen der Welt zu unterstützen«. Khomeini selbst hat einen Aufruf an andere Nationen der Dritten Welt gerichtet, sie mögen dem Beispiel des Iran im Umgang mit den Supermächten folgen. 1980, aus Anlaß des Jahrestages der Revolution und während der Geiselaffäre erklärte er:

»Ich richte meinen Aufruf an den Osten und Afrika und an alle Länder, die unterdrückt werden und Widerstand leisten, sich zu vereinen, um dem kriminellen Amerika Einhalt zu gebieten. Die Hände der US-Regierung und anderer Supermächte sind mit dem Blut unserer Jugend und dem anderer unterdrückter und kämpfender Völker der Erde befleckt. Wir werden diese Mächte bekämpfen«.[20]

Das Programm der IRP hatte einen ähnlichen Tenor. Es hieß darin, daß »unsere Revolution sich mit keiner unterdrückenden oder ausbeuterischen Macht versöhnen wird« und »sich in jedem Augenblick der Gefahr bewußt bleiben wird, die der große Satan für unsere Revolution und unsere Nation darstellt«.[21] Es forderte die Vollendung »unserer kulturellen Revolution..., um die psychologischen und intellektuellen Einflüsse des Großen Satan Amerika und der anderen Satane wie Großbritannien und andere europäische Imperialisten zu eliminieren...«[22]

Die IRP bekundete die Ablehnung aller »wirtschaftlichen Beziehungen, die den tyrannischen Mächten als Brücke zur Wiederkehr in unser Land dienen könnte.«

Die Partei verpflichtete sich, »den Islam als humane, revolutionäre und befreiende Ideologie bei allen Unterdrückten dieser Nationen (der Super- und Großmächte) zu verbreiten, besonders bei den Arbeitern, den amerikanischen Indianern und den Schwarzen«.[23]

Das Parteiprogramm unterstrich die Bereitschaft des Iran, die »Machenschaften der Supermächte aufzudecken«, besonders die der »weltverschlingenden« USA, und gleichzeitig den Völkern der Region ihre Rolle als »fünfte Kolonne« zu verdeutlichen.[24]

Die IRP beschrieb die internationalen Organisationen als »bar jeden realen Wertes« zur Lösung politischer und militärischer Probleme und warf ihnen vor, nur »den Supermächten und den herrschenden Interessen zu dienen«. Iran werde in den internationalen Organisationen mitarbeiten, aber nur mit dem Ziel, deren wahre Natur als Instrument der Großmächte bloßzulegen. Hinsichtlich kleinerer nicht-islamischer Länder erklärte sich die IRP zur Aufnahme gegenseitig nützlicher Beziehungen bereit; sie äußerte den Wunsch nach wirtschaftlichem, technischem und industriellem Austausch.[25] Diese Punkte beleuchten die Mischung aus ideologischen und pragmatischen Richtlinien, die typisch für die Außenpolitik des Mullah-Regimes sind.

Kampf gegen Israel

Ein weiterer grundlegender Wandel in der Außenpolitik zeichnete sich in der Haltung gegenüber Israel ab. Dieses Land ist für die Radikalen als Feindbild ebenso zentral wie die USA. Schon vor seiner Rückkehr in den Iran hat Khomeini Israel als Feind des Islam bezeichnet und Israel und »die Juden« beschuldigt, den Koran vorsätzlich zu verzerren; die Moslems hat er aufgerufen, sich zu vereinigen, um Israel zu vernichten.[26]

In einer früheren Veröffentlichung hatte er die Juden des Iran als »Krebsgeschwür« bezeichnet. In Paris waren Khomeinis Anhänger – besonders die Modernisten – darauf bedacht, sorgfältig zwischen »Juden« und »Zionisten« zu unterscheiden. Die Verbindungen des Schahs zu Israel wurden als Beispiel seiner Fremdabhängigkeit und Untertänigkeit gegenüber den Feinden des Islam dargestellt. Er wurde beschuldigt, jüdischen und amerikanischen Interessen zu dienen. Als zusätzlicher Beweis wurde behauptet, daß er vielen Juden zu hohen Regierungsämtern im Iran verholfen hätte. An einer Stelle fragte Khomeini sich sogar rhetorisch, ob der Schah nicht vielleicht selber Jude sei?

In seinem Bemühen, die Beziehungen zwischen dem Schah-Regime und Israel zu dokumentieren und die öffentliche Meinung gegen den Schah aufzustacheln, ließ Khomeini ein Bild veröffentlichen, das den Schah angeblich zusammen mit Schimon Peres zeigte. In Wirklichkeit war auf dem Bild der Schah mit dem venezuelischen Präsidenten Carlos Andrés Perez Rodriguez bei einem OPEC-Treffen zu sehen. Ob Irrtum oder Absicht – die meisten iranischen Leser werden den Fehler nicht bemerkt haben.

Grundsätzlich stimmte es natürlich, daß enge Beziehungen zwischen dem Schah und Israel bestanden. Etliche israelische Politiker besuchten den Schah während seiner Amtszeit heimlich, und iranische Politiker machten Gegenbesuche in Israel. Die beiden Länder kooperierten in der Waffenproduktion, im Nachrichtenaustausch, bei einigen geheimen Missionen, wie z. B. der Unterstützung irakischer Kurden, und in vielen wirtschaftlichen Fragen. Die Israelis modernisierten Irans Rüstungsindustrie, die kleine Waffen und Munition herstellte und später eine wichtige Rolle im Konflikt mit Irak spielen sollte. Obwohl die beiden Staaten offiziell keine diplomatischen Beziehungen unterhielten, hatte Israel politische, militärische und wirtschaftliche Vertretungen im Iran. Außerdem lieferte Iran Öl nach Israel. Der Schah unterstützte gemäßigte arabische Regierungen, besonders in Ägypten und Jordanien, und befürwortete israelische Zugeständnisse im Interesse einer friedlichen Lösung des arabisch-israelischen Konflikts.[27] Im Juli 1977 traf sich der stellvertretende Kriegsminister des Iran, General Toufanian, mit dem israelischen Außenminister Dayan und Verteidigungsminister General Ezer Weizmann, übermittelte ihnen die Besorgnis des Schahs »über die Politik und die Ziele der neuen israelischen Administration« und appellierte an Israel, »ihr Verlangen nach Frieden und nicht nach Krieg zu beweisen«.[28]

Schon die Regierung Bachtiar hatte einen Bruch mit der konzilianten Israel-Politik des Schahs signalisiert, indem sie die Öllieferungen nach Israel stoppte. Nach der Rückkehr Khomeinis aus Paris wurde die israelische Gesandtschaft in Teheran besetzt und der Palästinensischen Befreiungsorganisation (Palestine Liberation Organization) PLO übergeben.

Haßtiraden gegen Israel sind ein dauerhafter Bestandteil in den Reden iranischer Staatsmänner. Immer wieder bekunden die Fundamentalisten ihre Entschlossenheit, Israel zu vernichten. Dieses Ziel ist von so überragendem Symbolwert, daß auch andere außenpolitische Schritte häufig in diesen Zusammenhang eingeordnet werden: z. B. wurde der Krieg gegen den Irak als erster Schritt zur Befreiung Jerusalems bezeichnet. In seiner alljährlichen Botschaft an die islamischen Pilger sagte Khomeini 1979, daß es die Pflicht jedes Moslems sei, »sich auf den Kampf gegen Israel vorzubereiten«.[29] Während der Schah die »gemäßigten« arabischen Regierungen unterstützte, fühlte sich das neue iranische Regime zu den »radikalen« arabischen Staaten hingezogen, besonders zu Syrien. Iran ist bestrebt, den Ausschluß Israels aus den internationalen Organisationen, inklusive der UNO, zu erreichen. Das Mullah-Regime hat die diplomatischen Beziehungen zu Ägypten wegen dessen Friedensabkommen mit Israel abgebrochen und verdammt die Fes-Resolution vom September 1982 ebenso wie die Friedenspläne des saudi-arabischen Königs Fahd und des jordanischen Königs Hussein. Damit ist der Iran zu einer Macht geworden, die den Kompromiß mit Israel ablehnt.

Israel spielte bekanntlich bei den amerikanischen Waffenlieferungen in den Iran 1985/86 eine zentrale Rolle. Sogar nach dem politischen Debakel, das durch diese Geschäfte ausgelöst wurde, verstummen Gerüchte über israelische Waffenexporte an den Iran nicht. Enthüllungen über solche Transaktionen waren für die fundamentalistische Regierung Irans mehr als peinlich, aber Khomeinis Weigerung, Ermittlungen zu gestatten, hat den politischen Schaden in Grenzen gehalten. Dennoch hat sich eine ironische Verschiebung ergeben: Heute sind es die Gegner der Fundamentalisten, die der iranischen Regierung Kollaboration mit Israel vorwerfen.

Der Iran und die Dritte Welt

Khomeini und die Fundamentalisten beschrieben die internationale Politik als »Kampf zwischen den unterdrückten Nationen auf der einen und den Supermächten und ihren Verbündeten auf der anderen Seite«.[30] Sie betrachten den Islam und besonders den »revolutionären Islam«, wie er von dem gegenwärtigen iranischen Regime verkörpert wird, als beste Ideologie für die Unterdrückten dieser Welt. Khomeini sieht sich gerne in der Rolle des internationalen Führers aller Unterdrückten, in der Sprache der Fundamentalisten: aller »Enteigneten« (»Mustaz'afin«). Der Iran unterstützt die Interessen der Dritten Welt in ökonomischen und politischen Fragen und solidarisiert sich pauschal mit »Befreiungsbewegungen« bis hin zu denen in El Salvador und Chile. Wirtschaftspolitisch fordern die Fundamentalisten eine Art Dissoziation. Das Regime hat in diesem Zusammenhang betont, daß ökonomische Beziehungen mit Staaten der Dritten Welt gegenüber denen mit dem Westen zu bevorzugen seien.[31]

Nach der Machtübernahme mußte das fundamentalistische Regime wie jede neue Regierung – über die abstrakten Idealvorstellungen hinausgehend – eine Politik entwerfen, die sich mit den Realitäten einigermaßen vereinen ließ. Wesentlich war dabei vor allem die Entwicklung einer politischen Linie gegenüber den Supermächten und den Staaten der Region. Zwar wissen wir noch immer viel zu wenig über die Entscheidungsstrukturen im Iran. Dennoch können wir erste Beobachtungen über die Anpassung der Ideologie an die Realität treffen.

2. Die Beziehungen zwischen den USA und dem Iran

Die ambivalente Politik während der Koalitions-Phase

Seit der ersten Stunde der »Revolution« bemüht sich die amerikanische Außenpolitik erfolglos um eine neue, halbwegs klare Linie gegenüber dem Iran. Die Unsicherheit begann mit den ersten ernsthaften Unruhen. Damals glaubte man noch, einen »Plan« finden und realisieren zu können.

Einzelne Mitglieder der amerikanischen Regierung wie auch der US-Botschafter im Iran, William H. Sullivan, wollten den Schah fallenlassen, zugunsten des Militärs – hier war der amerikanische Einfluß am stärksten – und zugunsten der gemäßigten Teile der Opposition, besonders der »Bewegung für die Befreiung des Iran« (Liberation Movement of Iran, LMI) unter der Führung Mehdi Bazargans. Nach diesen Plänen sollten der Schah und seine ranghöchsten Offiziere das Land verlassen. Die Befürworter dieser Strategie glaubten, daß Khomeini dann mit dem Militär einen Kompromiß eingehen würde. Diese Idee beruhte auf dem Glauben, daß Khomeinis Hauptziel die Eliminierung des Schahs sei und man durch Verhandlungen einen für alle Seiten akzeptablen Kompromiß erreichen könne. Andere Vertreter der amerikanischen Regierung befürworteten die fortgesetzte Unterstützung des Schahs, der ermutigt werden sollte, Recht und Ordnung wiederherzustellen und die Opposition weiterhin zu unterdrücken. Als letzte Möglichkeit stellte man sich einen Staatsstreich vor. Diese Lösung fand anscheinend auch die Zustimmung von Sicherheitsberater Zbigniew Brzezinski. Schließlich entschied man sich für eine Kompromißstrategie, die Elemente aus allen Vorgehensweisen verband, dafür aber auch voll der Widersprüche war. Obwohl man z. B. auf die Entsendung einer Delegation, die mit

Khomeini sprechen sollte, verzichtete, nahm man vor allem im Januar 1979 verstärkten Kontakt zu hochrangigen Mitgliedern der LMI auf. Unter denjenigen, mit denen die amerikanische Botschaft in Teheran den engsten Kontakt pflegte, war Abbas Amir-Entezam, der später Bazargans stellvertretender Ministerpräsident wurde. Die LMI-Führer trafen sich vor der Rückkehr Khomeinis aus dem Pariser Exil häufig mit den Vertretern der amerikanischen Regierung, wobei es besonders um die folgenden drei Fragen ging:

Erstens: Ständig flehten sie die Botschaft an, einen Militärputsch zu verhindern und auf die Armee einzuwirken, nicht auf Demonstranten zu schießen. In einem Treffen mit Angehörigen der US-Botschaft am 8. Januar 1979 argumentierte Amir-Entezam, das Militär würde »nicht gegen das Volk vorgehen, wenn die USA dagegen seien«.[33] Nach der Ausreise des Schahs fürchteten LMI-Führer, daß ein Militärputsch ihn zur Rückkehr veranlassen würde. Sie verlangten von den USA die Zusicherung, daß dies nicht geschehen würde. Die Amerikaner erwiderten, daß die »USA auch keinen Militärputsch wünschten und nicht glaubten, daß dies auf lange Sicht eine Lösung für die Probleme des Iran sei«.[34]

Viele LMI-Führer waren den USA dankbar, daß sie ihren Einfluß nützten, um das Militär an einem Eingreifen zu hindern.[35] Nach ihren Vorstellungen sollten die USA zwischen dem Militär und der Opposition vermitteln und letztere dazu bewegen, die Regierung Bachtiar und den Regentschaftsrat nicht zu unterstützen, da sie diesen keine lange Lebensdauer vorhersagten.

Zweitens: Darüber hinaus sollte nach den Wünschen der LMI-Führer die US-Botschaft die Rückkehr Khomeinis in den Iran nicht vereiteln. Sie versuchten die Botschaft davon zu überzeugen, daß ansonsten die Gewalttätigkeit nur zunehmen würde. Viele Menschen aus anderen Landesteilen waren bereits im Januar nach Teheran geströmt, um Khomeini zu begrüßen; sie würden unruhig werden, wenn seine Rückkehr verhindert würde. Sie betonten mit Nachdruck, daß die Tudeh-Partei zunehmend stärker würde und Zuspruch bei den Arbeitern finde. Es wäre daher wichtig, daß die »islamische Bewegung« unverzüglich ein Programm entwickle und die Macht übernähme, um eine kommunistische Machtergreifung abzuwehren. Amir-Entezam warnte die Amerikaner auch, daß Khomeinis Gefolgschaft in Paris radikaler sei als die LMI. Seine Rückkehr würde den Pariser Stab überflüssig machen, und man könne daher eine gemäßigtere Entwicklung einleiten. Offensichtlich kannten die Iraner ihre amerikanischen Gesprächspartner recht genau, denn mit der Andeutung kommunistischer bzw. fundamentalistischer Gefahren trafen sie ins Schwarze. Die Vertreter der USA versicherten den LMI-Führern, daß sie am 21. Januar dem Militär nahegelegt hatten, Khomeinis Rückkehr nicht zu unterbinden.[36]

Drittens: Als Gegenleistung haben die LMI-Führer der Botschaft zugesichert, daß Khomeini nicht beabsichtige, das Militär anzugreifen und daß die künftige Regierung enge militärische Beziehungen zu den USA wünsche.[37] Als Schutz gegen die Sowjetunion, deren expansionistische Pläne man fürchtete, benötigten sie schließlich den Schutz der USA – allerdings ohne formelles Abkommen.[38]

Washington hatte auch Kontakt mit Khomeinis Ratgebern in Paris aufgenommen. Einige von ihnen konnten im weitesten Sinn des Wortes als Modernisten eingestuft werden, obwohl sie unterschiedlich radikale Positionen vertraten. Die USA unterhielten enge Beziehungen zu Ibrahim Yazdi, der in Paris zu den Gemäßigten zählte, obwohl er radikaler war als viele der LMI-Führer in Iran. Im Hinblick auf ihre Einstellung zur USA lassen sich die Persönlichkeiten der Oppositionsbewegung auf einer Skala anordnen: Bazargan und Amir-Entezam waren relativ versöhnlich, Yazdi etwas ambivalenter, gefolgt von der harten Position Ghotbzadehs und Bani-Sadrs und zuletzt von Khomeinis Höchstmaß an Feindseligkeit. Das Schicksal dieser Personen spiegelt die ideologische Radikalisierung der iranischen Außenpolitik wider: Bazargan und Yazdi wurden entmachtet, Amir-Entezam wurde als amerikanischer Spion angeklagt und verhaftet, Ghotbzadeh wegen angeblicher Vorbereitung zum Sturz der Regierung hingerichtet, Bani-Sadr entkam ins Exil.

Ibrahim Yazdi fürchtete das Militär weniger als die LMI-Führer. Er war auch nicht so versöhnlich den USA gegenüber. Bereits am 13. Dezember warnte er die Amerikaner davor, das Militär gegen Oppositionelle einzusetzen. Er teilte ihnen auch mit, daß Khomeini seinen Anhängern erlaubt hätte, sich zu bewaffnen, um sich auf den bevorstehenden Kampf vorzubereiten. Des weiteren drohte er, daß, wenn die »amerikanische Hilfe für den Schah fortgesetzt würde, die USA dasselbe Schicksal wie der Schah erleben würden«.

Khomeini wollte zwar eine Konfrontation mit dem Militär nach Möglichkeit vermeiden, aber Yazdi hielt einen »Heiligen Krieg« gegen den Schah für denkbar, der auch zu Angriffen gegen die Amerikaner führen könnte.[39] Anders als die LMI-Führer in Teheran maß Yazdi weder der Tudeh-Partei noch der Bedrohung durch die Sowjetunion eine wirkliche Relevanz zu. Er kündigte vielmehr an, daß Khomeini die Armee säubern und umerziehen werde.[40] In seinen öffentlichen Ansprachen in Paris, in Interviews mit anderen und uns vertrat Khomeini radikalere Positionen als Yazdi. Seinerzeit wurde diese Tatsache noch nicht richtig erkannt, selbst von den Modernisten im Iran nicht. Auch sie nahmen an, daß Khomeini »gemäßigt« sei und nur eine »extreme« Situation und der Einfluß seiner Berater ihn vorübergehend radikaler erscheinen ließen. Schließlich sollte sich noch herausstellen, daß er weit radikaler war, als er in Paris hatte erkennen lassen, daß er sich dort bewußt zurückgehalten hatte, um keine verfrühten Widerstände zu wecken.

Nach Khomeinis Rückkehr in den Iran am 9. Februar 1979 wurde Bazargan zum Ministerpräsidenten ernannt. Wenig später wurde die Regierung Bachtiar gestürzt. Die verschiedenen inneriranischen Konflikte wirkten sich auf die Politik gegenüber den USA aus. Der Sturz des Schahs hatte einen bedeutenden Machtverlust der Zentralregierung zur Folge, wie z. B. durch die Entstehung der vielen Komitees deutlich wird. Am 14. Februar griffen einige iranische Gruppen (die meisten von ihnen, behauptete Botschafter Sullivan, waren Mitglieder der marxistischen Fedayeen) die amerikanische Botschaft und die Residenz des Botschafters an.[41] Auch die amerikanischen Botschaften in Täbris und Esfahan wurden attackiert: die iranischen Angestellten in Kapkan, wo einer der zwei geheimen amerikanischen Nachrichtendienste im Iran stationiert war, nahmen mindestens 22 amerikanische Techniker als Geiseln, weil ihre Gehälter nicht bezahlt worden waren.[42] Es wurde auch von Plünderungen in Behshahr, der zweiten Station, berichtet.[43] Die öffentlichen Feindseligkeiten gegenüber den USA wurden zumindest teilweise dadurch gesteigert, daß die Medien und die fundamentalistischen Religionsgelehrten die USA als Feinde des Iran und der Massen darstellten, ihnen die Schuld gaben an den Attentaten gegen die neue Führungsschicht und an den Unruhen unter den ethnischen Minderheiten. Trotz der Aufstellung zusätzlicher Wachbeamter innerhalb der Botschaft waren

Schießereien in und auf dem Botschaftsgelände im Frühjahr 1979 an der Tagesordnung. Etliche Iraner, die an der Botschaft oder bei für die Botschaft arbeitenden Firmen beschäftigt waren, wurden von Mitgliedern der Revolutionskomitees verhaftet, ohne daß die Regierung intervenierte.

Offiziell hieß es, die Übergangsregierung Bazargan wünsche kooperative Beziehungen mit den USA. Zugleich jedoch sollten diese Beziehungen einen grundlegenden Wandel erfahren.

Der Schah war bekanntlich einer der Hauptabnehmer amerikanischer Waffen. Seine gigantischen Rüstungsausgaben gehörten zu den zentralen Anklagepunkten, die gegen ihn erhoben wurden.[44] Die Regierung Bazargan wollte diese die Wirtschaft des Landes ruinierende Politik auf keinen Fall fortsetzen. Die neue Regierung verstaatlichte verschiedene ausländische Firmen, darunter auch einige amerikanische. Die neue Regierung zog sich aus dem regionalen Militärpakt CENTO zurück, was zum Zerfall dieser Organisation führte. Darüber hinaus bezog sie vehement gegen die amerikanische Nahost-Politik Stellung.

Auch nach der Bildung einer neuen Regierung blieb Amir-Entezam die wichtigste Kontaktperson für die Amerikaner.[45] In zahlreichen Gesprächen mit Vertretern der amerikanischen Regierung sagte er, daß seine Regierung die Unterstützung der USA bei der Beschaffung von Ersatzteilen für Militärfahrzeuge benötige. Gleichzeitig bemühte er sich um das Versprechen der USA, sich nicht in iranische Angelegenheiten einzumischen; die Angst der Iraner vor einer amerikanischen Intervention war sehr ausgeprägt.

Radikale Modernisten und Fundamentalisten einschließlich Khomeini gaben den USA die Schuld an dem Chaos und der Unbeständigkeit, die charakteristisch für die Innenpolitik des Irans vor allem in dieser Übergangsphase waren. Dieselben Vorwürfe wurden von den öffentlichen Medien erhoben, besonders von den Rundfunk- und Fernsehanstalten unter der Leitung von Sadegh Ghotbzadeh.[47] Obwohl die Regierung Bazargan sich diesen antiamerikanischen Tiraden nicht anschloß und sogar ihre Verärgerung zeigte, fürchtete sie, daß die USA sich dadurch provozieren lassen würden, die Regierung zu stürzen. Amir-Entezam bat die amerikanischen Beamten wiederholt, Geduld zu haben und sich nicht einzumischen.[48]

Die Amerikaner, die sich aus geopolitischen Gründen mit der

neuen iranischen Regierung arrangieren wollten, versuchten den Modernisten in der Regierung und durch sie auch Khomeini, mit dem sie keinen direkten Kontakt hatten, zu vermitteln, daß Washington die »iranische Revolution« anerkenne. Sie gaben sich konziliant und versicherten den Führern der Übergangsregierung, daß die USA die Beziehungen zum Iran in »kleinen Schritten« normalisieren wolle und Irans »Unabhängigkeit, Stabilität, territoriale Integrität und ökonomischen Fortschritt« respektieren.[49] Der amerikanische Geschäftsführer C. W. Naas sagte Amir-Entezam im April, daß die USA weder gegenwärtig noch in Zukunft beabsichtigten, den Iran zu destabilisieren.[50] Dieses Gespräch zwischen Vertretern beider Staaten fand hinter den Kulissen statt, die Öffentlichkeit beider Länder erhielt den Eindruck unerbittlicher Gegnerschaft. Auch der US-Senat verurteilte den Iran wegen der zahlreichen Hinrichtungen, was wiederum zu Demonstrationen gegen die amerikanische Botschaft in Teheran führte. Fundamentalistische Führer, die sowieso die Beziehungen zu den USA schwächen wollten, bedienten sich des Senatsstatements und der negativen amerikanischen Presseberichte, um die Feindseligkeit und die bösen Absichten der USA zu beweisen. Sie bezeichneten die amerikanische Sorge um die Verletzung der Menschenrechte im Iran im Hinblick auf ihre frühere Hilfe für den Schah als verlogen und heuchlerisch. Washington hätte, sagten sie, kein moralisches Recht, sich über irgendeine Handlung des Iran ein Urteil anzumaßen.[51]

Am 23. Mai ersuchte die amerikanische Botschaft die iranische Regierung, gegen den »wachsenden Anti-Amerikanismus« und die »emotional geladenen Atmosphäre« entsprechende Maßnahmen zu ergreifen. Die Übergangsregierung verteidigte die Botschaft auch nach dem Überfall vom 14. Februar, bedauerte den Vorfall und erklärte sich bereit, Washington den Schaden zu ersetzen.[52] Sie stellten Soldaten ab, um die Botschaft zusätzlich zu sichern. Die Botschaft betrachtete diese Maßnahmen als unzulänglich und drückte ihre Besorgnis um die Sicherheit der Personen und der Botschaftseinrichtungen aus. Beide Seiten bemühten sich um die Schaffung einer kompromißbereiten, konstruktiven Atmosphäre, wobei beide im Gegensatz zur tatsächlichen Stimmung in ihren Ländern handelten – und beide sich in gewisser Hinsicht Illusionen hingaben, wenn sie meinten, daß die beiderseitigen Beziehungen sich so leicht reparieren ließen. Letztlich profitierten die Fundamentalisten davon, da die Regierung Bazargan in dieser gefährlichen Übergangssituation die Gefahr einer amerikanischen Panikreaktion bannte. Die amerikanischen Repräsentanten versicherten der Regierung, daß die Senatsbeschlüsse und die kritischen Presseberichte in den USA die tatsächliche Politik nicht reflektierten.[53] Trotz der zunehmenden öffentlichen Feindseligkeit gegenüber den USA erhoffte sich die Regierung (besonders Bazargan und Amir-Entezam) von den Amerikanern Hilfe bei der Beseitigung des innenpolitischen Chaos und der Bewältigung externer Gefahren. Amir-Entezam war besonders besorgt über Komplotte gegen den Iran, hauptsächlich seitens des Irak, der PLO und Libyens.[54] Er äußerte Bedenken bezüglich der Errichtung des PLO-Büros in Ahwaz, sagte den Amerikanern aber, er könne nichts dagegen tun, da dies auf direkten Wunsch Khomeinis geschehen sei.

Washington zögerte, der iranischen Regierung militärische Informationen zu geben, da sie kein großes Vertrauen in die Stabilität dieser Regierung und in ihre Bereitschaft hatte, mit Militärgeheimnissen vertraulich umzugehen. Ihre Zweifel wurden genährt durch die Tatsache, daß ältere Informationen preisgegeben worden waren. Gleichzeitig aber sah die Botschaft in der Beschaffung von Informationen über umstürzlerische Aktivitäten gegen den Iran einen Schritt, der zu engerer militärischer Zusammenarbeit führen könnte.[55] Entsprechende Dokumente wurden für Amir-Entezam zusammengestellt und am 18. Juni 1979 an ihn geliefert. Er wünschte in regelmäßigen Abständen Berichte über Gefahren für die neue Regierung und versicherte den Amerikanern, daß nur Bazargan, Yazdi, er selbst und ein hochrangiger iranischer Nachrichtenoffizier diese Unterlagen sehen würden. Es wurde auch vereinbart, das »empfindliche« Informationen nur mündlich weitergegeben werden sollten.[56] Der CIA-Angehörige Robert Ames reiste zur ersten Berichterstattung am 21. August in den Iran. Ziel der Nachrichtenübermittlung sollte es sein, so die US-Botschaft, »die iranische Regierung zu überzeugen, daß ihre internen Probleme von außen finanziert und unterstützt werden, daß aber die USA in keiner Weise involviert sind. Es wird nicht leicht sein, trotzdem müssen wir versuchen, sie davon zu überzeugen.«[57]

Während die Regierung sich um eine Verbesserung der Beziehungen zu Washington bemühte, blieb die Militanz der Fundamentalisten gegen die USA unverändert stark. Der Regierung warf man in massiver Form vor, sich gegenüber den USA zu wohlwollend zu verhalten. Khomeini erklärte im September, daß Amerika »der Feind Nummer Eins aller Enteigneten und Unterdrückten dieser Welt sei«.[58] Es ist möglich, daß die radikale Eigendynamik der iranischen Ereignisse eine Normalisierung der Beziehungen zu den USA sowieso nicht erlaubt hätte und daß verstärkte Versuche der USA, den internen Machtkampf zu steuern und zu beeinflussen (etwa durch aktive Unterstützung der Modernisten) am Ausgang der Dinge nichts verändert hätten.

Rückblickend können wir erkennen, daß die Fundamentalisten eine sehr effektive, mehrgleisige Strategie verfolgten. Die Beziehungen zu den Modernisten gaben den Amerikanern die Hoffnung, daß sich auch ein revolutionärer Iran allmählich wieder in ihre Einflußsphäre integrieren ließe. Damit wurde eine amerikanische Intervention in dieser kritischen Phase verhindert.

Zugleich kompromittierten sich die Modernisten durch diese Freundschaft mit dem »Feind Nummer Eins«, was es den Fundamentalisten um so leichter machen würde, sie später zu entmachten. Für die Fundamentalisten war ein totaler Bruch mit den USA das unmittelbarste und deutlichste Signal für ihre totale Abkehr von der Politik ihres Vorgängers. Indessen waren die Modernisten zunehmend beunruhigt, daß eine echte Unterstützung durch die USA ausblieb. Ersatzteile für militärische Ausrüstungen wurden nicht geliefert, über die Einreisebewilligung für den Schah zwecks medizinischer Behandlung entwickelte sich in den USA eine Kontroverse – das alles alarmierte die Modernisten. Sie riskierten viel und bekamen zu wenig zurück.[59] Außenminister Yazdi beschuldigte die amerikanischen Medien, eine »Verschwörung« gegen den Iran aufzubauen.[60]

Das USA-Bild im Iran war paradox: Während die Fundamentalisten ihnen zu starke Einmischung vorwarfen, beschwerte sich Bazargan über mangelnde Unterstützung und die Verweigerung des dringend benötigten Nachschubs. Einig waren sich alle betroffenen Parteien nur darin, daß an ihren innen- und außenpolitischen Problemen allein die USA schuld seien. Im Oktober behauptete Yazdi, er wisse aufgrund »verläßlicher Quellen«, daß die USA, Israel und der Irak hinter den kurdischen Unruhen steckten. Auch beschuldigte er den CIA, den Sturz der Regierung zu planen, wobei er beschwichtigend hinzufügte, daß dies vielleicht »ohne das Wissen der politischen Führer« geschehe.[61] Amir-

Entezam, der die engsten Beziehungen zu den USA gehabt hatte, meinte nun, daß Washington »die Revolution nicht auf der Basis von Gleichberechtigung und Achtung« behandelt hätte, sondern ein »Abwartespiel« betreibe und dafür »einen hohen Preis bezahlen werde«.[62]

Nach der Besetzung der amerikanischen Botschaft am 4. November 1979 fielen die Beziehungen der beiden Länder auf den tiefsten Stand. Die Regierung Bazargan trat am 6. November zurück. Nun war die Stunde der radikaleren Modernisten (wie Bani-Sadr und Ghotbzadeh) und der Fundamentalisten gekommen. Auch die Art des amerikanisch-iranischen Dialogs änderte sich, die Feindseligkeiten mit den USA wurden »institutionalisiert«. Verglichen mit den radikalen Fundamentalisten waren Ghotbzadeh und Bani-Sadr noch bemüht, eine offene Konfrontation mit den USA zu vermeiden, bis auch sie von der Radikalisierungswelle überrollt und entmachtet wurden.

Konflikte und Interessen

Obwohl evident war, daß die ehemalige enge Zusammenarbeit auf militärischem Gebiet nicht wiederherstellbar war, hofften die USA dennoch, daß gemeinsame sicherheitspolitische Interessen irgendeine Form der Kooperation herbeiführen würden. Dieser Optimismus stützte sich auf entsprechende Versprechungen der Modernisten zum einen und zum anderen auf den nach wie vor großen Einfluß des Militärs. Kurz nach Khomeinis Rückkehr jedoch zeigten sich Spaltungstendenzen im Militärapparat, ein Vorgang, der sich in der Amtszeit der Regierung Bazargan fortsetzte.[63]

Khomeini wußte, daß die Loyalität großer Teile des Militärs dem Schah und dem Westen galten. Er schuf daher als Gegengewicht die Pasdaran. Der Zerfall des Militärs verringerte den amerikanischen Einfluß erheblich. Zugleich gerieten damit eine Unmenge von Waffen in die Hände jener Gruppen, die den USA feindlich gesinnt waren.

Trotzdem hoffte Washington, daß die Konsolidierung der Regierung Bazargan und gewisse geopolitische Faktoren (vor allem die Bedrohung durch die Sowjetunion und den Irak) den Iran zu einer erneuten Annäherung an die USA bewegen würden. Diese amerikanischen Erwartungen wurden durch entsprechende Zeichen seitens der Regierung Bazargan genährt.[64]

Von großer Bedeutung für die Beziehungen der neuen iranischen Regierung zu den USA war, wie bereits erwähnt, die Lieferung von Ersatzteilen für militärische Ausrüstungen.

Die Belieferung mit Ersatzteilen für militärische Ausrüstungen, so ließ man die Amerikaner wissen, wäre eine wichtige Geste des guten Willens der USA gegenüber der neuen Regierung. Die Erklärungen der Amerikaner, daß keine böse Absicht, sondern die Gesetzeslage der USA die Verzögerungen verursache, fand die iranische Regierung nicht glaubwürdig. Statt dessen legte sie dies als boshafte Geste Washingtons aus.

Sicherlich bemühten sich die USA nicht sonderlich um eine Beschleunigung der Lieferungen an den Iran. Vielleicht hofften sie, daß sich in der Zwischenzeit klarere politische Verhältnisse herauskristallisieren könnten und daß die provisorische Regierung durch eine bleibende ersetzt würde. Möglicherweise wollten sie die Ersatzteile auch als Druckmittel verwenden, um die Unterzeichnung eines Sicherheitsabkommens mit dem Iran zu erreichen. Die Iraner ärgerten sich über die Verzögerungspraktiken. Für den Schah, sagten sie, hätten die Amerikaner stets Mittel und Wege gefunden, um die nötigen Waren zu beschaffen, und zwar umgehend. Die USA könnten »ganz leicht... innerhalb von Sekunden« einen Weg finden, um Teheran zu helfen.[66] Amir-Entezam beschwerte sich am 15. April bei dem amerikanischen Geschäftsführer Naas, daß die USA »nur ein Sechstel der für die Hubschrauber benötigten Ersatzteile bereitstellen würden.« Naas erwiderte, die Verzögerung der Warenlieferungen sei die Folge von Exportsperren gegen den Iran und daß man »einen guten Anwalt« brauche.[67]

Nachdem sich bis August die Situation nicht geändert hatte, stellte sich bei etlichen führenden Modernisten eine Verbitterung über die Handlungsweise der USA sowie Angst vor den politischen Konsequenzen ein. In der Öffentlichkeit standen sie da als Diener der US-Imperialisten, die nicht einmal so viel Einfluß auf ihre »Herren« besaßen, ein paar Ersatzteile beschaffen zu können. Außenminister Yazdi wurde von der fundamentalistischen Presse beschuldigt, ein Agent der USA zu sein.

Die erste Phase nach dem Sturz des Schahs wird manchmal als »Eiszeit« in den amerikanisch-iranischen Beziehungen bezeichnet. Tatsächlich waren die beiden Länder während dieser Zeit in eine Unzahl von praktischen und rechtlichen Disputen verwikkelt, die an die Gütertrennung im Scheidungsfall erinnern: selbst wenn beide Parteien einen totalen Bruch wünschten, müßten zuerst die zahlreichen gemeinsamen Geschäfte und die finanziellen Komplikationen entwirrt werden. Verträge, Abkommen, Gemeinschaftsunternehmen, Schulden – all diese Fragen verlangten nach einer Lösung.[68] Und wie bei einer Scheidung mischten sich pragmatische Interessen mit Gefühlen, Ressentiments und Rachewünschen und erschwerten es beiden Seiten, einen sachlichen Kompromiß zu treffen. In dem Streit über die Strafsätze bei Vertragsbrüchen z. B. beklagte sich Bazargan bitter darüber, wie unfair die Klauseln wären, daß sie den Iran täglich Millionen kosteten und daß die USA – zur Demonstration ihres guten Willens – darauf verzichten sollten. Die US-Regierung vertrat die Interessen der betroffenen amerikanischen Firmen, führte aber als Grund für ihre Weigerung statt den eigentlichen wirtschaftlichen Überlegungen moralische Gründe an, nämlich ihre Empörung über die Welle der Hinrichtungen im Iran.[69]

Die Vermischung ideologischer, pragmatischer, politischer und finanzieller[70] Interessenkonflikte war für viele Streitpunkte typisch. Darunter war die Auseinandersetzung über die Einreise des Schahs in die USA die heftigste. Für den Iran stellte diese »Heimführung« des Schahs in seine imperialistische Heimat eine große Provokation dar. Der amerikanischen Regierung war dies sehr wohl bewußt, aber sie sahen ab einem gewissen Punkt keine Alternative.[71] Als Antwort auf eine Anfrage des Außenministeriums machte der US-Geschäftsführer seine Regierung darauf aufmerksam, daß die »Religionsgelehrten im Vormarsch sind und es die öffentliche Stimmung sehr verschlechtern könnte, wenn eine Annäherung zwischen uns und dem Schah stattfände«.[72] Washington hätte die Entscheidung über diese Frage lieber hinausgezögert: Man hoffte, nach der Bildung einer dauerhaften Regierung (vergleichbar der von Bazargan) ließe sich weniger emotional und dogmatisch über diese Frage reden. Das Außenministerium gestand allerdings auch ein, daß man den Schah unter Umständen auch gleich einreisen lassen könne, wenn es so aussähe, als ob »die Lage im Iran sich ohnehin zuspitze«.[73]

Schließlich reiste Henry Precht, Leiter des Iran-Büros im US-Außenministerium, nach Teheran, um Bazargan und Yazdi von der Ankunft des Schahs in New York zu unterrichten. Die Modernisten waren über diese Entscheidung der USA verbittert und überzeugt, daß dies ihre Schwierigkeiten mit den radikaleren Strömungen noch weiter verschärfen würde.[74]

Diese Einschätzung erwies sich als richtig. Die Besetzung der US-Botschaft und der Rücktritt Bazargans verliefen parallel.[75] Diese Ereignisse sind charakteristisch für Situationen extremen sozialen Umbruchs: ein kleines Ereignis genügt, um radikale Kettenreaktionen auszulösen. Die gemäßigteren Gruppen, wohlwissend, daß die revolutionären Turbulenzen sich noch nicht erschöpft hatten, bezogen nur mit äußerster Zurückhaltung Stellung gegen den Strom der Radikalisierung. Sie hofften, die USA würden ihnen materielle Hilfe und Unterstützung bieten, sie aber nicht zwingen, als Gegenleistung Kompromisse einzugehen oder öffentlich gemäßigte Standpunkte zu vertreten. Und sie waren sehr verunsichert, weil sie wußten, daß schon der kleinste Anlaß den Stein ins Rollen bringen und die totale Radikalisierung »provozieren« könnte.

Obwohl der Überfall auf die US-Botschaft nicht von Khomeini angeordnet gewesen zu sein scheint, bot er einen Anlaß, um Khomeinis Konzept des islamischen Republikanismus voranzutreiben und die fundamentalistische Kontrolle über den Staatsapparat auszudehnen. Daher gab Khomeini der Botschaftsbesetzung seinen Segen. Die iranische Außenpolitik schlug nach der Geiselnahme eher die ideologische Richtung der Fundamentalisten ein. Eine kleine Gruppe von radikaleren Modernisten, darunter Bani-Sadr und Ghotbzadeh, zeigten sich zwar noch einigermaßen diskussionsbereit, aber insgesamt ging die iranische Politik gegenüber den USA nun auf harten Konfrontationskurs. Die offiziellen iranischen Stellungnahmen zur Geiselnahme spiegelten die unterschiedlichen Positionen innerhalb der Regierungskreise wider und wurden schließlich zu einem Instrument im Machtkampf zwischen den Fraktionen. Die Fundamentalisten benützten das Geiseldrama und den Iran-Irak-Krieg, um innenpolitisch ihre Macht zu festigen. Tagelang demonstrierten aufgebrachte Menschenmengen rund um die Uhr vor der Botschaft und verlangten im Chor den »Tod des Schahs« und den »Tod Carters«. Der Fundamentalist Ayatollah Yahya Nourie forderte einen »Heiligen Krieg gegen die USA«.[76] Khomeini nannte die US-Botschaft ein »Hauptquartier der Spionage und Verschwörung gegen den Iran«[77] und bezeichnete die USA als »Quelle allen Übels«.[78]

Die Fundamentalisten erklärten die Einreise des Schahs in die

USA als »Beleidigung der iranischen nationalen Ehre und der islamischen Revolution«[81] und wiesen jeden Kompromißvorschlag zurück. In Gesprächen mit der Zeitschrift *Time*, die ihn zum »Mann des Jahres 1980« wählte, verlangte Khomeini von den USA die Auslieferung des Schahs, die Vergütung der durch ihn entstandenen Schäden und ein öffentliches Bekenntnis der Reue für die amerikanischen Vergehen im Iran.

Khomeini gab sogar zu verstehen, daß die Amerikaner Präsident Carter durch einen »geeigneten Präsidenten« ersetzen sollten.[80] Die amerikanische Argumentation, daß der Schah nur aus humanitären Gründen habe einreisen dürfen, wies er als lächerlich zurück; im Denken der amerikanischen Regierung, so meinte er, hätten humanitäre Betrachtungen noch nie Platz gehabt.[81] Khomeini argumentierte vielmehr, der Schah sei von den Amerikanern entführt worden, »damit er ihre Geheimnisse nicht preisgeben könne«.[82] Ghotbzadeh und Bani-Sadr waren zunehmend besorgt über die möglichen Konsequenzen, die dem Iran durch die Geiselnahme von 52 Amerikanern erwachsen könnten. Die Krise um die Geiselnahme führte zu einer schweren Niederlage der Carter-Administration. Die Amerikaner wollten dem Iran hohe Kosten für die Festsetzung amerikanischer Geiseln auferlegen: durch wirtschaftliche Sanktionen wie Importverbote für iranisches Öl, das Einfrieren von Konten iranischer Regierungsgelder in den USA sowie durch internationale Handelsembargos gegen den Iran.

Washington versuchte über verschiedene diplomatische Kanäle, Druck auf die iranische Regierung auszuüben, z. B. wandte man sich an die UNO und den internationalen Gerichtshof. Iranische Diplomaten und Iraner, die sich illegal in den USA aufhielten, wurden scharenweise ausgewiesen. Um sich größere Interventionsmöglichkeiten offenzuhalten, erhöhte Washington seine militärische Kapazität in der Region: eine Aktion, die durchaus auch als Drohgebärde wahrgenommen werden sollte. Die US-Regierung teilte den Iranern mit, daß die Tötung auch nur einer einzigen Geisel Vergeltungsschläge zur Folge haben würde. Zu dieser Zeit hatte Khomeini anscheinend schon seine Zustimmung gegeben, daß man die Geiseln unter dem Vorwurf der Spionage vor das Revolutionsgericht stellen sollte. Teheran dürfte aber die Drohungen der Amerikaner ernst genug genommen haben, um diesen Plan wieder fallenzulassen. Auch hier zeigte sich ihr Pragmatismus, der ihre unnachgiebige Rhetorik von Anfang an begleitete.

Vertreter beider Länder führten vor dem gescheiterten Befreiungsversuch vom 24. April 1980 erfolglos Geheimverhandlungen. Der Verhandlungsmißerfolg war teilweise auf die inneren politischen Konflikte zwischen den radikalen Modernisten wie Bani-Sadr und den Fundamentalisten zurückzuführen. Schon damals zeichnete sich der Sieg der Fundamentalisten ab, womit sich gleichzeitig die Bedeutung der Geiseln im heimischen Machtkonflikt verringerte. Denn die Geiseln waren zum »Aufhänger« für den Machtkampf zwischen den Modernisten und den Fundamentalisten geworden. Beide Seiten versuchten in der Geiselaffäre, Khomeini und die Volksmeinung auf ihre Seite zu bringen, wobei klar war, daß damit auch die Weichen für den weiteren Kurs der revolutionären Politik gestellt wären. Ironischerweise wurden die Geiseln letztendlich gerettet durch den Sieg der Fundamentalisten, die am vehementesten ihre Verurteilung und Hinrichtung verlangt hatten. Denn die Geiseln waren nur ein Anlaß für die innenpolitischen Auseinandersetzungen. Eine Konfrontation mit der Supermacht USA hingegen war nicht beabsichtigt und sollte vermieden werden.

Die Beziehungen seit dem Ende des Geiseldramas

Zum Zeitpunkt des Amtsantritts von Präsident Reagan war der amerikanische Einfluß im Iran gleich Null. Die Amerikaner hatten nicht einmal mehr eine Botschaft, und die ökonomischen Beziehungen hatten sich drastisch verringert. Washington mußte einige grundsätzliche Entscheidungen treffen: (a) ob man erneut eine Annäherung an das Khomeini-Regime suchen solle; (b) ob man Khomeinis Gegner unterstützen solle und wenn ja, welche; (c) ob man lieber den Tod Khomeinis abwarten solle oder (d) ob man irgendeine Kombination aus all diesen Möglichkeiten verfolgen solle. Zur Halbzeit von Reagans erster Amtsperiode hatte man noch immer keine klare Linie gefunden.

Während der zweiten Amtsperiode von Ronald Reagan erlebte die bisherige Politik gegenüber dem Iran jedoch zwei wesentliche Modifizierungen.

Erstens wurde ein Versuch unternommen, die Beziehungen zum Iran zu verbessern. Dabei war nicht nur die strategische Bedeutung des Iran der motivierende Faktor, sondern daneben auch der Wunsch, die amerikanischen Geiseln im Libanon durch eine iranische Intervention frei zu bekommen. Das geheime Waffengeschäft, das später zu einem hochgradigen politischen Skandal werden sollte, und die Reise von Sicherheitsberater MacFarlane in den Iran waren die zwei wesentlichen Schritte, die von den USA diesbezüglich unternommen wurden. Unstimmigkeiten in iranischen Führungskreisen führten schließlich zur Veröffentlichung dieser militärischen Transaktionen in einer libanesischen Zeitung. Die darauffolgende Empörung in der amerikanischen Öffentlichkeit brachte das Gefühl zum Ausdruck, daß die USA vom Iran politisch überrundet worden waren. Die iranische Öffentlichkeit hätte die Affäre vielleicht auch nicht sehr viel wohlwollender aufgenommen, denn die iranische Führung war durch dieses Geschäft mindestens ebenso kompromittiert worden wie die amerikanische. Eine öffentliche Diskussion darüber fand im Iran jedoch nicht statt, da Khomeini persönlich eine solche Diskussion unterband. Bis heute ist nicht klar, ob innerhalb der iranischen Führung in der Waffenaffäre Einigkeit bestand oder ob bloß eine bestimmte Fraktion dieses Geschäft durchgesetzt hatte. Die Amerikaner waren davon überzeugt, es mit einer Fraktion zu tun zu haben und zwar mit »gemäßigteren« Kräften, die sie für die Zeit nach Khomeinis Tod bereits als Freunde kultivieren und stärken wollten. Rückblickend erscheint es fragwürdig, ob diese amerikanische Unterscheidung in »gemäßigte« und »radikale« Mitglieder der iranischen Führung überhaupt gerechtfertigt war oder ob sie nicht eher dem amerikanischen Wunschdenken entsprang.

Der katastrophale Ausgang dieser Annäherungsversuche jedenfalls leitete die zweite Wende in der Iran-Politik der Reagan-Administration ein. Man suchte zwar noch immer nicht die unwiderrufliche und offene Konfrontation mit dem Iran, aber es schien nun erforderlich, gewisse Grenzen zu setzen und Macht zu demonstrieren. Den Anlaß dafür lieferte der Golfkrieg. Die amerikanische Beflaggung der kuwaitischen Tanker hat die Beziehungen zwischen den USA und dem Iran erneut drastisch verschlechtert.

Washington sieht im Iran den vielleicht wichtigsten Staat der Region und möchte auf jeden Fall alles vermeiden, was eine Annäherung zwischen der Sowjetunion und dem Iran herbeiführen könnte oder die Möglichkeit verbesserter amerikanisch-iranischer Beziehungen endgültig zunichte machen würde. Aus diesem Grund sehen sie sich genötigt, auch objektiv unakzeptable politische Handlungen des Iran zu tolerieren, um nicht durch einen erfolglosen Interventionsversuch langfristig einen geopolitischen Verlust zu erleiden. Das Risiko, daß der Iran durch militärische, ideologische oder sonstige Aktionen andere Länder der Region destabilisiert, ist für die auf die Sowjetunion fixierte amerikanische Weltanschauung in jedem Fall noch erträglicher als das Risiko, daß die Sowjets von amerikanischen Fehlern profitieren und im Iran Einfluß gewinnen könnten. Andererseits ist die gesamte Golfregion für die USA von großer strategischer und wirtschaftlicher Bedeutung, und eine Destabilisierung der Golfstaaten birgt das Risiko einer möglichen Konfrontation zwischen den Supermächten. Daraus ergibt sich für die USA in fast jedem konkreten Einzelfall, der den Iran betrifft, ein Dilemma. Die USA reagieren auf dieses Dilemma nicht mit einem klaren »Plan«, sondern mit ständigen Improvisationen. Ideologisch ist die Feindseligkeit gegenüber den USA nach wie vor Bestandteil des iranischen Selbstbildes, und es ist noch immer wirkungsvoll, heimische und fremde Gegner zu beleidigen, indem man sie beschuldigt, den amerikanischen Interessen zu dienen.

3. Die Islamische Republik und Moskau

Die Beziehungen nach dem Sturz des Schahs

Der Sturz des Schahs durch eine islamische Bewegung kam scheinbar für Moskau ebenso überraschend wie für Washington. Auch die Sowjets waren auf einen Umsturz dieser Art nicht vorbereitet. Aus Sicht der orthodoxen sowjetischen Politikwissenschaft waren Bewegungen mit religiöser islamischer Ideologie reaktionär, ein Anachronismus. Wie ihre amerikanischen Kollegen waren auch sowjetische Experten bemüht, Interpretationen und Erklärungen für die unvorhergesehenen Ereignisse zu finden und das Geschehene mit der orthodoxen marxistisch-leninistischen Ideologie zu versöhnen.[83]

Das war nicht ganz einfach, und von marxistischer Seite wurde weiterhin Kritik am islamischen Fundamentalismus geübt.[84] Nach anfänglichem Zögern und Ungewißheit darüber, wie die Opposition politisch einzuschätzen sei, entschied sich Moskau allerdings schon im Herbst 1978 zur offenen Unterstützung des Widerstandes gegen den Schah. Entweder nahmen die Sowjets an, daß der Sturz des Schahs unvermeidbar sei und es daher besser wäre, sich auf die Seite der Sieger zu schlagen, oder sie wollten die Etablierung einer neuen Regierung jedweder Art ermutigen. Letzteres ist denkbar, denn obwohl die Sowjetunion ständig ökonomische und diplomatische Beziehungen zum Iran unterhielt, konnte Moskau nicht allzu glücklich sein über das Schah-Regime, das als enger Verbündeter der USA seine maßlose Aufrüstung und die gesamte Politik in der Region auf die Eindämmung des sowjetischen Einflusses ausrichtete. Khomeini und sein Versprechen der Blockfreiheit mag ihnen angesichts dessen als die bessere Alternative erschienen sein. Sie mögen auch angenommen haben, daß die militante Abneigung, die von der Opposition den USA entgegengebracht wurde, zu einer Annäherung der Oppositionellen an die »andere Supermacht« führen müsse. Natürlich ist es auch möglich, daß sowjetische Beobachter die Situation einfach falsch einschätzten: Sie mögen erwartet haben, daß die religiöse Bewegung nur das Instrument sei für progressivere soziale Kräfte, daß Khomeini nur eine Symbolfigur sei für die Massen, die bald unter eine linke Führung gelangen würden.

Moskau begann jedenfalls im September 1978, gegen den Schah und besonders gegen die USA zu agitieren. Die iranische Krise war, so behaupteten die Sowjets, die logische Folge der »amerikanischen Plünderung« des Iran und der Einmischung der USA in die inneren Angelegenheiten des Iran.[85] Am 18. November 1978 warnte Leonid Breschnew Washington, daß »jegliche Einmischung in iranische Angelegenheiten, von militärischer Intervention ganz zu schweigen, von der UdSSR als angrenzendem Land als Bedrohung ihrer eigenen Sicherheit gewertet würde«. Wegen dieser Erklärung fühlte sich Moskau später berechtigt zu behaupten, »die iranische Revolution beschützt« zu haben.[86] In persischsprachigen Rundfunksendungen an den Iran erinnerte Moskau die Iraner gerne daran, daß amerikanische Waffen gegen sie gerichtet waren[87] und daß die Amerikaner die wahren Feinde seien.[88]

Sie beschuldigten Washington, den Iran wie eine Kolonie zu behandeln und den Iranern das Recht abzusprechen, nun endlich ihre eigene Regierung zu bestimmen.[89] Die Sowjets ermutigten die iranischen Ölarbeiter, ihren Streik fortzusetzen, und drängten die Tudeh-Partei, eine Koalition mit anderen Oppositionellen einzugehen. Veröffentlichungen der Tudeh-Partei priesen Khomeini und die religiöse Bewegung, nannten sie »Revolutionäre« und »Freunde aller Unterdrückten«.[90]

Moskau begrüßte die neue iranische Regierung, besonders ihre Entscheidung, sich aus dem CENTO-Pakt zurückzuziehen und die Überwachungsanlagen der USA abzubauen. Moskau animierte die neue Regierung dazu, den Bruch mit Washington noch zu verstärken[91] und eine Neuorientierung hinsichtlich ihrer ökonomischen und militärischen Beziehungen vorzunehmen.[92] Sowjetische Theoretiker werteten den erfolgreichen Aufstand wegen seines antiimperialistischen Charakters als positive Entwicklung[93] und rangen sich bemerkenswerterweise sogar die Aussage ab, daß traditionelle Elemente einer Gesellschaft eine positive Rolle spielen könnten. Es hieß z. B.: »Sozialer Fortschritt ist im Osten undenkbar ohne den Beitrag der traditionellen Kräfte.«[94]

Breschnew und andere Politiker beteuerten ihren Wunsch nach einer »guten Nachbarschaft« zwischen den beiden Ländern und nach einer Intensivierung der ökonomischen und militärischen Beziehungen.[95] Schon 1979 jedoch sahen andere sowjetische Wissenschaftler in der iranischen Entwicklung eine konterrevolutionäre Tendenz, die den Interessen der Bourgeoisie und der Mittelschicht entgegenkämen. Diese, so wurde argumentiert, betreffe »moslemische Personen«, die »die linken Kräfte des Landes ausschalteten und in die Isolation drängten«.[96]

Die Sowjetunion und die pro-sowjetische Linke im Iran haben sich seit dem Sturz des Schahs bemüht, einige enggesteckte Ziele zu verfolgen, obwohl sich die Schwerpunkte immer wieder verlagert haben. Am Anfang standen die propagandistischen Bemühungen, die Aggressionen gegenüber den USA zu schüren und die Dissoziation von den Amerikanern zu beschleunigen. Während die USA versuchten, jede Schuld an den inneren Konflikten des Iran von sich zu weisen, waren die Sowjets eifrig bemüht, Washington die Verantwortung zu geben. Sie schrieben den USA die Schuld für Bombenexplosionen[97] und für den Golfkrieg zu. Sie beschuldigten die Amerikaner, die arabischen Staaten zu ermutigen, sich dem Krieg gegen den Iran anzuschließen und somit einen schnellen militärischen Sieg des Iran zu verhindern.[98] Der Rundfunksender der Tudeh-Partei in Baku (NVOI-National Voice of Iran) warnte die Iraner, daß sich US-Truppen in der Nähe befänden und daß Washington aggressive Absichten gegenüber dem Iran hege.[99] Weil sich die Saudis weigerten, dem Wunsch der Iraner folgend weniger Öl zu produzieren, wurde Washington der Monopolwirtschaft bezichtigt.[100]

Die Krise um die Geiselnahme bot neue propagandistische Möglichkeiten. Während sowjetische Politiker der westlichen Öffentlichkeit versicherten, daß sie die internationalen Konventionen über die diplomatische Immunität respektierten, ermutigten sie den Iran zu größerer Radikalität. Gegenüber den Iranern behauptete man, der Schah hätte ein Vermögen von mehr als 20 Milliarden US-Dollar in den USA, die verhaßte SAVAK sei eine Zweigstelle der CIA, Washington versuche, den Schah wieder auf den Thron zu bringen, und amerikanische Politiker inklusive Henry Kissinger nähmen Bestechungsgelder vom Schah entgegen.[101] Moskau bot den Iranern neue Transitwege im Falle einer amerikanischen Blockade an.

Zum zweiten war die sowjetische Regierung bestrebt, die Linke zu stärken. Man versuchte, anti-sowjetisch eingestellte iranische Beamte als Agenten der »satanischen« USA bloßzustellen und ihre »Eliminierung« zu fordern.[102] Moskau bemühte sich um eine größere Toleranz des Regimes gegenüber pro-sowjetischen Gruppen, besonders gegenüber der kommunistischen Tudeh-Partei, und befürwortete radikale polit-ökonomische Grundsätze.

Drittens versuchte die Sowjetunion, den Iran von ökonomischen Bindungen und der Zusammenarbeit mit pro-westlichen Staaten in der Region abzuhalten. Der Radiosender NVOI verkündete, daß »Freunde der USA keine Freunde der islamischen Republik sein könnten«.[104] Moskau scheint insbesondere über ökonomische Beziehungen zwischen Iran, der Türkei und Pakistan beunruhigt gewesen zu sein. Beide Länder wurden beschuldigt, gegen die iranische Revolution konspiriert zu haben und den Iran in den CENTO-Pakt und durch eine »Hintertür« zurück in die ökonomische Abhängigkeit zu führen.[105] Nachdem die sowjetische Regierung erfuhr, daß der Iran sich für den Kauf chinesicher Waffen interessierte, trachteten sie auch dieser Annäherung entgegenzuarbeiten.[106]

Viertens bemühte sich die Sowjetunion, das iranische Mißtrauen gegenüber der sowjetischen Politik in der Region abzubauen, das durch die sowjetische Invasion Afghanistans noch intensiviert worden war. Gleichzeitig versuchte sie, den Iran zu engerer ökonomischer, politischer und militärischer Zusammenarbeit zu bewegen. Von Anfang an war die Sowjetunion bestrebt, sich als Verteidiger des neuen Regimes zu präsentieren und Hilfe zu offerieren.[107]

Sowjetische Gesandte in Teheran haben Khomeini wiederholt Moskaus Unterstützung auf vielen Gebieten angeboten.[108] Es wurde Teheran nahegelegt, »von diesen Angeboten Gebrauch zu machen«, und diejenigen, die enge Beziehungen ablehnten, wurden als Konterrevolutionäre bezeichnet.[109] Diese Bemühungen gipfelten in einigen wirtschaftlichen Abmachungen, die aber nicht das von der Sowjetunion gewünschte Ausmaß erreichten. De facto haben in den iranisch-sowjetischen Beziehungen im Vergleich zur Schah-Zeit keine gravierenden Veränderungen stattgefunden. Auf die anfängliche Freude der Sowjets über den Sturz des Schahs und die anti-amerikanischen Gefühlsaufwallungen in der Öffentlichkeit folgten Entwicklungen, die eher eine ambivalente Reaktion hervorrufen mußten. Als 1983 die Tudeh-Partei verboten wurde und 18 sowjetische Diplomaten des Landes verwiesen wurden, war dies ein großer Rückschlag für die sowjetisch-iranischen Beziehungen. Die iranische Ablehnung der sowjetischen Annäherungsversuche hatte mehrere Gründe: Angst vor sowjetischer Einmischung und Expansionismus; Ablehnung der sowjetischen Politik im Mittleren Osten; die Ideologie der Blockfreiheit und letztlich Konflikte über wirtschaftliche Fragen.

Angst vor einer sowjetischen Intervention

Nach dem Sturz des Schahs befürchteten sowohl die Modernisten als auch die Fundamentalisten fremde Einmischung. Bazargan warnte die Sowjets und die Amerikaner vor einschlägigen Versuchen. Dieselbe Warnung wurde auch von Khomeini wiederholt.[110] Moskau versicherte, keine derartigen Absichten zu haben; dennoch gewährte Moskau der Tudeh-Partei finanzielle Unterstützung und errichtete den »Untergrund«-Radiosender NVOI. Mit sowjetischer Rückendeckung verfolgte die Tudeh-Partei die Strategie, ihre Unterstützung für die Regierung kundzutun und gleichzeitig die radikalen Fundamentalisten zu ermutigen, antisowjetische Elemente, die möglicherweise dem Khomeini-Regime gefährlich werden könnten, zu entfernen. Die Tudeh-Partei befürwortete die Amtsenthebung der Regierung Bazargan, die Absetzung Bani-Sadrs, die Hinrichtung Ghotbzadehs und die Angriffe gegen die Mudschaheddin. Die Tudeh-Partei sah in den pro-westlichen politischen Gruppen ihre Hauptrivalen und glaubte, daß mit deren Eliminierung die Chancen der pro-sowjetischen Linken, die »Revolution zu erben«, erhöht würden. Sie hofften, daß sich die von dem fundamentalistischen Regime enttäuschten moderneren und liberaleren sozialen Kräfte der Tudeh-Partei zuwenden würden. Ein Teil dieser Strategie bestand in der Unterwanderung des Militärs, der Pasdaran und der Bürokratie. Anfänglich zeigte die Khomeini-Regierung große Toleranz gegenüber der Tudeh-Partei. Aber schließlich wurde die Partei verboten, und mehr als 1000 ihrer Mitglieder wurden verhaftet. Führer der Partei mußten im Fernsehen öffentlich »Geständnisse« ablegen und zugeben, für die Sowjetunion Spionage betrieben zu haben.[111] Ebenso wie die Modernisten unterschätzten auch die Linken die politischen Ambitionen und die Tragfähigkeit der Fundamentalisten. Beide Supermächte mußten erleben, daß die ihnen nahestehenden Gruppen von einer Bewegung, die sie als nicht ernstzunehmendes Begleitphänomen einer Ausnahmesituation bewertet hatten, taktisch und strategisch ausgeschaltet wurden.

Neben der Unterstützung der Tudeh-Partei hielt Moskau auch die Verbindung zu ethnischen Minderheiten aufrecht, ein Faktor, der das iranische Regime sehr beunruhigte. Die sowjetische Politik in diesem Punkt hat sich aber einem mehrfachen Wandel unterzogen. Nach dem Sturz des Schahs versuchte Moskau, seine Beziehungen zu den Minderheiten zu festigen. Als die sowjetische Regierung dann eine Verärgerung der neuen Regierung fürchtete, predigte man den Minderheiten Kooperation und Mäßigung gegenüber der Regierung. Aber auch diese Politik wurde bald wieder zugunsten einer Unterstützung der Minderheiten aufgegeben.

Laut Amir-Entezam waren gleich nach dem Sturz des Schahs »sowjetische Überflüge ein echtes Problem«.[112] Zwar hatte die iranische Regierung den Sowjets z. B. die Erlaubnis erteilt, die Provinz Mazandaran in einer Höhe von 7000 Metern zu überfliegen. Die Flugzeuge flogen statt dessen in einer Höhe von 1400 Metern und warfen dabei Pakete unbekannten Inhalts für kurdische Dissidenten ab. Außenminister Ghotbzadeh teilte mit, daß »erhebliche Mengen sowjetischer Waffen« in Kurdistan gefunden worden seien. Er warf Moskau auch vor, Geld und Luftaufnahmen von iranischen militärischen Stellungen an die Kurden gesandt zu haben.[113] Amir-Entezam berichtete, daß die Sowjets acht 50-Watt-Sender an strategischen Punkten installiert hätten, um »subversive Informationen zu verbreiten«.[114] Die iranische Regierung habe sie aber entdeckt und beschlagnahmt. Von der DPK spaltete sich eine sowjetfreundliche Fraktion ab, und DPK-Führer Ghassemlu hat die Sowjets als »Freunde« bezeichnet. Teheran hat behauptet, daß DPK-Führer 1979 nach Moskau gereist seien und dort um militärische und finanzielle Hilfe gebeten hätten.[115]

Außerdem hat Moskau die Beziehungen nach Aserbeidschan aufrechterhalten, ohne öffentlich die Unabhängigkeit der Provinzen zu fordern.[116] Im Juni 1980 wurde ein sowjetischer Diplomat aufgrund seiner Spionagetätigkeit aus dem Iran ausgewiesen. Ghotbzadeh beschuldigte Moskau der Einmischung in iranische Angelegenheiten. Die iranische Regierung schloß das sowjetische Konsulat in Rasht und legte Moskau nahe, die Zahl seiner Diplomaten zu verringern. In einer Mitteilung an den sowjetischen Außenminister Gromyko vom August 1980 beschuldigte Ghotbzadeh die Sowjets, Waffen an die Kurden zu liefern. Er verlangte auch die sofortige Einstellung der sowjetischen Spionagetätigkeit im Iran.[117] Die Spannungen verschärften sich noch, als die Sowjets sich weigerten, dem Wunsch des Iran zu entsprechen und das »Freundschaftsabkommen« zwischen den beiden Ländern aus dem Jahr 1921 für nichtig zu erklären. Darin behielt sich Moskau das Recht vor, im Iran zu intervenieren, falls ein drittes Land vom Iran aus die Sowjetunion bedrohe oder falls der Iran zum Stützpunkt »anti-sowjetischer Aggressionen« würde. Die Iraner befürchteten, daß Moskau dieses Abkommen als Vorwand benützen könnte, um eine ihnen passendere Entwicklung einzuleiten.[118]

Ideologische Feindseligkeit

Die ideologische Feindseligkeit gegenüber der Sowjetunion ist im Iran stark ausgeprägt. Obwohl die USA das Hauptangriffsziel der fundamentalistischen Rhetorik sind, blieb auch Moskau nicht verschont.[119] Der Wahlspruch »weder Ost noch West« behielt im wesentlichen seine Berechtigung, obwohl die Stellung der USA als Hauptfeind sich eher noch verschärfte.

Khomeini hat bei vielen Anlässen heftige Kritik an der Sowjetunion geübt. In seiner Neujahrsansprache 1980 warnte er seine Zuhörer: »Liebe Freunde! Seid euch im klaren darüber, daß die Gefahr, die von den kommunistischen Mächten ausgeht, nicht geringer ist als die von Amerika.«[120] Ausrufe wie »Tod für Amerika« sind bei Nationalfeierlichkeiten und in Gegenwart von Regierungsmitgliedern zeitweise auch von Rufen nach dem »Tod der

Sowjetunion« begleitet.[121] Die Programme der Regierungssender verbreiten kritische Berichte[122] über die sowjetische Außenpolitik und ihre Ziele in der Dritten Welt. NVOI hat den iranischen Rundfunk und das Fernsehen (»Stimme und Blick«) infolge dieser anti-sowjetischen Berichterstattungen sogar als »Sprachrohr des internationalen Kapitalismus« bezeichnet.[123] Die anti-sowjetischen Äußerungen haben aber nicht annähernd das gleiche Ausmaß wie die anti-amerikanischen angenommen.

Ökonomische Konflikte

Khomeini betonte bereits in seinem Pariser Exil die parallel verlaufende Plünderung des Iran durch beide Supermächte: die USA raubten das Öl und die Sowjets das Erdgas. Die Erdgasexporte wurden während der Unruhen gegen das Schah-Regime durch Streiks unterbrochen. Nach der Etablierung der neuen Regierung entwickelte sich zwischen den beiden Ländern ein Konflikt über den Preis, den Moskau für das Gas bezahlen sollte. Der Iran verkaufte zwar ab April 1979 wieder Gas, jedoch versuchte er eine fünffache Preiserhöhung durchzusetzen (von 0,76 US-Dollar für 28 m^3 auf 3,80 US-Dollar), was allerdings nur eine Angleichung an den Weltmarktpreis bedeutete. Moskau lehnte diese Erhöhung ab und war nur bereit, 2,66 US-Dollar zu zahlen. Daraufhin stellte der Iran die Lieferung im März 1980 ein. Die Khomeini-Regierung stoppte den Bau der zweiten iranischen Erdgasleitung, die 1981 fertiggestellt werden und die Lieferungen an die Sowjetunion verbessern sollte.[124] Laut dem ziemlich komplizierten Abkommen hätten die Sowjets entsprechende Mengen nach Westeuropa weiterführen und dafür Transitgebühren erhalten sollen, die Iran mit Gaslieferungen abgegolten hätte. Moskau versuchte alles, um die Stornierung dieses Abkommens, das die ökonomischen Beziehungen zum Iran gefestigt hätte, zu verhindern. Als Alternative überlegte sich die iranische Regierung, das Gas über die Türkei nach Westeuropa zu leiten. Moskau bemühte sich vergeblich, die Verbesserung der Wirtschaftsbeziehungen zwischen Teheran und Ankara zu sabotieren.

Der verminderte Gasexport bedeutete eine Verringerung des gesamten iranischen Exports an die Sowjetunion. Laut Daten des »International Monetary Fund« (IMF) ging der Export iranischer Güter an die Sowjetunion von 64 Millionen US-Dollar 1978 auf 33

Millionen US-Dollar 1981 zurück. Umgekehrt jedoch stiegen die Importe aus der Sowjetunion und ihren Verbündeten in bedeutendem Ausmaß von nur 767 Millionen US-Dollar 1978 auf 1,1 Milliarden US-Dollar 1980. Importe aus den RGW-Staaten betrugen 1980 8,8% der gesamten Einfuhren in den Iran, während es 1978 nur 3,9% gewesen waren.[125]

Moskau profitierte während des Geiseldramas von dem amerikanischen Wirtschaftsembargo. Der Transit iranischer Güter durch die Sowjetunion nahm während dieser Phase zu. Teheran war jedoch gleichzeitig bemüht, die Abhängigkeit von Moskau in Grenzen zu halten. 1987 führte die erneute Verschärfung in den Beziehungen zu den USA zur wirtschaftlichen Annäherung an die Sowjetunion.

Ablehnung der sowjetischen Politik im Mittleren Osten

Zwei Krisen im Mittleren Osten haben Irans Beziehungen zur Sowjetunion besonders belastet: zum einen die sowjetische Invasion in Afghanistan und zum anderen der Golfkrieg. Die Fundamentalisten lehnen, wie der Schah, das marxistisch-leninistische Regime in Afghanistan ab. Das Khalq-Regime in Kabul hat allerdings – Moskaus Beispiel folgend – der von Khomeini geführten Revolte gegen den Schah ihre Unterstützung ausgedrückt.

Das wird ihnen nicht leicht gefallen sein, denn einige ihrer stärksten Widersacher im eigenen Land standen Khomeini ideologisch sehr nahe, und umgekehrt hatte die gesamte iranische Opposition ihre Ablehnung des Regimes kundgetan und die Sowjetunion vor jeder weiteren Einmischung in Afghanistan gewarnt.[126] Trotz ihrer Spannungen mit den USA und der Geiselaffäre scheute sich die neue iranische Führung nicht, auch die andere Supermacht zu attackieren und die sowjetische Invasion in Afghanistan vom Dezember 1979 schärfstens zu verurteilen. Außenminister Ghotbzadeh bezeichnete die Invasion als »einen Akt der Feindschaft nicht nur gegen das afghanische Volk, sondern gegen alle Moslems der Welt«.[127] Bani-Sadr bezichtigte Moskau, aggressive Absichten gegen die ganze Region zu hegen, und verlangte den sofortigen und bedingungslosen Rückzug.[128] Auch Khomeini hat bei vielen Gelegenheiten die Invasion scharf kritisiert.[129] Iran hat die Olympischen Spiele in Moskau boykottiert und bei internationalen Treffen, wie der Islamischen Konferenz, den Treffen der Blockfreien und der UNO-Generalversammlung, den Sowjets gegenüber stets einen harten Standpunkt eingenommen. Der iranische Außenminister weigerte sich, an den UN-Friedensgesprächen in Genf 1982 teilzunehmen. Die Verurteilung des sowjetischen Vorgehens ist ein immerwährendes Thema iranischer Erklärungen geblieben, selbst nachdem der Ausbruch des Krieges mit dem Irak die Konflikte mit den USA erneut in den Vordergrund stellten. Während die an Pakistan gerichteten sowjetischen Stellungnahmen zu Afghanistan einen eher drohenden Unterton zeigten, waren die Botschaften an den Iran anfangs belehrend: Teheran »mißverstehe« die sowjetischen Beweggründe. Der an der Grenze zum Iran stationierte Sender NVOI versuchte die Iraner davon zu überzeugen, daß die afghanischen Partisanen »Konterrevolutionäre«[130] seien: genau wie diejenigen, die gegen die Fundamentalisten im Iran kämpften. Ferner wurde betont, daß die afghanischen Partisanen von Israel und den USA unterstützt würden.[131] Irans offizielle Berichterstattung über Afghanistan wurde als »desorientiert« bezeichnet.[132] Der Iran wurde auch aufgefordert, die afghanischen Flüchtlinge nach Afghanistan zurückzuschicken.[133] Im Laufe der Zeit ist die sowjetische Haltung auch gegenüber dem Iran militanter geworden. Zeitweise wurden in sowjetischen Rundfunksendungen führende Mitglieder der IRP beschuldigt, afghanische Partisanen zu unterstützen.[134]

Afghanistan wird von der Sowjetunion als Volksdemokratie dargestellt, und der NVOI bedrängte den Iran, normale diplomatische Beziehungen zu Kabul aufzunehmen.[135] Während die iranische Rhetorik in der Afghanistan-Frage sehr massiv ist, beschränkt sich ihre reale Unterstützung auf die Schiiten, die höchstens 10% der afghanischen Bevölkerung ausmachen.

Die zweite große Belastung für die sowjetisch-iranischen Beziehungen ist der Iran-Irak-Krieg. Für die Sowjets entstand daraus ein großes Dilemma. Denn einerseits bestand zwischen der Sowjetunion und dem Irak ein Freundschaftsabkommen, und der Irak war ein Hauptabnehmer sowjetischer Waffen. Andererseits hatten sich die Beziehungen zwischen den beiden Staaten infolge der Invasion in Afghanistan, von Bagdads schlechter Behandlung der Irakischen kommunistischen Partei und durch den Konflikt zwischen Syrien und Irak sehr verschlechtert.

Auf der anderen Seite nahm der Iran einen zentralen Stellenwert im strategischen Denken der Sowjetunion ein. Moskau hoffte seinen Einfluß im Iran zu vergrößern und von der Verschlechterung der iranisch-amerikanischen Beziehungen profitieren zu können. Angesichts der Wichtigkeit des Golfs für die Industriestaaten lag es auf der Hand, daß die Sowjetunion den größtmöglichen Nutzen aus diesem Konflikt erzielen wollte. Um so wichtiger war es, Fehler zu vermeiden. Wenn sie den Irak unterstützte, lief sie Gefahr, den Iran wieder in die Arme des Westens zu treiben. Den Irak nicht zu unterstützen hieße aber, den totalen Bruch zu riskieren. Hilfe für den Iran könnte den sowjetischen Einfluß zwar sehr verstärken, würde aber zugleich die Beziehungen zu den arabischen Ländern beeinträchtigen.

Moskaus offizielle Haltung zielte daher auf Neutralität. Die sowjetische Regierung und ihre Verbündeten sprachen sich offiziell für eine schnelle Beendigung des Golfkrieges aus, da er nur den »Imperialisten« diene. Moskaus tatsächliche Politik begünstigte jedoch den Iran. Offensichtlich hatte Moskau schließlich gefunden, daß der Iran doch das geostrategisch wichtigere Land sei. Um dem Iran ihre guten Absichten zu bezeugen, stellte die sowjetische Regierung die Waffenlieferungen an den Irak ein, hielt aber die ökonomischen Beziehungen aufrecht. Sie bot dem Iran Waffen an und unterzeichnete ein Freundschaftsabkommen mit Syrien, dem Gegner des Irak und Verbündeten des Iran.

Moskaus politisches Vorgehen brachte jedoch nur mäßigen Erfolg. Iran dürfte zwar Waffen von den Sowjets (und auch von sowjetischen Verbündeten wie Libyen, Syrien und Nordkorea) gekauft haben, obgleich dies offiziell bestritten wurde. Aber schließlich kauften die Fundamentalisten auch von Israel und auf dem internationalen Schwarzmarkt Waffen und bewiesen damit ihren pragmatischen Standpunkt: Waffenkäufe waren noch keine Sympathiebezeugung. Iran war nicht gewillt, sich in irgendeine Abhängigkeit von der Sowjetunion zu bringen.

Als der Iran im Krieg mit dem Irak die Oberhand zu gewinnen schien – oder vielleicht auch aus Verärgerung über den mangelnden Erfolg ihrer Annäherungsversuche –, wechselten die Sowjets erneut ihre politische Strategie. Sie verurteilten den iranischen Einmarsch in irakisches Gebiet im Frühjahr und Sommer 1982.[136] Die Sowjets wollten genausowenig wie die USA, daß das fundamentalistische Beispiel des Iran sich auf die Nachbarländer ausbreitete. Bei der Sowjetunion mag auch die Befürchtung hinzugekommen sein, daß ein wachsender Einfluß des Iran möglicherweise die eigene moslemische Bevölkerung erfassen könnte. Moskau hat seine Unterstützung für den Irak ausgeweitet und auch bessere Waffensysteme wie die MIG 29 geliefert.

Gemeinsam mit den USA unterstützt die Sowjetunion im Sicherheitsrat der Vereinten Nationen die Resolution 598, die ein sofortiges Ende der iranisch-irakischen Kriegshandlungen verlangt. Aber sie ist nicht bereit, Druck gegen den Iran auszuüben, um dieser Forderung Gewicht zu verleihen. Auch dem Wirtschaftsembargo gegen den Iran hat sie sich nicht angeschlossen. Die sowjetische Regierung ist sich hinsichtlich ihrer Politik offenbar unschlüssig, da sich zwei Ziele gegenüberstehen: zum einen die Absicht, den fundamentalistischen Einfluß einzudämmen, zum anderen der Wunsch, gute Beziehungen zu diesem fundamentalistischen Regime zu unterhalten und den sowjetischen Einfluß zu verstärken. Dieses zweite Ziel ist für die Sowjetunion so reizvoll, daß sie nur schwer auf Handlungen verzichten wird, die es begünstigen könnten.

Im wesentlichen jedoch hat diese Annäherungspolitik keine nennenswerten Fortschritte erzielen können. Der Iran hält an seiner Politik der Neutralität im Ost-West-Konflikt fest und bewahrt gegenüber beiden Supermächten gleichermaßen Distanz. Die weiteren Entwicklungen in den sowjetisch-iranischen Beziehungen werden von zwei Faktoren abhängen: vom Fortgang der amerikanisch-iranischen Beziehungen und von den innenpolitischen Tendenzen im Iran. Innerhalb des fundamentalistischen Regimes bestehen offenbar unterschiedliche Meinungen, wie stark sich die Beziehungen zur Sowjetunion gefahrlos ausbauen lassen. Selbst bei Beibehaltung des Prinzips der Blockfreiheit wären größere wirtschaftliche und militärische Beziehungen zur Sowjetunion möglich, vor allem dann, wenn sich die Feindseligkeiten gegenüber den USA weiter zuspitzen und militärische Konfrontationen stattfinden.

4. Die Islamische Republik und der Nahe und Mittlere Osten

Die iranische Politik während der Koalitionsphase

Die unterschiedlichen politischen Positionen von Fundamentalisten und Modernisten in bezug auf den Mittleren und Nahen

Osten sind nicht sofort evident. Beide Gruppen vertraten viele gemeinsame Standpunkte, aber es existierten auch Unterschiede zwischen und innerhalb der Gruppen. Diese Differenzen lassen sich deutlich für die Zeit der Parallelregierung unmittelbar nach dem Sturz des Schahs herausarbeiten.

Der Nahost-Konflikt. Modernisten wie Fundamentalisten unterstützen die Palästinenser, und beide kritisierten heftigst die engen Beziehungen, die der Schah zu Israel unterhalten hatte. Die Fundamentalisten, die gemäßigten Modernisten, die Mudschaheddin und die Fedajin unterhielten Beziehungen zur PLO, besonders zur führenden Fraktion Al Fatah. Bald nach Khomeinis Rückkehr in den Iran besuchten zahlreiche PLO-Führer, unter ihnen Yasser Arafat, den Iran. Die PLO richtete mehrere Büros im Iran ein, darunter auch eines in Chusistan, der arabisch-sprachigen Region des Landes. Die PLO beteiligte sich auch an der Ausbildung der Pasdaran.[137]

Wenig später jedoch kam es bezüglich der PLO zwischen den Modernisten und den Fundamentalisten, und auch unter den Modernisten selbst, zu Differenzen. Mißtrauen über die Art der Aktivitäten der PLO im Iran kam auf. Einige iranische Politiker fürchteten eine Einmischung der PLO in den Chusistan-Konflikt und waren verärgert über die engen Beziehungen der PLO zu den Mudschaheddin und Fedajin. Sie befürchteten, daß die PLO diese linken Gruppen für den bewaffneten Kampf ausbilde. Der stellvertretende Ministerpräsident Amir-Entezam teilte den Amerikanern die Sorgen seiner Regierung über das PLO-Büro in Ahwaz mit[138] und äußerte die Befürchtung, daß Georges Habasch, der Führer der Volksfront für die Befreiung Palästinas (Popular Front for the Liberation of Palestine, PFLP), den Iran »destabilisieren« wolle.[139] Er verlangte von der amerikanischen Regierung, daß sie etwaige Informationen über geplante palästinensische Aktivitäten gegen seine Regierung weiterleiten sollte.

Fundamentalisten und Modernisten wie Ghotbzadeh und Yazdi (beide hatten im Libanon gelebt und hatten Beziehungen zur PLO) befürworteten während dieser Phase engere Beziehungen zur Fraktion Arafats. Auch Khomeini sprach sich für die Unterstützung der PLO aus. Amir-Entezam äußerte im Mai 1979 gegenüber den Amerikanern, die iranische Regierung könne nichts gegen die verdächtigen Aktivitäten der PLO unternehmen, weil

Khomeini mit ihnen sympathisiere und sich hinter sie stelle.[140] Die Palästina-Frage war von solch symbolischer Bedeutung, daß Khomeini sich gar nicht erst mit der Regierung Bazargan absprach, als er als Reaktion auf das ägyptisch-israelische Friedensabkommen vom März 1979 die diplomatischen Beziehungen zu Ägypten abbrach.

Der »Export der Revolution«. Irans offizielle Verlautbarungen, die »Revolution« in andere islamische Staaten zu exportieren, war ebenfalls innenpolitisch umstritten. In der ersten Euphorie über den Sturz des Schahs hatten auch »internationalistische« Werte an Einfluß gewonnen.

Die Fundamentalisten befürworteten generell ähnliche Revolten in anderen islamischen Ländern, insbesondere in den Staaten des Persischen Golfs. Diese Politik ist im Programm der IRP verankert worden. Khomeini verdammte die – islamischen – Monarchien im Persischen Golf als »atheistisch«. Publikationen der Fundamentalisten attackierten die irakische sozialistisch-laizistische Baath-Partei, bezeichneten die Golf-Emirate und Saudi-Arabien als Satelliten der USA und warnten Bahrain, es solle lieber aus eigener Kraft eine fundamentalistische Regierung einsetzen, da Teheran ihnen andernfalls eine aufzwingen müsse.[141]

Fundamentalistische Religionsgelehrte wurden in die umliegenden Länder entsandt, um Widerstand zu den jeweiligen Regimen zu mobilisieren. Khomeini benutzte z. B. religiöse Veranstaltungen wie die Pilgerfahrten nach Mekka dazu, die Moslems dieser Welt zur Rebellion gegen »Tyrannei und Imperialismus« aufzurufen. Die Fundamentalisten mögen der Überzeugung gewesen sein, daß das Übergreifen ähnlicher Revolten auf andere Staaten in der Region nicht nur aus religiöser Überzeugung gefördert werden müsse, sondern auch eine notwendige Voraussetzung für die Sicherheit und den Bestand des eigenen Regimes sei. So argumentierten sie jedenfalls in einschlägigen Stellungnahmen.

Die Modernisten hatten keine einheitliche Meinung in dieser Frage. Manche teilten die Absicht der Fundamentalisten, die »islamische Revolution« zu »exportieren« und gegen andere Staaten in der Region zu agitieren. Diese Position wurde besonders von Ghotbzadeh und Bani-Sadr vertreten. Als Chef des iranischen Radios und Fernsehens ließ Ghotbzadeh hitzige Verlautbarungen an die Golfstaaten in arabischer Sprache ausstrahlen. (Als Außenminister trat er dann für eine gemäßigtere Politik ein.) Dies geschah gegen den Willen anderer Mitglieder der Regierung, inklusive des Ministerpräsidenten und Außenministers Ibrahim Yazdi, der gute Beziehungen zu den Nachbarstaaten anstrebte.[142] Die Unstimmigkeiten dürften nicht nur auf ideologische Differenzen zurückzuführen sein, sondern spiegeln auch die unterschiedlichen Perspektiven wider, die verschiedene politische Ämter mit sich bringen. Jene Politiker, die für außenpolitische Fragen zuständig waren, mögen notgedrungen »diplomatischer« gesinnt gewesen sein. Denn auffälligerweise waren es in erster Linie der Ministerpräsident und der Außenminister, die die Wichtigkeit korrekter Beziehungen zu den Nachbarstaaten und die Notwendigkeit politischer Stabilität betonten. Möglicherweise fürchteten sie auch die Vergeltung der Nachbarländer, z. B. die Unterstützung von Regimegegnern.

Irak und Iran hatten zu diesem Zeitpunkt schon begonnen, sich gegenseitig Einmischung in ihre inneren Angelegenheiten vorzuwerfen. Das irakische Regime fühlte sich durch die Entwicklungen im Iran besonders gefährdet, denn hier wurde die schiitische Bevölkerungsmehrheit von einer sunnitischen Minderheit beherrscht. Der Iran befürchtete eine irakische Einmischung in die Unruhen in Chusistan und Kurdistan. Der Irak unterhielt anscheinend schon zu diesem Zeitpunkt Verbindungen zu Schapur Bachtiar und verschiedenen ehemaligen iranischen Militärs, die später zu Gegnern des Khomeini-Regimes wurden. Yazdi, der vor dem erfolgreichen Umsturz im Iran gemeint hatte, auch der Irak sei reif für eine ähnliche Entwicklung, bemühte sich im Herbst 1979 beim Treffen der Blockfreien in Havanna um die Zusicherung des irakischen Staatschefs Saddam Hussein, sich nicht in die inneren Angelegenheiten des Iran einzumischen. Yazdi erklärte seinerseits, daß der Iran »seine Revolution nicht exportieren« wolle. Für dieses Treffen mit Saddam Hussein wurde Yazdi von den Fundamentalisten scharf kritisiert.[143] Mit dem wachsenden Einfluß der Fundamentalisten nahm im Irak die Beunruhigung über die iranischen Entwicklungen zu. Man befürchtete, daß der Iran allmählich zu einer ernsten Bedrohung für die Stabilität und die Ambitionen des Irak in der Region werde.

Die Außenpolitik der Islamischen Republik gegenüber den Nachbarn ist der eines totalitären Regimes in seiner Konsolidierungsphase vergleichbar. In der Hoffnung, ihre Vorstellung eines islamischen Republikanismus in der Region ausdehnen zu können, hat der Iran viele traditionelle diplomatische Gepflogenheiten mißachtet und viele Nachbarstaaten verschreckt.

Das iranische Regime hat die Bevölkerung in den Nachbarstaaten aufgerufen, gegen ihre Regierungen zu rebellieren. Es hat viele Oppositionsgruppen unterstützt, regionale und islamische Veranstaltungen dazu benutzt, um Unterstützung für die eigene Position zu mobilisieren. Die tatsächliche Politik jedoch entsprach nicht immer dieser militanten Deklaration, und einige Fortentwicklungen der iranischen Außenpolitik lassen einen starken Hang zum Pragmatismus erkennen. Wie schon der Schah wollen auch die Fundamentalisten die Dominanz des Iran in der Region durchsetzen. Sie haben in der Verfolgung dieses Zieles jedoch andere Mittel gewählt und ihre Bündnispolitik grundlegend verändert. Ihre bevorzugten Bündnispartner sind nicht mehr die gemäßigten, sondern die radikalen islamisch-arabischen Staaten.

Der »Export der Revolution«. Mit dem Rücktritt der Regierung Bazargan gewannen die radikaleren Gruppen an Einfluß. Dieser verstärkte Radikalismus zeigte sich z. B. bei der Frage des »Exports der Revolution«. Fundamentalistische Führer, Khomeini und Montazeri inbegriffen, betonten dieses Ziel, besonders in Hinblick auf Pakistan, die Türkei und die Golfstaaten.[144] Khomeini glaubte scheinbar, daß die Ausbreitung der Revolution für das Überleben des iranischen Regimes unverzichtbar sei. Er verkündete im März 1980:

»Wir müssen dafür kämpfen, die Revolution in die ganze Welt zu exportieren, und dabei dürfen wir nicht zögern, denn der Islam gestattet keine Trennung der islamischen Länder. Er ist der Fürsprecher aller unterdrückten Völker. Außerdem sind unsere Feinde entschlossen, uns zu vernichten und wenn wir klein und isoliert bleiben, werden wir gewiß besiegt.«[145]

Ghotbzadeh wünschte sich, wie bereits erwähnt, als Außenminister bessere Beziehungen zu den umliegenden Staaten, inklusive Pakistan und den arabischen Golfstaaten. Er fürchtete, daß die Abwendung vom Westen und der Isolationismus das Land letztlich zu engeren Bindungen an die Sowjetunion drängen würden. Die Fundamentalisten kritisierten diese Sichtweise. Sie begrüßten die Isolation und waren der Meinung, daß Pakistan reif sei für eine »islamische Revolution«. Ghotbzadeh wurde im August 1980 seines Amtes enthoben.

Der Extremismus der iranischen Außenpolitik trug auch zur Verschärfung der Beziehungen zum Irak und schließlich zum Kriegsausbruch bei. Das Verhältnis zwischen beiden Ländern war in der Vergangenheit oft durch regionale Rivalitäten gekennzeichnet. Der moderne Nationalismus des Baath-Regimes steigerte diese Konflikte noch, territoriale Grenzstreitigkeiten, z. B. um den Schatt-el-Arab, kamen hinzu.[146] In der jüngsten Zeit waren die Konflikte zwischen den beiden Ländern immer dann am schärfsten, wenn Teheran und Bagdad von rivalisierenden Ideologien beherrscht waren.

Der Sturz des Schahs wurde vom Irak als risikoreiche Wende gesehen, aber zugleich auch als Chance, die eigene Position zu verbessern. Auf der anderen Seite wurde das Baath-Regime von den fundamentalistischen Führern heftig denunziert. Für diese starke Aufwallung der Feindseligkeit gegenüber dem Irak fanden außenstehende Beobachter verschiedene Erklärungen. Khomeini, der viele Jahre im Irak im Exil verbracht hatte, bis er von den irakischen Behörden außer Landes gewiesen wurde, mochte über die schlechte Behandlung verärgert sein. Keinen Zweifel ließ er an seiner Unzufriedenheit über das Verhalten der irakischen Regierung gegenüber den Schiiten und ihren Religionsgelehrten, die 1980 einen engen Freund Khomeinis, Ayatollah al-Bakr al-Sadr, hatte hinrichten lassen. Ferner haben die Fundamentalisten möglicherweise beschlossen, daß der Irak sich als einer der wichtigsten Staaten der Region für ihren expansionistischen Siegeszug eignet. Wegen seiner schiitischen Bevölkerungsmehrheit unter sunnitischer Herrschaft und wegen seiner geographischen Lage mochte der Irak den iranischen Machthabern tatsächlich attraktiv erschienen sein – ein Sieg der Pro-Khomeini-Kräfte im Irak würde die Chancen eines Erfolgs im Golf enorm vergrößern. Darum startete Teheran einen Propagandakrieg gegen das irakische Regime und rief die Schiiten zum Sturz ihrer Regierung auf. Die Pasdaran scheinen Sympathisanten aus dem Irak militärisch ausgebildet und dann in die Heimat zurückgeschickt zu haben.

Umgekehrt sah auch die irakische Regierung in den Unruhen im

Iran eine Chance. Das Land war von seinem traditionellen Verbündeten, den USA, abgeschnitten und international weitgehend isoliert, besonders nach der Geiselaffäre. Die innenpolitischen Auseinandersetzungen und der Zusammenbruch der iranischen Armee ließen viele ausländische Beobachter und vielleicht auch den Irak vermuten, daß das militärische Gleichgewicht in der Region sich entschieden gewandelt habe. Die Schwächung des Iran und dessen Bruch mit Ägypten dürften Bagdad überzeugt haben, daß es den Iran leicht besiegen und das Khomeini-Regime stürzen könne. Dadurch würde die Gefahr des islamischen Fundamentalismus beseitigt und gleichzeitig Iraks Vormachtstellung in der Region begründet.

Die massive Invasion begann am 2. September 1980. Zuvor aber hatte der Irak bereits die iranischen Kurden und eine Vielzahl anderer Khomeini-feindlicher Gruppen unterstützt.[147] Trotz anfänglicher militärischer Erfolge scheiterte die irakische Strategie bald. Obwohl die Iraner unter zahlreichen politischen und militärischen Problemen litten, konnten sie energischen Widerstand leisten und sogar in die Offensive gehen. Gleichzeitig aber hatte der Iran bedeutende personelle und materielle Verluste zu verzeichnen. Mit Fortdauer des Krieges entwickelte sich zwischen Präsident Bani-Sadr und den Fundamentalisten ein Streit über Strategien und etwaige Friedensbedingungen. Offensichtlich wollte Bani-Sadr, daß die Kriegsführung der Armee oblag, während die Fundamentalisten den Pasdaran die zentrale Rolle zuwiesen. Während Bani-Sadr sich mit einem bedingungslosen irakischen Rückzug zufriedengeben wollte, bestanden die Fundamentalisten auf dem Sturz des Baath-Regimes.[148] Wie bei seinen Attacken gegen die einheimische Opposition erklärte Khomeini den Krieg gegen den Iran zu einem Krieg gegen den Islam, zu einem »Krieg gegen den Koran, einen Krieg gegen den Propheten Gottes«.[149] Khomeini und andere iranische Führer behaupteten auch, das irakische Vorgehen sei in vorheriger Absprache mit den USA erfolgt.

Darüber hinaus bedachten die Iraker nicht, daß die Invasion sogar zur Stabilisierung des Iran beitragen könnte, indem dadurch der nationale Zusammenhalt gefördert und eine Rechtfertigung für Versorgungsengpässe und andere innenpolitische Probleme geliefert würde. Außerdem benutzten die Fundamentalisten den Krieg als Gelegenheit zur Umorganisation des Militärs, zur Vergrößerung der Zahl und Macht der Pasdaran und zum Kampf gegen die Opposition. Bündnispolitisch rückte der Iran näher an Syrien und Libyen. Die Golfstaaten ihrerseits fürchteten die Ausbreitung fundamentalistischer Unruhen und entschieden sich zu einer vorsichtigen Unterstützung des Irak. Sie gründeten den Golf-Kooperationsrat zum Zweck der ökonomischen, politischen und militärischen Zusammenarbeit der kleinen Staaten am Golf und Saudi-Arabiens. Der Irak erhält auch Unterstützung von Jordanien und Ägypten. Um mit der auf einer fundamentalistischen Auslegung des Islam beruhenden Anziehungskraft des Iran konkurrieren zu können, hat der Irak versucht, dem Konflikt eine »Araber-kontra-Perser«-Interpretation zu geben.

Seit der Eliminierung von Modernisten aus allen Machtpositionen wurde dieser Krieg zum entscheidenden Konflikt innerhalb der Führungselite. Scheinbar befürwortet eine Fraktion ein rascheres Ende des Krieges, während eine andere den Krieg bis zur vollständigen Durchsetzung der iranischen Forderungen fortsetzen will, u. a. nach Wiedergutmachungszahlungen und dem Sturz von Saddam Hussein. Die führende Fraktion will eine fundamentalistische islamische Regierung im Irak etablieren. In seiner Rede vom 21. Juni 1982 befürwortete auch Khomeini eine iranische Besetzung des Irak. Er schilderte die »Befreiung« des Irak durch den Iran als ersten Schritt zur Befreiung Palästinas und als Teil eines größeren iranischen Gesamtkonzepts. Mit beträchtlicher Hilfe von außen ist es dem Irak bisher jedoch gelungen, sich gegen den Iran zu verteidigen. Und ein bedeutender Aufstand der Schiiten gegen die Regierung fand bisher noch nicht statt.[150] Nichtsdestoweniger wird der Iran seine Bemühungen, das irakische Regime zu stürzen, wohl weiterhin fortsetzen.

Während der Irak die Hauptzielscheibe bleibt, hat die Islamische Republik auch in verschiedenen anderen Staaten der Region Unruhen gefördert. Der Putschversuch in Bahrain vom Dezember 1981 geht auf das Konto der pro-iranischen Islamischen Front für die Befreiung Bahrains. Eine der Aufgaben der Pasdaran ist die Ausbildung von Terroristen in anderen islamischen Staaten. Teheran ermutigt ständig zu islamischen Aufständen in Ägypten und Saudi-Arabien. Auch die jährliche Pilgerfahrt nach Mekka bietet dem Iran die Gelegenheit zur Selbstdarstellung und Agitation. Den bisherigen Kulminationspunkt dieser Strategie bildet die blutige Straßenschlacht im Zusammenhang mit der Pilgerfahrt

1987.[151] Die Folgen dieses Zwischenfalls sind noch nicht auszumachen. Sie könnten, da die Reaktion der islamischen Öffentlichkeit keineswegs mehrheitlich mit dem Iran sympathisierte, zu größerer Vorsicht der Fundamentalisten bei ihren Aktivitäten in den Nachbarstaaten führen. Sie könnten aber auch die Konfrontation verstärken.

Im Umgang mit Pakistan und der Türkei hingegen zeigt sich, wie bereits erwähnt, ein zunehmender Pragmatismus. Die ökonomischen Beziehungen zu beiden Ländern haben sich in den letzten Jahren verbessert. Beide Staaten bleiben im Golfkrieg offiziell neutral, und Pakistan hat sich bemüht, eine Vermittlerrolle zu übernehmen. Pakistan will vermeiden, daß Teheran die pakistanischen Schiiten aufwiegelt, und hat sich daher oftmals mit freundschaftlichen Gesten an den Iran gewandt. Die pakistanische Regierung hat z. B. iranischen Flugzeugen, die militärisches Zubehör in den Iran bringen, das Auftanken sowie das Überfliegen ihres Territoriums gestattet.[152] Pakistan kauft iranisches Öl und exportiert Lebensmittel und andere Waren in den Iran.

Ein ähnlicher Wechsel ist auch in den Beziehungen zur Türkei eingetreten, obwohl gerade dieses Land ursprünglich von den Fundamentalisten sehr stark attackiert worden war.[153] Die beiden Länder sind scheinbar von der alten IRP-Kategorie III (unislamisch, ohne nationale Basis) in die Kategorie II (Regierung nichtislamisch, aber Unterstützung des Volkes) aufgestiegen, ohne daß in der Politik dieser Länder eine wesentliche Änderung eingetreten wäre. Daß die iranische Führung gerade bei der Einstufung, einem ideologischen Kernstück, so flexibel sein kann, zeigt, wie sehr der anfängliche ideologische Purismus der Pragmatik gewichen ist. Die Fundamentalisten scheinen erkannt zu haben, daß sie innerhalb der Region ein Gleichgewicht zwischen pro-sowjetischen und pro-westlichen Staaten halten müssen. Totalitäre Regime neigen häufig zur Umstellung ihrer »Radikalpolitik« auf Realpolitik. Im Fall der Fundamentalisten bedeutet das nicht, daß sie ihre Zielsetzung aufgegeben hätten oder moderater geworden wären. Hier handelt es sich um eine taktische Frage. Man sollte sich daher nicht dazu verleiten lassen, im Iran sozusagen einen »normalen« Staat zu sehen. Die Annäherung an das Verhalten gemäßigter Staaten in einzelnen Fällen und die scheinbaren Kompromisse sind noch kein Beweis für eine Änderung der Grundhaltung und der Absichten.

Moslems kontra Moslems. Während der Konsolidierungsphase ebenso wie in der Zeit unmittelbar nach dem Sturz des Schahs galt Irans ganze Loyalität den Schiiten der islamischen Welt. Die fundamentalistischen Subversionsbestrebungen haben sich auf die Schiiten konzentriert, und der Iran hat sich zum Beschützer schiitischer Interessen ernannt. Die sunnitischen Fundamentalisten sehen darin eine Inkonsequenz der iranischen Führung und beklagen, daß diese den nicht-fundamentalistischen Schiiten näher stehen als den sunnitischen Fundamentalisten.[154] Pakistans fundamentalistische Jamaat-i-Islami-Partei z. B. erhoffte sich bessere Beziehungen zum Iran. Diese Erwartungen wurden enttäuscht.

Die gleiche Politik verfolgt das Regime z. B. auch gegenüber Irak und Syrien, die beide von arabisch-nationalistischen, sozialistischen Baath-Parteien regiert werden. Im Fall des Irak jedoch herrscht eine Sunni-Elite über die schiitische Mehrheit, während in Syrien eine schiitische Sekte die sunnitische Bevölkerungsmehrheit regiert. Iran hat die irakische Baath-Partei verurteilt, unterhält aber enge und freundschaftliche Beziehungen zu der syrischen Baath-Partei. Das Mullah-Regime hat die irakischen Schiiten gegen ihre Regierung aufgewiegelt. Als aber die sunnitischen Fundamentalisten in Hama gegen die syrische Regierung rebellierten, unterstützte Teheran trotz der gravierenden weltanschaulichen Differenzen dennoch das syrische Regime.[155] Diese Hilfeleistung für Syrien angesichts dessen brutaler Unterdrückung des Widerstandes in Hama, bei der Tausende von Menschen starben, hat den Beziehungen zwischen Schiiten und den sunnitischen Fundamentalisten in der Region sehr geschadet. Die blutige Konfrontation in Mekka 1987 trug ebenfalls zur Verschlechterung der Situation bei. Die Religionsführer Saudi-Arabiens haben Khomeini als Apostaten denunziert, während die iranischen Fundamentalisten den Saudis ihre altehrwürdige Rolle als Hüter der Heiligen Pilgerstätten streitig machen wollen.

Der Nahost-Konflikt. Die Beziehungen zwischen der PLO und der iranischen Regierung haben sich, verglichen mit der Zeit unmittelbar nach dem Sturz des Schahs, sehr verschlechtert. Die Bemühungen der Fundamentalisten, die PLO zu »islamisieren« und sie für den Fundamentalismus zu gewinnen, waren erfolglos und haben diese Entwicklung beschleunigt. Die kontinuierlichen Beziehungen zwischen der PLO und den Mudschaheddin und

Fedajin sowie die Konflikte zwischen der PLO und den libanesischen Schiiten belasten das Verhältnis zusätzlich. Auf dem Höhepunkt des Machtkampfes zwischen Fundamentalisten und Modernisten und mit Ausbruch des Golfkriegs schränkte die PLO ihre offiziellen Kontakte zur iranischen Regierung ein. Obwohl anfangs neutral, hat sich Arafat später auf die Seite des Irak gestellt.

Trotz ihrer ideologischen Feindschaft zu Israel war Irans politische Führung pragmatisch genug, Waffen in Israel zu kaufen. Israels Ziel war es dabei, den Golfkrieg in die Länge zu ziehen, indem es die Niederlage einer der beiden Seiten verhindern half. Ungeachtet dieses Pragmatismus bekräftigen iranische Führer immer wieder die Absicht, Israel zu vernichten. Die Führer der Islamischen Republik versuchen, ihre Außenpolitik mit der emotional geladenen Palästina-Frage zu verbinden.[156] Der Vorstoß gegen Khoramshahr nannte sich z. B. »Operation Jerusalem«, und Fundamentalisten haben den Sturz des irakischen Regimes als ersten Schritt zur Befreiung Jerusalems bezeichnet.[157] Ungeachtet der Spannungen zwischen der PLO und der iranischen Regierung werden die Attacken gegen Israel weiterhin ein zentraler Bestandteil der iranisch-fundamentalistischen Außenpolitik bleiben. Im Libanon unterstützt das Regime pro-iranische Gruppen wie die Hisb Allah (Partei Gottes), die in die libanesischen Terrorangriffe auf die US-Botschaft und die Marines sowie in Entführungen von Ausländern verwickelt sind.

Der Afghanistan-Konflikt. Irans öffentliche Stellungnahme gegen die sowjetische Präsenz in Afghanistan war von Anfang an heftig. Entgegen seiner verbalen Radikalität bleiben die politischen Maßnahmen eher zurückhaltend. Teheran hat den afghanischen Widerstandsgruppen nur geringe Hilfe geleistet. Unmittelbar nach dem Sturz des Schahs konnten die traditionalistischen und fundamentalistischen Oppositionsgruppen im Iran Büros eröffnen. Ende 1982 hatte nur noch die fundamentalistische Jamaat-i-Islami-Partei eine Vertretung im Iran. In erster Linie erhalten die afghanischen Schiiten Unterstützung. Gleichzeitig gibt es immer wieder Berichte über eine schlechte Behandlung afghanischer Flüchtlinge im Iran, die zudem gezwungen werden, an der irakischen Front zu kämpfen.

5. Zusammenfassung

Obwohl die Außenpolitik der Islamischen Republik in der Konsolidierungsphase dem Modell der Außenpolitik totalitärer Staaten glich, lassen sich daraus noch keine endgültigen Vorhersagen für die Zukunft gewinnen. Khomeinis Tod und die weiteren Entwicklungen im Golfkrieg können entscheidende Veränderungen herbeiführen. Es scheint innerhalb des Regimes zwei widersprüchliche Tendenzen in der Außenpolitik zu geben. Die eine Fraktion ist pragmatischer, die andere ideologischer. Die erste wäre zur Koexistenz mit anderen Regimen in der Region bereit, während die zweite auf den aktiven »Export« der »iranischen Revolution« in andere Länder beharrt. Die eine Seite legt das Hauptaugenmerk auf innenpolitische Fragen, auf den Aufbau einer starken und attraktiven Islamischen Republik, die für andere einen Vorbildcharakter hat, während die andere Seite den Iran als Zentrum von gewaltsamen Veränderungen in anderen Ländern sehen möchte und derartige Aufstände militärisch unterstützen würde.

Der Tod Khomeinis könnte einen scharfen Machtkampf zur Folge haben. Khomeini konnte Risse in den eigenen Reihen beschränken, dank seiner Erscheinung, der Kraft seiner Persönlichkeit und seiner Fähigkeit, Konflikte zu beseitigen, indem er die Entscheidungen persönlich traf. Falls die verschiedenen Fraktionen ihre Differenzen aber begrenzen und statt dessen den Konsolidierungsprozeß weiterführen, werden Khomeinis Nachfolger vielleicht mehr Kritik und Diskussion bei Entscheidungen zulassen. Für die Außenpolitik des Iran und die Sicherheit der Region wird es wesentlich sein, welche Fraktion aus dem Nachfolgekampf als Sieger hervorgeht. Der Sieg einer dogmatischeren Linie könnte den Iran und einige Länder der Region in ständige militärische Konflikte verwickeln, wobei iranische Erfolge eine radikale Umstrukturierung der Region mit sich brächten. Sollten sich hingegen die gemäßigteren Elemente durchsetzen, könnte dies zu einer Stabilisierung im Iran führen unter dem Vorzeichen des »Fundamentalismus in einem Land«.

Ausblick

Die hohe Dramatik der iranischen Ereignisse ist mittlerweile einer gewissen Alltäglichkeit, d.h. einer Gewöhnung gewichen: Die internationale Öffentlichkeit »erwartet« vom Iran bereits exzentrische Handlungen und weiß zugleich, daß sich bis zu einem bestimmten Grad »normale Geschäfte« mit dem Regime abwikkeln lassen. Wie wird sich der Iran nun in Zukunft weiterentwikkeln? Aus unserer Sicht scheinen dem revolutionären Iran im wesentlichen drei Möglichkeiten offenzustehen:

Erstens: Das Land kann zu einem »exzentrischen Staat« werden, zu einem Staat also, der sich am Rande der internationalen Diplomatie bewegt und in betontem Kontrast zu ihr einen Sonderstatus einnimmt (wie etwa Libyen unter Gaddhaffi).

Zweitens: Das Land kann seinen revolutionären Impuls allmählich verlieren, da ökonomische, militärische oder soziale Probleme einen Zermürbungseffekt innerhalb der Bevölkerung herbeiführen (eine Entwicklung, wie sie z.B. Ägypten nach dem Nasserismus erlebte).

Drittens: Das Land kann sich infolge seiner geopolitischen Bedeutung innerhalb des internationalen Systems etablieren und zu einer regionalen Großmacht werden (wie z.B. Saudi-Arabien).

Diese Möglichkeiten überlagern sich teilweise, und ihre Unterschiede sind mehr eine Frage der Gewichtung als der Qualität. Je nachdem, wie wichtig das Land für das internationale System und für die Supermächte ist, wie geschickt es die anstehenden Probleme bewältigt, wie gut es den Balanceakt zwischen Provokation und Anpassung halten kann, wird sein Aufstand gegen die bestehenden internationalen Machtverhältnisse letztlich den einen oder anderen Ausgang nehmen.

Wenn wir den Iran unter diesen Gesichtspunkten betrachten, können wir erste Anzeichen seines wahrscheinlichen Entwicklungsweges herauskristallisieren, wobei alle drei der oben angeführten Varianten durchaus möglich erscheinen.

Die Resonanz des iranischen revolutionären Fundamentalismus war zu Beginn außerordentlich hoch. Seine Popularität hatte dabei mehrere Wurzeln: Die bekanntesten politischen Modelle in der

Region waren alle mehr oder weniger gescheitert: Weder der Säkularismus noch der arabische Nationalismus noch der monarchische Traditionalismus hatten den materiellen und sozialpsychologischen Bedürfnissen der jeweiligen islamischen Bevölkerung hinreichend entsprochen, obwohl manche Versuche mit demselben anfänglichen Elan und Radikalismus begonnen hatten wie die iranische Revolution. Der Fundamentalismus präsentierte sich diesen alten Modellen gegenüber nicht bloß als neue Alternative, sondern darüber hinaus als ein kulturell vertrautes und sozialpsychologisch anziehendes Gegenmodell: Er versprach einer verunsicherten und komplexbeladenen Zivilisation eine neue Epoche der Selbstbehauptung, eine Renaissance.

Gegenüber dieser Ausgangsposition hat der Fundamentalismus sowohl Gewinne wie auch Verluste zu verbuchen. Seine Basis hat sich stark verändert. Einerseits konnte sie erweitert werden, indem nämlich auch nicht-islamische aufständische Bewegungen der Dritten Welt durch die spektakulären Erfolge und Propagandasiege des revolutionären Iran ermutigt wurden und in Khomeini ein Symbol für den rebellierenden Nationalismus der Dritten Welt und der Unterdrückten sahen. Andererseits aber ist die Basis insgesamt kleiner geworden. Viele Angehörige der traditionellen Volksmassen, die anfänglich von der starken religiösen Komponente der Fundamentalisten sehr angesprochen worden waren, fühlen sich mittlerweile von den Gewaltexzessen, dem Militarismus und dem Extremismus abgestoßen, hegen moralisch und religiös motivierte Zweifel an Khomeinis Legitimität. Die Anhängerschaft der Fundamentalisten ist spezifischer, damit zugleich aber auch schmäler geworden. Heute sind es vor allem die jüngeren, radikaleren Schichten im Iran und in Ländern mit großer politischer Instabilität, die dieser Ideologie anhängen.

Wenn wir die wesentlichsten Leistungen und Konsequenzen der »iranischen Revolution« reflektieren, dann erscheinen besonders folgende Punkte erwähnenswert:

Der Fundamentalismus hat in zweifacher Hinsicht ein Modell für politische Veränderungen geliefert: Erstens das *Modell für den erfolgreichen Sturz eines* als besonders stark und stabil erachteten *Regimes*, das zudem die direkte Unterstützung einer Supermacht genossen hatte; zweitens das *Modell für den Widerstand* gegen Unterdrückung und Fremdherrschaft, auch gegen eine übermächtige Herrschaft und über einen langen Zeitraum.

Der Fundamentalismus hat den Islam als internationale politische Ideologie und politisch-staatliche Identität neu betont. Zugleich provozierte der Fundamentalismus, daß diese neue Präsenz des Islam bereits mit inneren Brüchen auf die Bühne trat, indem er den alten Konflikt zwischen sunnitischen und schiitischen Staaten mit neuer Intensität auflodern ließ. Die Charakterisierung Khomeinis als Apostaten seitens des religiösen »Establishment« der Sunniten, betrieben durch Saudi-Arabien infolge der iranisch inspirierten Unruhen während der Pilgerfahrt in Mekka, zeigt diesen Wendepunkt besonders deutlich.

Das vielleicht größte Scheitern des Iran offenbart sich in seiner Unfähigkeit, ein attraktives Regierungsmodell zu etablieren. So ist der Fundamentalismus zwar ein Vorbild, wie man einen ungewünschten Herrscher stürzt und sich gegen stärkere Gegner behauptet, wie man sich also im Widerstand, in der Opposition verhält. Er ist aber kein Vorbild, wie man einen islamischen Staat regiert. Damit hat das Land einiges von seiner anfänglichen ideologischen Anziehungskraft eingebüßt. Dieser Effekt wird noch dadurch verstärkt, daß im Konflikt zwischen Pragmatismus und ideologischer Prinzipientreue in der fundamentalistischen Realpolitik stets die Pragmatik siegte. Der heftig deklarierte, fast irreale Purismus des Glaubens, der materiellen Vorteil und sogar das Leben und Überleben als Wert negierte und statt dessen die Reinheit der Überzeugung und die Perfektion der Lebensführung nach streng religiösen und ideologischen Prinzipien predigte, findet in der tatsächlichen Politik des Iran selbst heute, unter der Führung von Khomeini, keine Entsprechung. Daß man lieber verhungern will, als mit dem Feind Handel zu betreiben, daß man lieber sterben als moralisch auch nur einen Millimeter zurückweichen will, das alles vereinbart sich schlecht mit den geheimen Waffenkäufen und Geschäften, die mit dem Erzfeind Israel betrieben werden. Bisher hat diese Widersprüchlichkeit zum Überleben des Regimes beigetragen; sowohl materiell, da man auf diese Weise die benötigten Güter beschaffen konnte, als auch politisch-ideologisch, indem man bei aller extremen Rhetorik doch zugleich auch die Botschaft vermittelte, daß man für Vernunft, für Druck, für Verhandlungen und für Geschäfte nicht ganz unempfänglich ist. Das minderte die Ängste des Auslands, spaltete aber auch die Reihen der Regimegegner, von denen einige sich Gewinn und Vorteil versprachen. Es reduzierte jedoch auch die ideologische Kraft.

Ähnlich ambivalent ist das Bild hinsichtlich eines anderen wichtigen Aspekts der iranischen Politik. Der militärische Erfolg nach der irakischen Invasion war zunächst eine große Bestätigung für die neue fundamentalistische Herrschaft. Der historische Rivale Irak hatte die Fundamentalisten als schwach eingeschätzt und angegriffen; schnell war er eines Besseren belehrt worden. Innen- und außenpolitisch verstanden die Fundamentalisten es, diesen Krieg zu ihrem Vorteil zu nutzen. Mit der Zeit aber wandelt sich dieses Bild. Der Energie- und Kostenaufwand für diesen Krieg steht nicht unbegrenzt in einem vernünftigen Verhältnis zu den politischen Vorteilen, die man ihm abgewinnen kann. Damit gerät das Mullah-Regime allmählich in die gefährlichste Phase seiner bisherigen Geschichte: Seine Ressourcen hat es bislang so einsetzen können, daß es zu seiner Stabilisierung gereichte. Wenn sich die bisherigen Methoden aber allzu sehr institutionalisieren, dann wird es die Entwicklung zu einer regionalen Großmacht nicht schaffen, sondern erneut eine untergeordnete Rolle im internationalen System spielen.

Es besteht die Gefahr, daß Extremismus und Militanz des Fundamentalismus zur Verhärtung einiger symbolischer (und sehr teurer) Fronten führen.

Aber auch das internationale System steht in diesem Zusammenhang einer risikoreichen Phase gegenüber. Die etablierte Ordnung läuft Gefahr, zu überstürzt und zu unbegründet zu reagieren. Ein derartiges Verhalten kann eine Reihe von negativen Konsequenzen nach sich ziehen. Eine Unterschätzung des militanten Potentials, kombiniert mit einer einseitig opportunistischen Gewinnsucht, kann gerade die radikalsten Potentiale des Fundamentalismus begünstigen – mit der Folge von hohen Kosten an Menschenleben, von sozialer und politischer Unruhe. Vor allem aber werden die Deformationen und Verzerrungen in der sozialen Entwicklung der islamischen Dritten Welt damit um ein Vielfaches zunehmen, statt in einen heilsamen Prozess der inneren Regeneration und Erneuerung einzumünden.

Den Großmächten, die eine Chance für gute Exportbedingungen sehen; den Supermächten, die ihre eigene Machtposition in der Region verbessern und die der gegnerischen Seite schwächen wollen; den regionalen Regimen, die überleben wollen – all diesen Mitspielern ist gleichgültig, welche strukturellen Kosten der Fundamentalismus für die politische und soziale Ordnung der islamischen Länder hat. Ein fanatischer Schiismus kann ihnen z.B. geeignet erscheinen, um die lästig gewordene sunnitische Bewegung in einem Nachbarstaat zu schwächen. Alle verfolgen ihre eigenen Agenden, und ihr Blick ist meist nur auf die unmittelbare Zukunft gerichtet. Für die islamische Welt aber steht weit mehr auf dem Spiel. Weder die Ausdehnung eines totalitären, expansionistischen Systems noch eine frontale Konfrontation zwischen sunnitischen und schiitischen Staaten noch eine Serie regional begrenzter Stellvertreter-Kriege versprechen einen Weg aus dem wirtschaftlichen, kulturellen und sozialen Dilemma, das den Fundamentalismus möglich machte. Auch die Wende zu einer revolutionären Sozialpolitik wird aus den inneren Reserven der islamischen Kultur kommen müssen. Ihre potentiellen Träger jedoch sind im Moment noch nicht auszumachen.

Anmerkungen

I. Krise im Iran – Krise in der Entwicklungstheorie

1 J. M. Balfour, *Recent Happenings in Persia,* Edinburgh/London 1922, S. 288.
2 S. P. Huntington, »The Change to Change«, in: *Comparative Politics,* April 1971.
3 A. Mazrui, »From Social Darwinism to Current Theories of Modernization: A Tradition of Analysis«, in: *World Politics,* October 1968, 21 (1).
4 A. Inkeles/D. Smith, *Becoming Modern: Individual Change in Six Developing Countries,* Cambridge 1974.
5 G. Almond/ J. Coleman (Hg.), *The Politics of the Developing Areas,* Princeton 1960, S. 64.
6 D. A. Rustow, »The Politics of the Near East«, in: Almond/Coleman, *The Politics of the Developing Areas,* S. 387.
7 L. Pye, *Aspects of Political Development,* Boston 1966, S. 37.
8 Ebd.
9 Inkeles/Smith, *Becoming Modern.*
10 G. Almond, *Political Development: Essays in Heuristic Theory,* Boston 1970, S. 37.
11 D. Lerner, *The Passing of Traditional Society: Modernizing the Middle East,* Glencoe/Ill. 1958.
12 Inkeles/Smith, *Becoming Modern.*
13 Ebd.
14 C. Geertz, *Islam Observed,* New Haven 1968, und ders. (Hg.), *Old Societies and New States,* London 1963; D. Apter, *Ghana in Transition,* Princeton 1972; S. Thrupp (Hg.), *Millennial Dreams in Action,* Den Haag 1962; B. Lewis, *The Middle East and the West,* Bloomington 1964. Siehe dazu H. Kohn, *Nationalism in the Middle East,* Washington D. C. 1952; G. Antonius, *The Arab Awakening,* Capricorn/N. Y. 1965.
15 Siehe G. Kahin/G. Parker/L. Pye, »Comparative Politics of Non-Western Countries«, in: *American Political Science Review,* 1955, 49, S. 1024 ff.; E. Shils, »The Concentration and Dispersion of Charisma – Their Bearing on Economic Policy in Underdeveloped Countries«, in: *World Politics,* 1958–59, Bd. 2; L. Pye, »The Non-Western Political Process«, in: *Journal of Politics,* 1958, Band 20. Siehe dazu P. J. Vatikiotis, »The Military in Politics – A Review«, in: *Journal of Conflict Resolution,* 1965, Band 9; H. Sharabi, »Parliamentary Government and Military Autocracy in the M. E.«; in: *Orbis,* Herbst 1960; E. Nordlinger, »Soldiers in Mufti – The Impact of Military Rule Upon the

Economic and Social Change in Non-Western States«, in: *American Political Science Review,* Dezember 1970; M. Khadduri, »The Role of the Military in M. E. Politics«, in: *American Political Science Review,* 1953, Nr. 47.

16 S. P. Huntington, »The Change to Change«, in: *Comparative Politics,* April 1971, 3, S. 283–322.

17 R. Bendix, »Tradition and Modernity Reconsidered«, in: *Comparative Studies in Society and History,* April 1967, 9, S. 293–346.

18 L. Rudolph/S. Rudolph, *The Modernity of Tradition,* Chicago 1967.

19 J. Gusfield, »Tradition and Modernity: Misplaced Polarities in the Study of Social Change«, in: *American Journal of Sociology,* Januar 1966, 72, S. 351–62.

20 S. N. Eisenstadt, »The Changing Vision of Modernization and Development«, in: W. Schramm/D. Lerner (Hg.), *Communication and Change: The Last Ten Years and the Next,* Honolulu 1976.

21 Huntington, »The Change to Change«, S. 322.

22 Siehe dazu die Abhandlung von B. Raj Najar, »Political Mainsprings of Economic Planning in the New Nations – The Modernization Imperative vs. Social Mobilization«, in: *Comparative Politics,* April 1974, S. 341–66. Der Autor argumentiert, daß »die meisten Modelle, Gerüste und Typologien der politischen Systeme – von Gabriel Almond und David Apter über Samuel Huntington und andere bis Edward Shils und Aristide Zolberg – das internationale System nicht berücksichtigen« und daß das »vorherrschende Modell in der gängigen Entwicklungstheorie noch immer das des autonomen, geschlossenen politischen Systems sei«.

23 D. Senghaas, *Weltwirtschaftsordnung und Entwicklungspolitik,* Frankfurt 1977.

24 Siehe z. B. M. Bohnet (Hg.), *Das Nord-Süd-Problem – Konflikte zwischen Industrie und Entwicklungsländern,* München 1971, und insbesondere Behrendt, »Die Zukunft der Entwicklungsländer als Problem des Spätmarxismus«, S. 86ff.

25 Ch. Payer, *The Debt Trap: The IMF and the Third World,* N. Y. 1975; J. D. Aronson (Hg.), *Debt and the Less Developed Countries,* Boulder 1979.

26 Die beste Darstellung dieser Argumente liefert nach wie vor: D. Senghaas (Hg.), *Peripherer Kapitalismus – Analysen über Abhängigkeit und Unterentwicklung,* Frankfurt 1974.

27 Wie z. B. I. Illich, »Aus Durst wird Coca-Cola – Hilflose Entwicklungshilfe«, in: *Neues Forum,* Februar 1970, worin der Autor zum Schluß kommt, daß »die Pflugscharen des Herrschers genausoviel Schaden anrichten können wie seine Schwerter«.

28 S. Weissman (Hg.), *The Trojan Horse,* San Francisco 1974.

29 T. Smith, »The Underdevelopment of Development Literature: The

Core of Dependency Theory«, in: *World Politics,* Januar 1979, S. 249–61.

30 L. P. Baran, *The Political Economy of Growth,* New York 1962; C. Leys, *Underdevelopment in Kenya,* Berkeley 1974.

31 A. Foster-Carter, »From Rostow to Gunder Frank: Conflicting Paradigms in the Analysis of Underdevelopment«, in: *World Development,* März 1976, S. 174ff.

32 W. Rodney, *How Europe Underdeveloped Africa,* Washington 1981.

33 Siehe J. Ladner (Hg.), *The Death of White Sociology,* N. Y. 1973 und E. Said, *Orientalism,* New York 1978.

34 Für einen Überblick siehe M. Tamkoç, *International Civil War,* Ankara 1967.

35 Eine gute Kritik dieser angenommenen Solidarität seitens der Studentenbewegung bietet J. Habermas, *Die Linke antwortet Jürgen Habermas,* Frankfurt 1968.

36 I. Wallerstein, »The Rise and Future Demise of the World Capitalist System: Concepts for Comparative Analysis«, in: *Comparative Studies in Society and History,* Januar 1974, S. 391.

37 Ebd.

38 P. Clawson, »The Internationalization of Capital and Capital Accumulation in Iran and Iraq«, in: *Insurgent Sociologist,* Frühling 1977, (2), S. 67.

39 Siehe I. Gerstein, »Theories of the World Economy and Imperialism«, in: *Insurgent Sociologist,* Frühling 1977, (2), S. 9ff.

40 Clawson, »The Internationalization of Capital«, S. 71.

41 Für eine Serie von Aufsätzen, die versuchen, Marxismus und Abhängigkeit in Einklang zu bringen, siehe R. H. Chilcote, *Dependency and Marxism: Towards a Resolution of the Debate,* Boulder 1982.

42 Über die iranische Wirtschaft unter dem Schah, siehe C. Issawi, »The Iranian Economy 1925–1975: Fifty Years of Economic Development«, in: G. Lenczowski (Hg.), *Iran Under the Pahlavis,* Stanford 1978, S. 129–66; F. Halliday, *Iran: Analyse einer Gesellschaft im Entwicklungskrieg,* Berlin 1979; F. Vakil, »Some Macro-Economic Considerations«, in: A. Amirie/H. A. Twitchell (Hg.), *Iran in the 1980s,* Teheran 1978, S. 111–145.

43 A. K. Mansur (pseud.), »The Crisis in Iran: Why the U. S. Ignored a Quarter Century of Warning«, in: *Armed Forces Journal International,* Januar 1979, S. 26–29.

44 J. Bill, »Iran and the Crisis of '78«, in: *Foreign Affairs,* Januar 1979, S. 333.

45 E. Abrahamian, »Structural Causes of the Iranian Revolution«, in: *MERIP Reports,* Mai 1980; A. Saikal, *The Rise and Fall of the Shah,* Princeton 1980; S. Chubin, »Repercussions of the Crisis in Iran«, in: *Survival,* Mai–Juni 1979.

46 M. Zonis, *The Political Elite of Iran,* Princeton 1971, S. 44.
47 Zitiert nach Mansur, »The Crisis in Iran«, S. 28.
48 L. Binder, *Factors Influencing Iran's International Role,* RAND Corporation, RAND-5968–FF, Santa Monica, Oktober 1973.
49 Ebd., S. 1.
50 Ebd., S. 20.
51 M. Zonis, »Iran: The Politics of Insecurity«, zitiert nach: Binder, *Factors,* S. 48.
52 Als Beispiel dieser andauernden Vernachlässigung, siehe dazu J. Bill, »The American Analysis of Iranian Politics«, in: *Iranian Studies* (1977), 10 (3).
53 Saikal, *Rise and Fall.*
54 Lenczowskis Artikel »Political Process and Institutions in Iran: The Second Pahlavi Kingship« lobt die »intelligenten Bewertungen« und »klugen Einstellungen« des Schahs, behauptet, daß sein Buch *Mission for My Country* »ausdrucksvolle Stellen« enthält, verspottet Irans »opponierende Intellektuelle« als »berauscht von der Freiheit und mit dem permissiven Leben des Westens«; er beschreibt das Wettrüsten und die Tätigkeiten des SAVAK als »unter den gegebenen Umständen gerechtfertigt«. Lenczowski, *Iran under the Pahlavis,* S. 7, 12, 19, 73.
55 Viele dachten, daß die Säkularisierung im Iran voranschreite. Richard Cottam glaubte, daß es »sehr unwahrscheinlich sei, daß die Religion wieder den gleichen Einfluß auf den iranischen Nationalismus erlange wie 1951–52«. R. Cottam, *Nationalism in Iran,* Pittsburgh 1964, S. 156. Shahram Chubin und Sepahr Zabih meinten 1974, daß »die allgemeinen Werte der iranischen Gesellschaft heute größtenteils mit den Vorlieben des Schahs übereinstimmen«. S. Chubin/S. Zabih, *The Foreign Relations of Iran,* Berkeley 1974, S. 300.
56 *Area Handbook for Iran,* Government Printing Office, Washington D.C. 1971.
57 Amirie/Twitchell, *Iran in the 1980s,* S. 30.
58 R. Ramazani, »Iran's White Revolution: A Study in Political Development«, in: *International Journal of Middle East Studies,* 1974, 5, S. 124–39.
59 1977 veröffentlichte z. B. Robert Looney eine prognostische Studie über die wirtschaftliche und soziale Lage im Iran, in der er die Möglichkeiten des Landes beschrieb, seine Probleme zu überwinden. Gleichzeitig warnte er aber davor, daß, »wenn der Iran seinen Drang, Waffen zu kaufen, nicht beherrschen könne, die Prognosen vom wachsenden Reichtum des Landes bis Ende des Jahrhunderts« aufgrund der zunehmenden gesellschaftlichen Spannungen ihre Gültigkeit verlieren würden. Diese Spannungen ergäben sich aus den Disparitäten zwischen Stadt und Land und zwischen einer kleinen Gruppe von Nutznießern und einer Masse von verarmten Iranern.

60 Amirie/Twitchell, *Iran in the 1980s*, S. 37.

61 B. Nirumand, *Persien, Modell eines Entwicklungslandes*, Reinbek 1967, S. 152.

62 Y. Armajani, »What the U.S. Needs to Know About Iran«, in: *Worldview*, Mai 1979.

63 R. Dekmejian, »The Islamic Revival in the M. E. and North Africa«, in: *Current History*, April 1980, S. 173; A. Shmuelevitz, »The Iranian Crisis«, in: *New Outlook*, Januar–Februar 1979, S. 35; T. Skocpol, »Rentier State and Shi'a Islam in the Iranian Revolution«, in: *Theory and Society*, 1982, 11, S. 267.

64 R. Falk, »Trusting Khomeini«, in: *New York Times*, 16. Februar 1979, S. A-17.

65 M. Woollacott, »Does Khomeini Understand?«, in: ebd. In seinem Leitartikel äußert der Autor die Meinung, daß Khomeini nicht der »verrückte Mullah der kolonialen Dämonenlehre« sei, sondern als »traditioneller religiöser Intellektueller« zu betrachten sei, der sich große Mühe gibt, seine Ideen den veränderten Umständen anzupassen.

66 In *Monthly Review*, Februar 1979, S. 1, merken die Herausgeber an, daß der Iran den Beweis für die grundlegende These Samir Amins liefere, nach der »die Peripherie eine Welt sei, in der die Klassenbeziehungen im Umbruch seien«.

67 Ebd., S. 17.

68 Ebd., S. 16.

69 Ebd., S. 19.

70 Der Übergang zwischen Propaganda und Theorie ist in einigen der linken Zeitschriften fließend. *The World Marxist Review*, eine prosowjetische Zeitschrift, veröffentlichte einen Artikel von Noureddin Kianouri, Sekretär der Tudeh-Partei, in dem er behauptet, die Arbeiterklasse im Iran »zähle jetzt über drei Millionen Mitglieder« und sei eine »organisierte und politisch bewußte Kraft«, die Ausbildung und Erziehung durch seine Partei erhielte. Religion und die religiöse Bewegung werden in seiner Zukunftsprognose nicht einmal erwähnt. Statt dessen behauptet er, daß die aufständischen Massen sich als progressiv und politisiert erwiesen hätten, da sie sich »kein einziges Mal antisowjetisch oder antisozialistisch« geäußert hatten. *World Marxist Review*, April 1979, 22, S. 4.

71 Peter Waterman kritisiert diese Neigung. Die Debatte innerhalb seiner Schule über die Frage des revolutionären Bewußtseins der Arbeiter und ihrer Wichtigkeit in Gesellschaften, wo sie eigentlich nur eine Minderheit sind, basiert seines Erachtens »mehr auf revolutionärer Rhetorik als auf einer echten Klassenanalyse«. »Workers in the Third World«, in: *Monthly Review*, September 1977, 29, S. 64.

72 Siehe z.B. A. Stein, Iran – *Neue Diktatur oder Frühling der Freiheit*, Hamburg 1979, S. 141–208.

73 Waterman, »Workers«, S. 63.
74 E. Abrahamian, »Political Forces in the Iranian Revolution«, in: *Radical America,* Juni 1979, 13 (3), S. 54.
75 Ebd., S. 55.
76 Für eine interessante Studie über die Verbreitung moderner Institutionen in Europa und über den mühevollen Prozeß der Veränderung der religiös geprägten Einstellungen zu Arbeit, Zeit, Wissen und Regieren siehe besonders B. Groethuysen, *Die Entstehung der bürgerlichen Welt- und Lebensanschauung in Frankreich – Das Bürgertum und die katholische Weltanschauung* (1927), Frankfurt 1978, B. 1 und 2. Die Einstellungen von Geistlichen im Mittelalter zur Einführung der säkularen Erziehung und sogar zur allgemeinen Bildung, zum Individualismus und zum veränderten Verhältnis zwischen Religion, Welt und Regierung, wie sie von dem sich entwickelnden Bürgertum vertreten wurden, sind einigen der gegenwärtigen Standpunkte auffallend ähnlich, die von den traditionellen Geistlichen des Islam bezogen werden.

II. Die verhängnisvolle Renaissance des Islam

1 S. Dil, »The Myth of Islamic Resurgence in South Asia«, in: *Current History,* April 1980, S. 165ff.
2 M. Ayoob, »Two Faces of Political Islam, Iran and Pakistan Compared«, in: *Asian Survey,* Juni 1979, S. 535ff.
3 Siehe dazu auch J. Rothschild, *Ethnopolitics,* New York 1981.
4 1. Oktober 1981. Siehe dazu auch H. Muller, »Stabilität in der Dritten Welt«, in: Studiengruppe Militärpolitik, *Aufrüsten um abzurüsten,* Reinbek 1981, S. 21.
5 G. A. Nasser, *Philosophy of the Revolution,* Washington 1955.
6 Siehe dazu M. Kerr, *The Arab Cold War,* Oxford 1970.
7 G. Antonius, *The Arab Awakening,* New York 1979, S. 101ff.
8 A. Shariati, *On the Sociology of Islam,* Berkeley 1979, S. 115.
9 A. Shariati, *Marxism and Other Western Fallacies, An Islamic Critique,* Berkeley 1980, S. 38.
10 S. Akhavi, *Religion and Politics in Contemporary Iran,* Albany 1980, S. 114.
11 Siehe dazu N. Keddie, *Iran: Religion, Politics and Society,* London 1980.
12 Siehe z. B. N. Keddie, *Roots of Revolution,* New Haven 1981, S. 214.
13 M. Fischer, »Persian Society, Transformation and Strain«, in: H. Amirsadeghi (Hg.), *Twentieth Century Iran,* London 1977.
14 M. Fischer, *Iran: From Religious Dispute to Revolution,* Cambridge 1980, S. 191.

15 S. A. Arjomand, »Traditionalism in Twentieth Century Iran«. Referat für die Conference on Social Movements in the Contemporary Near and Middle East, Social Science Research Council, 1981.
16 Zitiert nach N. Keddie, *Scholars, Saints and Sufis,* Berkeley 1972.
17 Siehe dazu J. Eliash, »Misconceptions Regarding the Juridical Status of the Iranian Ulama«, in: *International Journal of Middle East Studies,* 10,1, Februar 1979, S. 11.
18 Siehe M. Khadduri, *Arab Contemporaries,* Baltimore 1973.
19 Nachgedruckt in: *Islam and Revolution. Writings and Declarations of Imam Khomeini,* Berkeley 1981, S. 170.
20 In: Akhavi, *Religion and Politics in Contemporary Iran,* S. 163.
21 Zitiert nach: Ebd., S. 110–116.
22 Ansprache in Ghom, 4. November 1964, nachgedruckt in Algar, *Islam and Revolution,* S. 183.
23 Zitiert nach Akhavi, *Religion and Politics in Contemporary Iran,* S. 162.
24 »Anweisung«, mitgehört in Neauphle le Chateau, Dezember 1978.
25 Keddie, *Roots of Revolution,* S. 206.
26 M. Janowitz, *Political Conflict – Essays in Political Sociology,* Chicago 1970, S. 142.
27 Eine ausgezeichnete Studie der Entwicklung der iranischen Linken liefert E. Abrahamian, *Iran Between Two Revolutions,* Princeton 1982.
28 *Red Shi'ism.* The Shariati Foundation, Teheran 1979; im folgenden Seitenangaben im Text.
29 Khomeini, *Islamic Government,* S. 80; im folgenden Seitenangaben im Text.
30 *Selection or Election,* The Shariati Foundation, Teheran 1979; im folgenden Seitenangaben im Text.
31 Oder in der Formulierung Barry Rubins: »Bazargan und die Nationale Front halfen den Fundamentalisten, indem sie Bachtiar beseitigten; Yazdi konspirierte gegen Sanjabi; Ghotbzadeh eliminierte Yazdi; Bani Sadr unterwanderte Bazargan usw.«, Rubin, *Paved with Good Intentions,* S. 303.
32 *Work and the Worker in Islam.* The Mamdami Foundation, o. O, o. J. (vermutlich Sommer 1980).

III. Was geschah im Iran?

1 A. Gerschenkron, *Economic Backwardness in Historical Perspective,* Cambridge/Mass. 1962, S. 6.
2 J. Spiegel, *Soziale und weltanschauliche Reformbewegung im Alten Ägypten,* Heidelberg 1950, S. 10.

3 M. Walzer, *The Revolution of the Saints,* New York 1976, S. 1.
4 S. P. Huntington, *Political Order in Changing Societies,* New Haven 1969, S. 204.
5 H. Arendt, *Über die Revolution,* München 1974, S. 42.
6 Siehe E. Voegelin, *Anamnesis,* München 1966.
7 Arendt, *Über die Revolution,* S. 30.
8 Ebd., S. 41 f.
9 Ein ausgezeichnetes Buch, das sich mit diesem Problem befaßt, ist L. Ossa, *Die Revolution – Das ist ein Buch und ein freier Mensch,* Hamburg 1973.
10 Arendt, *Über die Revolution,* S. 31.
11 C. Tilly, »Does Modernization Breed Revolution?«, in: *Comparative Politics,* April 1973, S. 425–47.
12 Ebd., S. 427.
13 Tilly behauptet, daß ein Putsch zu Änderungen führen könne, die so weitreichend und bedeutungsvoll seien wie die, die meist mit einer Revolution verbunden seien; dies gilt ebenso für Kriege, und einige Banditen etablieren eine regionale Autonomie und verfogen ihr eigenes alternatives soziales, politisches und wirtschaftliches System. »Does Modernization Breed Revolution?«, S. 444–47.
14 C. Brinton, *The Anatomy of Revolution,* New York 1965.
15 Siehe R. Graham, *Iran – The Illusion of Power,* New York 1979, S. 90–121, und B. Rubin, *Paved with Good Intentions,* Oxford 1980, S. 194.
16 R. Looney, *Iran at the End of a Century,* Lexington/Ky 1977, S. 102. Über übermäßige Ausgaben, kein nennenswertes Wachstum in anderen Branchen als der Ölindustrie, schlechte Verteilung zusammen mit Inflation, die 1977 30% erreicht hatte, siehe A. Saikal, *The Rise and Fall of the Shah,* Princeton 1980, S. 184ff.
17 In: Graham, *Illusion of Power,* S. 90ff.
18 Saikal, *Rise and Fall,* S. 151.
19 Schätzungsweise nur 15% der Bevölkerung profitierten vom Öleinkommen. Saikal, *Rise and Fall,* S. 186.
20 Die Subventionen für den religiösen Bereich wurden von 80 Millionen auf 30 Millionen gekürzt. Dadurch wurde die Ulema noch mehr ermutigt, sich an die Bazaaris zur Schaffung alternativer Fonds zu wenden und gleichzeitig die Koalition gestärkt, die die Vertreibung des Schahs ermöglichte.
21 A. Millspaugh, *Americans in Persia,* Washington 1946, S. 49.
22 Saikal, *Rise and Fall,* S. 191. Siehe dazu K. Fatemi, »Leadership by Distrust: The Shah's Modus Operandi«, in: *The Middle East Journal,* Winter 1982, 36 (1), S. 48–62.
23 Siehe Graham, *Illusion of Power,* S. 121–31.
24 Die Daten variieren. James Bill und Carl Leiden nennen 40%, in: *Po-*

litics in the Middle East, Boston 1979, S. 212. Graham zitiert niedrigere Ziffern: 29,2% für 1975/76 und 24,4% für 1977/78; in: *Illusion of Power*, S. 172.

25 »Report on Leading Personalities in Persia«. Großbritannien, Public Record Office, Foreign Office 371: 20837, 12. April 1937.

26 Bill/Leiden, *Politics in the Middle East*, S. 221.

27 Die Bemerkungen in diesem Teil basieren auf Gesprächen mit ehemaligen hochrangigen Funktionären der iranischen Streitkräfte.

28 1971 erhielten ungefähr 50% der Kinder keinerlei Schulbildung, und andere Dienstleistungen wie ärztliche Betreuung existierten größtenteils nur in den Städten. Das Verhältnis Arzt/Patient war in den städtischen Zentren hoch, aber außerordentlich niedrig z. B. in Azerbaidschan (1:15 000). Saikal, *Rise and Fall*, S. 151.

29 Die Untätigkeit des Schahs hing möglicherweise mit seinem Gesundheitszustand zusammen. Er glaubte vielleicht, daß er angesichts seiner Krebserkrankung den Thron an seinen Sohn übergeben sollte und daß aber die fortdauernde Gewaltanwendung gegenüber seinen Gegnern diese Möglichkeit sehr leicht unterminieren könnte.

30 Für eine ausführlichere Version dieses Arguments, siehe Bill/Leiden, *Politics in the Middle East*, S. 200.

31 Siehe R. Sale, »America in Iran«, in: *SAIS Review*, Winter 1981–82, 3, S. 35 ff.

32 Siehe J. Wach, *Religionssoziologie*, Tübingen 1951; G. Mensching, *Soziologie der Revolution*, Bonn 1947.

33 Barrington Moore sieht in der Bauernschaft eindeutig ein »veraltetes« soziales Phänomen; vgl. *Soziale Ursprünge von Diktatur und Demokratie*, Frankfurt 1974.

34 *The Muqaddimah*, London 1967, S. 258.

35 E. Wolfe, *Peasant Wars of the Twentieth Century*, New York 1969.

36 Ebd., S. 295.

37 Ebd.

38 N. Cohn, *The Pursuit of the Millennium: Revolutionary Millenarians and Mystical Anarchists of the Middle Ages*, New York 1970.

39 Durch die Landflucht waren große Teile der Bauernschaft in die Stadt übergesiedelt, ohne ökonomisch und kulturell integriert zu werden. Siehe Rubin, *Paved with Good Intentions*, S. 262 ff.

40 Moore, *Soziale Ursprünge von Diktatur und Demokratie*, S. 87 ff.

41 M. Halpern, *The Politics of Social Change in the Middle East and North Africa*, Princeton 1963, S. 136.

42 Siehe dazu vor allem J. Freund, in: *Säkularisation und Utopie*, Stuttgart 1967, S. 99.

43 Die Denkrichtung um Saint-Simon z. B. war der Überzeugung, daß die »Religion der Zukunft weit mächtiger sein wird als alle Religionen der Vergangenheit ... Religion wird nicht bloß den politischen Prozeß be-

herrschen, sondern der politische Prozeß in seiner Gesamtheit wird zu einer religiösen Institution werden.« In: G. Talmon, *Political Messianism, The Romantic Phase,* London 1960, S. 87.

44 T. K. Oommen, »Charisma, Social Structure, and Social Change«, in: *Comparative Studies in Society and History,* 1967/68, 10, S. 94f.

45 E. Lemberg, *Ideologie und Gesellschaft,* Stuttgart 1971.

46 E. Shils, »Tradition and Liberty, Antinomy and Interdependence«, in: *Ethics,* April 1958, S. 162; C. Geertz, in: D. Apter (Hg.), *Ideology and Discontent,* New York 1964, S. 64.

47 E. Erikson, zitiert nach J. A. Kim, »The Politics of Predevelopment«, in: *Comparative Politics,* Januar 1973.

48 In C. Ake, »Charismatic Legitimation and Political Integration«, in: *Comparative Studies in Society and History,* Oktober 1966, S. 2.

49 A. Dempf, *Sacrum Imperium,* Darmstadt 1954. Siehe auch R. Otto, *Das Heilige,* München 1947.

50 I. Wallerstein betont diesen Aspekt wiederholt in seinem Buch *Africa: The Politics of Independence,* New York 1961, und ebenso in *Africa: The Politics of Unity,* New York 1967.

51 Der Schah behauptete, durch eine Traumvision von dem Märtyrer Ali von einer ernsten Typhuserkrankung geheilt worden zu sein. Er behauptete auch, der »Zwölfte Imam« sei ihm einmal erschienen. R. Pahlavi, *Answer to History,* New York 1980, S. 57.

52 Der symbolische Wert des Kaisers wird noch heute von iranischen Monarchisten hervorgehoben. Viele von ihnen hoffen, daß der junge Schah durch seine betont unparteiliche Haltung die Möglichkeit bewahrt, zu einem späteren Zeitpunkt als Integrationsfigur der Opposition dienen zu können. Vgl. unsere Interviews mit Prinzessin Azadeh und anderen Vertretern der monarchistischen Exilgruppe in Paris, März 1982.

53 Laufende Protokolle und Transkripte iranischer Radioansprachen finden sich in FBIS (Foreign Broadcast Information Service); vgl. insbes. die Ausgabe vom 5. Juli 1979. Siehe zu dieser Frage auch H. Arendt, *Elemente und Ursprünge totaler Herrschaft,* München 1986.

54 J. L. Talmon, *The Origins of Totalitarian Democracy,* London 1952/1970, und *Political Messianism – The Romantic Phase,* London 1960.

55 Talmon, *Political Messianism,* S. 20.

56 Der Versuch des Schahs, die Macht im Zusammenhang mit dynastischem Denken zu personalisieren, fügte hier jedoch eine gewisse nichtpragmatische Komponente hinzu, die durch seine sporadischen, quasimystischen religiösen Behauptungen einer islamischen Legitimierung noch verstärkt wurde.

57 Pahlavi, *Answer to History,* S. 57.

58 Siehe insbesondere E. Salin, *Civitas Dei,* Tübingen 1926, für eine ausgezeichnete Analyse der totalitären Aspekte im christlichen sozialen Denken.

59 Siehe dazu auch R. Nisbet, *History of the Idea of Progress,* New York 1969, Kap. 2, »The Early Christians«.

60 »Die schiitischen Religionsführer, im Unterschied zu ihren sunnitischen Kollegen zur Zeit der Osmanen, ... bewahrten eine Haltung der ständigen potentiellen oder tatsächlichen Kritik weltlicher Herrschaft...« Marshall G.S. Hodgson, *The Venture of Islam,* Chicago 1974, S. 35, Bd. 3.

61 Ebd.

62 Siehe dazu auch N. Calder, »Accomodation and Revolution in Imami Shi'i Jurisprudence: Khumayni and the Classical Tradition«, in: *Middle East Studies,* Januar 1982, S. 18.

63 In: *Kitab al-Bay,* einem fünfbändigen Werk, das ca. 1970 im Irak publiziert wurde, erörterte Khomeini bereits die Notwendigkeit der Herrschaft des »Faqih« und der Pflicht aller übrigen Religionsgelehrten, seiner Herrschaft zu folgen. Laut Calder war dieser Gedanke »in der schiitischen Tradition ohne Präzedenzfall«. In: »Accomodation«, S. 16.

64 Talmon, *Origins.*

65 Y. Y. Haddad, in ihrem Aufsatz »The Qur'anic Justification for an Islamic Revolution: The View of Sayyid Qutb.«, in: *Middle East Journal,* Winter 1983, S. 37, behandelt den Gedanken einer »manichaeischen« Weltsicht, des »Königreich Gottes« und der Gegenüberstellung von Gut und Böse, als ob sie ausschließliche Erscheinungen der islamischen Gesellschaft wären und in der westlichen Geschichte noch nie vorgekommen wären.

66 Talmon, *Political Messianism,* S. 423.

67 Talmon, *Origins,* S. 161. Das Ideal einer totalitären Demokratie, schreibt Talmon hier, ist nicht »das üppige Glück nach dem Vorbild von Persepolis, sondern die karge Befriedigung nach dem Vorbild Spartas« – eine Formulierung, die für die Gegenüberstellung der Werte des Schahs und Khomeinis besonders geeignet scheint.

68 Bani-Sadr berichtet vom Widerstand Khomeinis gegen seine geplanten Nahrungsmittelimporte. Khomeini habe sich, berichtet er, sehr heftig dagegen ausgesprochen, daß dem Volk die »Erfahrung der Entbehrung« genommen würde. Interview mit den Verfassern, März 1982.

69 »Neither the East nor the West«, in: *Iranian Islamic Revolution.* Zeitschrift der Universität Isfahan, Februar 1983.

70 F.L. Carsten, *The Rise of Fascism,* Los Angeles 1971, S. 232ff.

71 Zitiert nach *Islam and Revolution,* hg. von H. Algar, Berkeley 1981.

72 Khomeini, *Islamic Government,* New York 1979, S. 100.

73 A. Lolavar, in: »Neither the East nor the West«, S. 11ff.

74 W. Reich, *Die Massenpsychologie des Faschismus,* Köln 1971; siehe auch M. Damkowski u. a., *Der alltägliche Faschismus,* Frankfurt 1982.

75 Siehe Khomeini, »Address to the Women of Qum«, in: *The Islamic Revolution,* Teheran 1984.

76 E. Nolte, *Der Faschismus in seiner Epoche. Action Française, italienischer Faschismus, Nationalsozialismus*, München 1986.
77 Moore, *Soziale Ursprünge von Diktatur und Demokratie*, S. 490.
78 Diese Sichtweise vertritt z. B. N. Hetherington, »Industrialization and Revolution in Iran: Forced Progress of Unmet Expectations«, in: *Middle East Journal*, 3, 1982, S. 36.
79 L. K. Polanyi, *The Great Transformation. Politische und ökonomische Ursprünge von Gesellschaften und Wirtschaftssystemen*, Frankfurt 1978, S. 320.
80 Siehe dazu auch den Schriftwechsel zwischen Henry A. Turner und James Gregor in der Zeitschrift *World Politics*, »Fascism and Modernization«, 2, 1972, S. 24, und »Fascism and Modernization: Some Addenda«, 3, 1974, S. 26.

IV. »Die Perser« und »Der Westen« – Politik und Vorurteile

1 Zur Rationalisierung von Herrschaftsverhältnissen siehe auch W. Lepenies, *Soziologische Anthropologie*, München 1971.
2 Diese Problematik ist ausführlicher erläutert in: C. Benard, *Die Geschlossene Gesellschaft und ihre Rebellen*, Frankfurt 1982.
3 E. Said, *Orientalism*, New York 1978.
4 Eine der wichtigsten Arbeiten auf diesem Gebiet ist nach wie vor P. Berger/T. Luckmann, *Die gesellschaftliche Konstruktion der Wirklichkeit*, Frankfurt 1986.
5 C. J. Wills, *Persia As It Is*, London 1886; H. Norder, *Under Persian Skies*, London 1928; E. Granville-Browne, *A Year Among the Persians*, Cambridge 1927 (1893); E. Stewart, *Through Persia in Disguise*, London 1911; W. Litter, *Persische Flitterwochen*, Berlin 1925; C. Harnack, *Persian Lions, Persian Lambs*, London 1965.
6 Die Anekdote mit dem persischen Gärtner stammt aus E. Kaempfer, *Am Hofe des persischen Großkönigs*, Basel/Tübingen 1977 (1864).
7 Siehe dazu das noch 1955 erschienene Buch von J. Cleugh, *Ladies of the Harem*, London, S. 20, 47, 193.
8 W. Forbis, *The Fall of the Peacock Throne*, New York 1980, S. 118.
9 Ebd., S. 125.
10 A. Rodkin, *Unveiled Iran*, London 1943.
11 G. Curzon, *Persia and the Persian Question*, London 1928.
12 J. M. Balfour, *Recent Happenings in Persia*, Edinburgh/London 1922, S. 54. Zum Thema »Feigheit der Perser« erzählt Lord Balfour die folgende Anekdote: Im Jahr 1911 fand eine großangelegte Ausbildungskampagne statt, um das Land für den Fall einer russischen Invasion militärisch zu schulen. Zur gleichen Zeit appellierten persische Behörden an die Engländer, ihnen gegen herumziehende Räuberbanden zu

helfen. Warum könnten denn die neu ausgebildeten Soldaten nicht gegen die Räuber eingesetzt werden, fragten daraufhin die Briten. Ja, gaben die Behörden zurück, viele persische Männer seien bereit, gegen die Russen zu kämpfen, aber die Russen seien weit weg, die Räuber hingegen sehr nah. S. 35.

13 Ebd., S. 33.

14 *Foreign Relations of the United States,* Washington D. C. 1978.

15 Ebd. (Mai 1950).

16 Ebd. (September 1948).

17 Ebd.

18 A. Millspaugh, *Americans in Persia,* Washington D. C. 1946, S. 81, 85.

19 *Foreign Relations of the U.S.* (Januar 1950).

20 Noch 1971 konnte man im offiziellen US-Regierungshandbuch über den Iran, eine Orientierungshilfe für Staatsangestellte, erfahren, daß die persische Bevölkerung der autoritären Führung bedürfe und daß daher der Schah die ideale Regierung für sie sei. *Area Handbook for Iran,* Washington D. C. 1971.

21 Übrigens sollten sich diese Überlegungen in bezug auf Khomeini wiederholen. Auch hier schwankten die Reaktionen drastisch zwischen anfänglicher Ambivalenz mit einem positiven Einschlag bis hin zu starker Ablehnung, um sich schließlich mit Hilfe des Vorurteils über die »Orientalen« einzupendeln mit der Schlußfolgerung, diese Regierung sei zwar an und für sich abzulehnen und inhuman, aber für dieses Volk gerade richtig.

22 *Foreign Relations of the U.S.,* November 1950.

23 Ebd.

24 Siehe dazu auch den Aufsatz von R. Sale, »America in Iran«. Auf der Grundlage einer Auswertung offizieller Regierungsdokumente und Berichte über Aktivitäten des Geheimdienstes meint er, 1953 sei eine Wende in den Beziehungen zwischen den USA und Iran eingetreten. Damals habe man beschlossen, demokratischen Bestrebungen den Rücken zu kehren und statt dessen »den Iran als politische Handlungsbasis zu sichern«. *SAIS Review,* Herbst 1982.

25 Zitiert nach FRUS, November 1950.

26 US-Botschaft, Teheran, an den amerikanischen Außenminister, Telegramm 3245, 25. Mai 1979. Veröffentlicht von den Besetzern der US-Botschaft, Muslim Student Followers of the Imam's Line, Ashad-e-Lanah-i-Jasusi (Dokumente aus dem Spionagenest) Teheran o. J., S. 18.

27 US-Botschaft, Teheran, an den Außenminister, 12069, 24. Juli 1979, ebd., S. 3.

28 R. Emerson, *From Empire to Nation,* Cambridge 1960, S. 280.

29 Personen, die von einer Supermacht protegiert werden, scheinen häufig

eine entsprechend personalisierte Einstellung zu dieser Supermacht zu entwickeln und diese Beziehung mit einem erstaunlich subjektiven Gehalt zu besetzen. Die iranische Monarchie z. B. sah sich offensichtlich als mit den amerikanischen Präsidenten »befreundet« und leitete aus dieser Haltung Erwartungen an die Außenpolitik ab. Ashraf Pahlawi merkt an, daß die Augen von Präsident Carter schon 1978 einen »frostigen Blick« gehabt hätten, als er mit ihr auf einem Empfang tanzte. Daraus schließt sie, daß er bereits damals vorhatte, mit Khomeini Kontakt aufzunehmen. A. Pahlavi, *Faces in the Mirror, New Jersey 1980, S. XI (Vorwort).*

30 *Al Masudi, Kitab al-Tanbih ul-Ishraf, in:* B. Lewis (Hg.), *Islam,* New York 1974, Bd. 2, S. 122.

31 Siehe dazu auch G. Duby, *Krieger und Bauern,* Frankfurt 1977.

32 In seinem Buch *The Muslim Discovery of Europe* hat Bernard Lewis eine sehr aufschlußreiche Sammlung der relevanten islamischen Texte vorgelegt.

33 Ebd., S. 203.

34 Dieser Aspekt wird ausführlicher dargelegt in Ch. Benard/E. Schlaffer, *Die Grenzen des Geschlechts,* Reinbek 1984, Kap. 5.

35 Siehe A. Mack, »Why Big Nations Lose Small Wars – The Politics of Asymmetric Conflict«, in: *World Politics,* 27, 2, Januar 1975, S. 176.

36 Ibn Abd Rabbih, *Al-'Iqd al-Farid,* in: B. Lewis, *Islam,* S. 206. Siehe dazu auch M. Hodgson, *The Venture of Islam,* Chicago 1974, Bd. 3, S. 23, zu Vorurteilen und Konflikten zwischen Sunniten und Schiiten.

37 In schmählicher Mißachtung der koranischen Bestimmungen, sagt der Autor, beanspruchen die Araber Überlegenheit und vertreten den Standpunkt, daß »die Perser im Glauben niemals gleichberechtigt sein werden, auch nicht, wenn sie beten bis sie krumm sind wie ein Bogen und fasten bis sie dünn sind wie die Bogenschnur«. Ibn Abd Rabbih, *Al-'Iqd-al-Farid,* S. 203 ff.

38 C. Cremeans, *The Arabs and the World – Nasser's Arab Nationalist Policy,* New York 1963, S. 599.

39 Als Beispiel führt er den Ägypter Muhammad Heikal an, der zunächst Säkularist war, bis er – so Khadduri – erkannte, daß er die Massen über den Islam besser ansprechen könne. Die Erkenntnis kam ihm infolge der Tatsache, daß eine Biographie des Propheten Mohammad seine erste Publikation mit echter Breitenwirkung war. M. Khadduri, *Arab Contemporaries. The Role of Personality in Politics,* Baltimore 1973.

40 Siehe dazu vor allem die hervorragende Zusammenfassung in F. Rahman, *Islam,* New York 1966, S. 261–89. Al-Afghani wäre übrigens ein zweites Beispiel für den »Übertritt« vom Säkularismus zum Modernismus, siehe dazu N. Keddie, *Iran: Religion, Politics and Society,* London 1980, S. 29.

41 Siehe A. Ali, *The Spirit of Islam*, London 1939; M. Abduh, in: Rahman, *Islam*, S. 271; M. Iqbal, *Reconstruction of Religious Thought in Islam*, Lahore 1944.

42 »Der Kolonialismus«, heißt es bei Gaddhaffi, »entstand aus dem Wunsch des Westens, den Islam zu vernichten.« In: *Arab News*, September 1971 (unregelmäßig erscheinende Publikationen des libyschen Informationsministeriums).

43 In einer unter dem Titel *Marxism and other Western Fallacies* (Berkeley 1983) herausgegebenen Schrift referiert Schariati die wesentlichen westlichen Ideensysteme und kommt zu dem Schluß, daß nur der Islam in der Lage ist, materielle und politische Werte mit spirituellen Werten zu verbinden.

44 Rahman, *Islam*, S. 248. Siehe auch sein Schlußkapitel. Seine Beobachtungen entbehren nicht einer gewissen autobiographischen Erfahrung. Seine Stellung als Direktor des Islamischen Forschungsinstituts in Islamabad/Pakistan verlor er, als die Fundamentalisten dort die Macht ergriffen. Gegenüber den Verfassern formulierte der neue Direktor des Instituts im Januar 1982 die Entfernung Rahmans mit dem prägnanten Satz: »Seine Ansichten entsprachen nicht unseren Vorstellungen, und daher mußte er gehen.«

45 Diese Vorgehensweise ist von Khomeini mehrmals scharf angegriffen worden. Er kritisiert diese »Gruppe der Intellektuellen, die so sprechen, daß nur ihre sogenannten ›intellektuellen‹ Freunde sie verstehen können« und die, entweder aus Berechnung oder aus Verwirrung, »Islam und Marxismus vermischen«. Ansprache, 20. März 1980 in Teheran, in: *Eine Revolution wird hingerichtet*, München 1980.

46 So argumentieren Angehörige dieser Richtung, z. B., daß die Amputierung zwar die im Koran vorgeschriebene Bestrafung für Diebstahl ist, daß eine Verurteilung aber nur erfolgen kann, wenn der Dieb geständig ist; keine anderen Beweise sind hinreichend. Modernisten ist es gelungen, in mehreren islamischen Staaten die Polygamie zu verbieten durch geschickte Interpretation einiger Passagen des Koran. In Pakistan versuchen Modernisten das Gesetz zur Zeugenaussage zu verändern, wonach zwei weibliche Zeugen erforderlich sind, um die Aussage eines Mannes aufzuwiegen. Die Modernisten wollen die entsprechenden islamischen Passagen als historisches Mißverständnis darstellen. Es müsse lediglich die Zeugin von einer zweiten Frau ans Gericht begleitet werden, damit sie sich von den vielen anwesenden Männern nicht eingeschüchtert fühle. Solche Interpretationsversuche zeugen häufig von großem Erfindungsgeist, aber sie sind oft zu subtil und konstruiert für die Masse der Bevölkerung, die den deutlichen und kompromißlosen Weg der Fundamentalisten überzeugender findet.

47 S. Qutb, *Milestones*, Houston, o. J.

48 Ebd., S. 136.

49 Ebd., S. 138f.

50 M. Lari, *Western Civilization through Muslim Eyes,* Houston 1979. Für das Original wird kein Datum angegeben, der Autor wurde jedoch 1934 geboren. Er kündigt an, daß er eine neutrale Gegenüberstellung der Stärken und Schwächen beider Kulturen bieten wird. Schon die Kapitelüberschriften machen deutlich, daß es sich um keine bloße »Gegenüberstellung« handeln wird: Die Kapitel über den Westen: Antiislamische Propaganda – Unmoral im Westen – Sex im Westen – Soziale Aussteiger – Alkoholismus – Inhumanität und Armut – Zusammenbruch des Familienlebens – Kindheitstraumas – Barbarei im Zeitalter der Zivilisation.
Die Kapitel über den Islam hingegen bestehen aus Huldigungen der Kulturleistungen und der sittlichen Reinheit dieser Zivilisation. Das Buch ist inzwischen in viele Sprachen übersetzt worden und wird von islamischen Kulturinstituten vertrieben.
Diese Richtung in der fundamentalistischen Literatur weist eine nahe Verwandtschaft zur Literatur der früheren westlichen Orientalisten auf. Auf den Islam bezogen hat Rahman (*Islam,* S. 288) diesen Genre pointiert beschrieben als den Versuch, »die widerlichsten Details über den europäischen sittlichen Verfall als Belegstück für den Untergang des Westens anzuführen«.

51 Siehe z. B. Khomeinis Ansprache vom 20. März 1980. Darin heißt es, es sei der Wille Gottes, »unser unterdrücktes Land von den Bürden der Tyrannei und der Herrschaft der hegemonialen Mächte, vor allem den USA, zu befreien«.

52 Qutb, *Milestones,* S. 98. Weiter schreibt er, daß »Gesellschaften, in denen die körperliche Lust und die tierische Begierde in den Vordergrund gestellt werden, nicht als zivilisiert betrachtet werden können, egal wie fortschrittlich sie in Wissenschaft und Technik sein mögen«.

53 Zitiert nach M. F. Arnett, *Qasim Amin and the Beginnings of the Feminist Movement in Egypt,* Diss., Philadelphia 1965, S. 108.

54 *Islam and Revolution,* S. 172.

55 Zitiert nach *New York Times,* 22. April 1979.

56 R. Baraheni, *Der Clan der Kannibalen,* München 1979, S. 73.

57 Nirumand, *Persien, Modell eines Entwicklungslandes,* S. 136.

58 »Plattform der Exilregierung der Demokratischen Islamischen Republik des Iran«, Oktober 1981. Bani-Sadr formulierte es prägnanter und sagte: »Der Westen zwingt Frauen, sich zu entblößen, der Osten zwingt sie, sich zu bedecken.« Interview mit den Verfassern, März 1982.

1 Henry Precht, »Memorandum to the Files« (Secret-sensitive), Gespräch mit Ibrahim Yazdi, 13. Dezember 1978. Beide Seiten stimmen überein, daß »die Kontakte zwischen Khomeini und der US-Regierung nicht öffentlich gemacht werden sollen«. Veröffentlicht von den Studenten, die die amerikanische Botschaft besetzten.
2 Interview mit den Verfassern, März 1982.
3 Islamic Republican Party, *Mavazihi-Ma,* Teheran o. J.
4 US/CIA, Office of Central Reference, Mehdi Bazargan, CRM 78–16626 (Confidential), 8. Dezember 1978. Veröffentlicht von den Besetzern der amerikanischen Botschaft.
5 E. Rouleau, »Khomeini's Iran« in: *Foreign Affairs,* Herbst 1980, S. 9.
6 Islamic Republican Party, *Az Hizb Cheh Medanim,* Teheran o. J.
7 *Ittila'at,* 14. September 1980.
8 William Sullivan schreibt: »Mindestens drei voneinander unabhängige Komitees waren am Flughafen im Einsatz, kontrollierten die Laderampen und die Immigrationsbüros, und es war nicht immer klar, wer gerade die Oberhand hatte.« *Mission To Iran,* New York 1981, S. 279.
9 Ansprache vom 28. Februar 1979.
10 Muslim Student Followers of the Imam's Line, *Ifsha-i-imperialism,* Band 1, Teheran o. J.
11 Ebd.
12 Islamic Republican Party, *Az Hizb Cheh Medanim,* S. 17.
13 US-Botschaft Teheran, Telegramm an das Außenministerium, A-6941, Juli 1979, in: *Ifsha-i-imperialism,* Bd. 1.
14 Telegramm der US-Botschaft in Teheran an das Außenministerium, Nr. 10827, 22. Oktober 1979, in: ebd.
15 Allmählich kam Khomeini von seiner harten Linie in Wirtschaftsfragen ab und rief seine Anhänger dazu auf, den wirtschaftlichen Aufschwung in Angriff zu nehmen. Bericht der US-Botschaft in Teheran an das Außenministerium, 8. März 1979.
16 Ansprache Khomeinis zum Anlaß des Jahrestages von Khordad (5. Juni 1979), zitiert nach *Islam and Revolution,* S. 268–74.
17 Ebd.
18 Islamic Republican Party, *Az Hizb Cheh Medanim,* S. 33.
19 Ebd.
20 Siehe auch O. Fallaci, »Everybody Wants to be a Boss«, in: *New York Times,* 18. Oktober 1979, S. 16.
21 entfällt.
22 Siehe dazu insbesondere J. Bill, »Power and Religion in Revolutionary Iran«, in: *Middle East Journal,* Winter 1982; »The Iranian Revo-

lution and the Islamic Republic«. Conference Proceedings, Middle East Institute, Washington D.C. 1982; Keddie, *Roots of Revolution.*

23 US-Botschaft in Teheran an das Außenministerium, 8. Juli 1979, in: *Ifsha-i-imperialism,* Bd. 1.

24 *Le Monde,* 17. Oktober 1979.

25 J. Cockroff, in: *New York Times,* 3. Januar 1979.

26 Telegramm US-Botschaft in Teheran an das Außenministerium, 8. Juli 1979, in: *Ifsha-i-imperialism,* Bd. 1.

27 Die Angst vor einem Staatsstreich war unmittelbar vor Khomeinis Rückkehr in den Iran unter seinen Gefolgsleuten sehr ausgeprägt. Sie befürchteten, daß das Militär ihnen zuvorkommen würde.

28 Laut Meldungen der US-Botschaft hatte Entezam Schwierigkeiten mit Bani-Sadr. Er galt als gemäßigter Modernist, war Bazargans Vize-Kanzler und später Botschafter in Schweden; schließlich wurde er in Teheran inhaftiert. »Entezam beschimpfte Bani-Sadr heftig, er beschrieb ihn als Irren, der nur reden und reden konnte, aber keine Verantwortung tragen wollte.« Schon im Januar 1979 fingen Bazargans Freunde, wie z.B. Amir-Entezam, an, Khomeinis modernistische Gefolgschaft in Paris zu diskreditieren. Die Pariser Gruppe galt als radikaler im Vergleich zur Bazargan-Gruppe. Telegramm der Botschaft an das Außenministerium, 22. Januar 1979, in: *Ifsha-i-imperialism,* Bd. 1.

29 Interview mit den Verfassern, Paris März 1982.

30 J. Linz, »Totalitarian and Authoritarian Regimes«, in: F.I. Greenstein/N.W. Polsby (Hg.), *Handbook of Political Science,* Reading, 1971, S. 175ff.; G. Sartori, *Democratic Theory,* Detroit 1962; H.V. Wiseman, *Political Systems: Some Sociological Approaches,* London 1966.

31 C.J. Friedrick/M. Curtis/B. Barber (Hg.), *Totalitarianism in Perspective: Three Views,* New York 1969; S. Neumann, *Permanent Revolution: Totalitarianism in the Age of International Civil War,* New York 1942; L. Shapiro, *Totalitarianism,* New York 1972; C. Friedrich/Z. Brzezinski, *Totalitarian Dictatorship and Autocracy,* New York 1965.

32 Linz, »Totalitarian and Authoritarian Regimes«, S. 191.

33 A. Gershenkron, *Continuity in History and Other Essays,* Cambridge 1968, S. 4.

34 Huntington, *Political Order in Changing Societies,* S. 1.

35 »Islamic Government«, in: *Islam and Revolution,* S. 80.

36 Islamic Republican Party, *Mavazihi-Ma,* S. 26.

37 Ebd., S. 41.

38 Siehe dazu V.S. Naipaul zum Thema der »islamischen Städteplanung«: *Eine islamische Reise. Unter den Gläubigen,* Frankfurt 1984.

39 Khomeinis Ansprache, 26. April 1980, in: *Kayhani Hava'i Urdibishisht,* 10, 1359 (30. April 1980).

40 Ebd.

41 In seiner Neujahrsansprache vom 21. März 1980 ließ sich Khomeini noch eingehender über die Intellektuellen aus. Dort hieß es: »Genau diese Universitätsleute waren es, die mit ihren übersteigerten Vorstellungen über die eigene Wichtigkeit in einer Art und Weise sprechen, daß nur ihre sogenannten Mit-Intellektuellen ein Wort davon verstehen können. Wenn das Volk sie nicht verstehen kann, dann ist ihnen das egal! Denn das Volk existiert in ihren Augen gar nicht; nur sie selber haben eine Daseinsberechtigung.« In: *Islam and Revolution.*

42 Islamic Republican Party, *Mavazihi-Ma,* S. 36.

43 Ebd. Schon in Paris hatte Khomeini seine Absicht kundgetan, die Medien einer Zensur zu unterwerfen. Interview mit den Verfassern, 1. Januar 1979.

44 Linz, »Totalitarian and Authoritarian Regimes«, S. 214.

45 Islamic Republican Party, *Mavazihi-Ma,* S. 26.

46 Ebd., S. 34.

47 Ebd., S. 41.

48 J. Bill, »Power and Religion in Revolutionary Iran«, in: *Middle East Journal,* Winter 1982, S. 33.

49 Die Religionsexperten unter den ersten Mitgliedern waren Ayatollah Mehdi Amlashi, Gholamreza Rezvani, Ayatollah Mohammad Reza Mahdavi Kani, Ayatollah Ahmad Jannati, Lotfollah Safi und Ayatollah Abulgasem Khazali.

50 *Kayhan International,* 9. Juni 1983.

51 Ebd., 1. Juni 1983.

52 A. Dallin/G. Breslauer, *Political Terror in Communist Systems,* Stanford 1970; zu Italien siehe A. Aguarone, *L'organizzatione dello stato totalitario,* Turin 1965.

53 Siehe z. B. Khomeinis Ansprache, in: Majmu'a-yi Kamil, April 1979, S. 135.

54 Islamic Republican Party, *Mavazihi-Ma,* S. 37.

55 Ebd.

56 Ebd.

57 In seiner Neujahrsansprache (21. März 1980) warnte Khomeini vor »synkretistischen Ideologien, denn sie sind eine große Gefahr und ein Verrat am Islam. Weil wir bestimmte Aspekte des Islam nicht vollkommen verstanden haben, konnten sich mancherorts marxistische Elemente mit ihm vermengen. Dadurch ist eine Mischung zustandegekommen, die mit dem Islam unvereinbar ist.«

58 Die IRP hat sich für die bewaffnete Volksmiliz ein Ziel von 20 Millionen Angehörigen gesetzt. Islamic Republican Party, *Mavazihi-Ma,* S. 52.

59 Nach manchen Berichten gibt es zusätzlich noch eine SAVAK-ähnliche Geheimpolizei namens SAVAMA; andere bezweifeln die Existenz dieser Organisation. E. Sciolino, »Iran's Durable Revolution«, in: *Foreign Affairs*, 1, 1983.
60 *Iran Liberation*, 19. Juli 1982, und *The London Times*, 1. Juli 1981.
61 Sciolino, »Iran's Durable Revolution«.
62 Siehe E. Kedourie, »Islamic Revolution«, in: *Salisbury Papers*, 6, London. Siehe auch seinen Artikel »Khomeini's Political Heresy«, in: *Policy Review*, 1, 1980, S. 133 ff.
63 Die Plattform der Mudschaheddin findet sich in National Council of Resistance, *Platform of the Provisional Government of the Democratic Islamic Republic of Iran*, Long Beach 1982.
64 Gespräch mit den Verfassern, März 1982.
65 Islamic Republican Party, *Mavazihi-Ma*, S. 57.
66 Dieser Begriff, der sich am ehesten mit »die Enteigneten« oder »die Entrechteten« übersetzen läßt, wird auf Ali Schariati zurückgeführt.
67 *Iran Times*, 25. April 1986, S. 14.
68 Islamic Republican Party, *Mavazihi-Ma*, S. 58.
69 Gespräch mit den Verfassern, 1. Januar 1979.
70 Siehe *MERIP Reports*, Mai 1980, März/April 1982.
71 »Der Boden muß dem islamischen Gesetz gemäß verteilt werden«, sagte Khomeini in seiner Neujahrsansprache 1980, »und nur die zuständigen ›Schariah‹-Gerichte haben das Recht, eine Neuverteilung des Bodens vorzunehmen. Sonst hat niemand das Recht, Felder oder Haine umzuverteilen. Überhaupt haben unautorisierte Personen kein Recht, sich in solche Dinge einzumischen... Jeder, der hier eigenmächtig ohne gesetzliche und islamische Befugnis handelt, wird streng bestraft werden.«
72 Eine Ausnahme bildeten neuerschlossene landwirtschaftliche Gebiete.
73 Central Office of Statistics, *Iran der Ayenahi Amar*, Teheran 1360.
74 Ebd.
75 Vizekanzler Tabatabai soll der westdeutschen Regierung im Oktober 1979 mitgeteilt haben, daß der Iran an der Fertigstellung des Kernkraftwerkes in Bushir interessiert sei. Telegramm der US-Botschaft in Bonn an das Außenministerium, Nr. 19172.
76 Central Office of Statistics, *Iran der Ayenahi Amar.*
77 Ebd.
78 P. Clawson, »Iran's Economic Problems and Islamic Economics« in: *Center for Strategic Studies*, Washington D. C. 10. März 1982.
79 *Middle East Economic Digest*, 6. Mai 1983, S. 22.
80 *Iran Times*, 21. Mai 1982.
81 Fischer beschreibt die Bemühungen des Schahs, das religiöse Netz-

werk sozialer und wohlfahrtsorientierter Einrichtrungen durch ein eigenes, weltliches Netzwerk zu ersetzen, in: M. Fischer, *Iran: From Religious Dispute to Revolution,* Cambridge 1980.

82 E. Franz, *Minderheiten in Iran,* Hamburg 1981; S. Burky, »The Ethnic Composition of Iran«, in: *Central Asian Review,* 1960, 4, S. 417; S. Aliyeu, »The Problem of Nationalism in Iran«, in: *Central Asian Review,* 1, 1966, S. 62; M. Ivanov, »The Question of Nationalities in Iran«, in: Donya, 1, 1971; L. Hefgolt, »The Structural Foundation of the National Minority in Revolutionary Iran«, in: Iranian Studies, 1980; L. Beck, »Revolutionary Iran and its Tribal Peoples«, in: *MERIP Reports,* 1980.

83 Siehe dazu J. Rothschild, *Ethnopolitics,* New York 1981.

84 S. Enders Wimbush, »Iran's Ethnic Factions Threaten to Split the State«, Los Angeles, RAND P-6477, April 1980.

85 Diese Frage wird ausführlicher aufgegriffen in Z. Khalilzad, *The Security of Southwest Asia,* London 1983.

86 *Kayhan International,* 30. Mai 1983; siehe auch F. Kazemzadeh, »The Terror Facing the Vahai's«, in: New York Review of Books, 29, 1982.

87 Islamic Republican Party, *Mavazihi-Ma,* S. 40.

88 Zu den Kurden siehe auch G. Chaliand, *People Without A Country,* London 1980.

89 *Teheran Times,* 19. Juni 1980.

90 Yanesi war vom Schah für separatistische Subversion zum Tode verurteilt worden. Dieses Urteil wurde später in acht Jahre Haft umgewandelt.

91 *Teheran Times,* 26. Januar 1979.

92 Ebd., 25. Dezember 1979.

93 Ebd., 14. Oktober 1979.

94 L. Binder, *Iran: Political Development in a Changing Society,* Berkeley 1982, S. 160.

95 Zu den Mudschaheddin siehe S. Chubin, »Leftist Forces in Iran«, in: *Problems of Communism,* Juli/August 1980, S. 15 ff.; E. Abrahamian, *Iran Between Two Revolutions,* Princeton 1982; *Mujahedeen Sharhi-Tasys va Tarikhehah-i Vaqa'eh Sazemani-Mujahedeen* (Eine Beschreibung der Entstehung, Entwicklung und Inhalte der Mudschaheddin), Teheran 1979.

96 S. Zabih, *The Communist Movement in Iran,* Berkeley 1966; US Department of State, *World Strength of the Communist Party Organization,* Washington D.C. 1973.

97 National Voice of Iran, »Pro U.S. Groups Hiding Behind Islamic Mask«, in: *Foreign Broadcast Information Service (FBIS), South Asia,* 18. Mai 1982.

98 Gespräch mit den Verfassern, März 1982.

99 Ashraf Pahlawi lebt heute in Paris und New York. Ihr Sohn wurde in Paris ermordet. Ihre Tochter Azadeh Shafik ist die Leiterin einer Organisation namens »Free Iran«. Diese Organisation schreibt den USA die Hauptrolle beim Sturz des Schahs zu und sieht für den jungen Schah die Rolle einer symbolischen Integrationsfigur vor.

100 General Oveyssi war früher Befehlshaber der iranischen Armee. Er verließ den Iran während der Amtszeit Bachtiars.

101 Bani-Sadr zufolge unterstützt nur eine Minderheit der Religionsgelehrten im Iran das Konzept des »Vilayat-e-Faqih« und die politische Herrschaft der Religionsgelehrten.

102 Versuche, die Fraktionen klarer zu benennen, machten Akhavi, »Clerical Politics in Iran Since 1979«, S. 17–28; G. Rose, »Factional Alignment in the Central Council of the Islamic Republican Party or Iran«, in: *The Iranian Revolution and the Islamic Republic*, S. 45.

103 National Voice of Iran, »The Mask of U. S. Made Association Must Be Ripped Off«, *FBIS, South Asia*, 18. Mai 1982.

104 Bill, »Power and Religion in Revolutionary Iran«, S. 22ff.

VI. Die Islamische Republik und die Welt

1 Friedrich, Brzezinski, *Totalitarian Dictatorship and Autocracy*, S. 353–66; J. Armstrong, *The Politics of Totalitarianism*, New York 1961.

2 *The Guardian*, November 1978.

3 In der iranischen Verfassung heißt es etwas milder: »Nach dem Heiligen Koran sind alle Moslems eine Gemeinschaft, und die Islamische Republik des Iran ist der Einheit aller islamischen Nationen verpflichtet und muß ständig für die politische, wirtschaftliche und kulturelle Einheit der islamischen Welt kämpfen.« Prinzip II.

4 Ansprache vom 11. Februar 1980.

5 Siehe Friedrich/Brzezinski, *Totalitarian Dictatorship*, S. 353–66.

6 Islamic Government, in: *Islam and Revolution*, S. 48f.

7 M. Dashti, *The Selected Messages of Imam Khomeini Concerning Iraq and the War Iraq Imposed on Iran*, Teheran 1981. In einer vorangegangenen Rede war Khomeini noch konzilianter aufgetreten: »Der Islam möchte zu allen Ländern der Welt freundschaftliche Beziehungen unterhalten, und die islamische Regierung möchte zu den Völkern und Regierungen aller Länder korrekte Beziehungen des gegenseitigen Verständnisses haben, vorausgesetzt, daß sie ihrerseits den islamischen Staat respektieren.« *Ettela'at* vom 15. Juli 1979.

8 Islamic Republican Party, *Mavazihi-Ma*, S. 81–86.

9 Ziel Nummer Drei, in: ebd., S. 82.

10 Ziel Nummer Vier, ebd.

11 Ziel Nummer Fünf, ebd.
12 Ebd., S. 83.
13 Ebd.
14 Ebd., S. 84.
15 Ebd.
16 Khomeinis Kritik an den iranisch-amerikanischen Beziehungen war alt. Schon 1963 hatte er sich gegen die amerikanischen Kontrollansprüche ausgesprochen. (»Unsere Würde ist mit Füßen zertrampelt worden. Die Würde des Iran ist zerstört worden. Die Würde unserer Streitmächte ist mit Füßen zertrampelt worden.«) Der Iran habe sich »verkauft«, habe sich »auf die Stufe einer Kolonie gestellt«. In: *Islam and Revolution,* S. 181 ff. 1967 hatte Khomeini erklärt: »Der amerikanische Präsident soll wissen, daß er in den Augen des iranischen Volkes die verachtenswürdigste Kreatur auf der ganzen Erde ist, weil er unserer islamischen Nation eine solche Ungerechtigkeit zugefügt hat.« Ebd., S. 186. 1967 behauptete er, er sei wegen seiner Opposition gegenüber der amerikanischen Politik ins Exil geschickt worden. Ebd., S. 189.
17 Interview mit den Verfassern, Dezember 1978.
18 *Islam and Revolution,* S. 185.
19 Prinzip 146 bezieht sich auch auf die USA, die Horchposten im Iran unterhielten.
20 Ansprache vom 11. Februar 1980.
21 Islamic Republican Party, *Mavazihi-Ma,* S. 84.
22 Ebd.
23 Ebd., S. 85.
24 Ebd.
25 Ebd.
26 Schon 1963 hatte Khomeini sich an die Militärs mit folgender Botschaft gewandt: »Ich weiß, daß Eure Herzen bekümmert sind ... über unsere Unterordnung gegenüber Israel, daß Ihr nicht wollt, daß der Iran unter den Stiefeln der Juden liegt.« 13. April 1963, in: *Islam and Revolution,* S. 175 f. In einer anderen Ansprache hieß es dann: »Israel will nicht, daß der Koran in diesem Land existiert. Israel will nicht, daß die Religionsgelehrten in diesem Land existieren können; nicht einen einzigen Gelehrten wollen sie in diesem Land wissen.« Ebd., S. 177.
27 Aus Dokumenten, die in der israelischen Botschaft gefunden wurden. Mosche Dajan berichtet darin über seinen Besuch bei General Toufanian in Teheran; es gibt auch einen Bericht über ein Treffen in Tel Aviv zwischen Dajan und Toufanian (18. Juli 1977).
28 Ebd.
29 Ansprache vom 14. September 1979, in: *Islam and Revolution,* S. 276. Rafsandschani hat erklärt, der Sturz der irakischen Regierung sei not-

wendig, um eine Versöhnung der gemäßigteren arabischen Staaten mit Israel zu verhindern. *Kayhan International,* 11. Juni 1983, S. 1.

30 Khomeini hat dazu gesagt: »Wir unterstützen jedes Volk, das unterdrückt wird. Wir sagen ihnen, daß sie sich ihre Rechte selber nehmen müssen. Der Herrschaft der Supermächte über den Rest der Welt muß ein Ende gesetzt werden.« Ansprache vom 11. Februar 1981.

31 International Monetary Fund, *Directions of Trade 1982,* Washington D.C. 1982, S. 208.

32 Ausführlichere Analysen der amerikanischen Außenpolitik gegenüber Iran in: M. Ledeen, W. Lewis, *Debacle: The American Failure in Iran,* New York 1981; Rubin, *Paved With Good Intentions*; Sullivan, *Mission to Iran*; R.K. Ramazani, *The United States and Iran,* New York 1982; S. Zabih, *Iran Since The Revolution,* Baltimore 1982; *Ettela'at,* März 1979.

33 Telegramm der US-Botschaft in Teheran an das Außenministerium, 0431/1, 9. Januar 1979.

34 Ebd.

35 Mohammad Tawassoli, ein führendes LMI-Mitglied, dankte der US-Botschaft, daß sie dem Militär Einhalt gebot. Telegramm 0920/1, 28. Januar 1979.

36 US-Botschaft in Teheran an das Außenministerium, 1077/1, 22. Januar 1979.

37 US-Botschaft in Teheran an das Außenministerium, 0431/1, 9. Januar 1979.

38 Washington an die US-Botschaft in Teheran, 4510, 7. Januar 1979.

39 Henry Precht, »Memorandum to the Files«, Gespräch mit Yazdi vom 13. Dezember 1978. Auch Walter Zimmerman, Leiter der politischen Abteilung der US-Botschaft in Paris, unterhielt Kontakte zu Yazdi, die aber von Botschafter Sullivan als »unergiebig« beschrieben werden. Sullivan, *Mission to Iran.*

40 Precht, »Memorandum«.

41 Sullivan, *Mission to Iran.*

42 Telegramm 2653, 2. März 1979.

43 Ebd.

44 Die Regierung Bachtiar hatte bereits Verträge über Waffenkäufe in Höhe von etwa 7 Milliarden US-Dollar annulliert.

45 Der amerikanische Geschäftsträger beschrieb ihn als »einen ungewöhnlich urbanen und verwestlichten Iraner, der zwar dem engsten Kreis der Revolutionäre angehört, von seinem Aussehen und seiner Art her aber kaum als Revolutionär auftritt.« Brief an den US-Botschafter in Schweden, 10. Juli 1974.

46 Die Amerikaner waren sich der Angriffe Khomeinis auf die USA bewußt. Telegramm 3688, 17. April 1978.

47 US-Botschaft in Teheran an das Außenministerium, 7064/1, 8. Juli 1979.

48 US-Botschaft in Teheran an das Außenministerium, 16. April 1979.
49 US-Botschaft in Teheran an das Außenministerium, 3688, 7. April 1979.
50 Ebd.
51 Laut Beheschti ist »oft darüber gesprochen worden, daß wir unsere Beziehungen zur USA so schnell wie möglich auf den Nullpunkt bringen müssen«. *Az Hizb Cheh Medanim,* S. 29.
52 Bazargans Brief ist in einem Telegramm der US-Botschaft enthalten.
53 Brief von Naas an Bazargan, 24. Mai 1979.
54 Bazargan sagte den Amerikanern, daß der Iran »dankbar wäre für irgendwelche Informationen, die darauf hinweisen, daß... irgendwelche Feinde es auf unsere Unabhängigkeit absehen«. US-Botschaft in Teheran an das Außenministerium, 6. Mai 1979.
55 US-Botschaft in Teheran an das Außenministerium, 5491, 27. Mai 1979.
56 Außenministerium an US-Botschaft in Teheran, 106729, 8. August 1979.
57 US-Botschaft in Teheran an das Außenministerium, 8946, August 1979.
58 In: *Islam and Revolution,* S. 305.
59 US-Botschaft in Teheran an das Außenministerium, 8970, 12. September 1979.
60 US-Botschaft in Teheran an das Außenministerium, 11089, 16. Oktober 1979.
61 Ebd.
62 US-Botschaft in Stockholm an das Außenministerium, 4164, 9. Oktober 1979.
63 Sullivan schreibt den USA einen Teil der Schuld für die Desintegration des iranischen Militärs zu. Er selber habe Khomeini und Bazargan zu überreden versucht, vor allem die Kommunisten zu bekämpfen. Statt dessen aber habe man eine Reihe von Aktionen durchgeführt, die Khomeini gegen das Militär aufbrachten. Sullivan sagt aber nicht, welche Aktionen er damit meint. In: *Mission to Iran,* S. 273.
64 Die Regierung wollte, daß 25 Militärberater im Land bleiben sollten. Unter erheblichen Schwierigkeiten wurde auch arrangiert, daß amerikanische Luftwaffenoffiziere nach Kapkan gelangten, den Iranern die ihnen geschuldeten Gehälter auszahlten und die dort festgehaltenen 22 amerikanischen Techniker befreiten.
65 Amir-Entezam klagte im September 1979 darüber, daß 1000 Hubschrauber infolge fehlender Ersatzteile nicht einsatzbereit seien. US-Botschaft in Stockholm an das Außenministerium, 9. Oktober 1979.
66 US-Botschaft in Teheran an das Außenministerium, 16. April 1979.

67 US-Botschaft in Stockholm an das Außenministerium, 9. Oktober 1979.
68 Sullivan, *Mission to Iran,* S. 247.
69 US-Botschaft in Teheran an das Außenministerium: Bericht über ein Treffen mit Bazargan, 6. Mai 1979.
70 Sullivan, *Mission to Iran,* S. 247.
71 US-Botschaft in Teheran an das Außenministerium, Juli 1979 und 30. September 1979.
72 US-Botschaft in Teheran an das Außenministerium, 7930, Juli 1979.
73 Henry Precht an Laingen, 2. August 1979.
74 US-Botschaft in Teheran an das Außenministerium, 11516, 31. Oktober 1979.
75 Bazargan traf Brzezinski in Algier, was ihm nicht gerade die Sympathien der Fundamentalisten einbrachte.
76 In den ersten zwei Tagen der Botschaftsbesetzung wollte Bazargan eine Rettungsaktion organisieren. Khomeini stellte sich hinter die Studenten, die Regierung Bazargan trat zurück. *Time,* 26. November 1979, S. 15.
77 *Time,* 7. Januar 1980, S. 17.
78 Ebd., S. 16.
79 *Time,* 26. November 1979, S. 20.
80 *Time,* 7. Januar 1980, S. 17
81 Ebd., S. 16.
82 Ebd.
83 Siehe z. B. G. Kim, »Ideological Struggle in Developing Countries«, in: *International Affairs,* April 1980.
84 Y. Primakov, »Dialectic of Social Development and Ideological Struggle: Islam and Social Development Processes in Foreign Oriental Countries«, in: *Voprosy Filosofi,* 5, 11. August 1980. A. Bovin, in: *Vedeya,* September 1979.
85 BBC, *Summary of World Broadcasts: USSR,* 29. September 1978.
86 Ebd., 10. Oktober 1978.
87 BBC, *Summary of World Broadcasts: Radio Moscow in Persian,* 19. Dezember 1978.
88 Ebd. und auch 10./12. Januar 1979.
89 Ebd., 5. Januar 1979.
90 *Dunia* (Publikationsorgan der Tudeh-Partei), 6/7, 1357.
91 In der *Prawda* hieß es am 4. April 1979, daß »die UdSSR während der Revolution des iranischen Volkes gegen die Monarchie entschlossen auf seiten der Revolution stand und alles tat, um feindselige Interventionen fremder Mächte zu verhindern«.
92 FBIS, *USSR,* 24. Juli 1979.
93 P. Demchenko, »Khrusheniye Absolyutizma« (Zusammenbruch des Absolutismus), in: *Kommunist,* Februar 1979; siehe auch seinen Arti-

kel »Iran: Stanovleniye republiki« (Iran: die Geburt einer Republik), in: *Kommunist*, Juni 1979.

94 Kim, »Ideological Struggle«.

95 Verschiedentlich wurde über sowjetische Angebote berichtet, Waffen an den Iran zu liefern. In: *Times*, 6. Oktober 1980, und *Baltimore Sun*, 23. August 1980.

96 Primakov, »Dialectic«. Siehe auch A. Bovin, in: *Vedelya*, September 1979.

97 NVOI, »Another Dreadful Crime by Agents of World-Devouring America«, FBIS *South Asia Service* (SAS), 82–037, 24. Februar 1982.

98 NVOI, »Washington's Satanic Policy«, FBIS, *SAS*, 82–029, 11. Februar 1982.

99 NVOI, »Reagan's Hypocrisies«, FBIS, *SAS*, 82–034.

100 FBIS, *SAS*, 82–093, 13. Mai 1982.

101 Radio Moskau in Persisch, 27. März 1980.

102 NVOI, »Dismiss the Liberals and other Dregs from Sensitive Government Organizations«, FBIS, *SAS*, 82–036, 23. Februar 1982.

103 FBIS, *SAS*, 82–091, 11. Mai 1982.

104 NVOI, »Being in Harmony with Ziaul Haq's Regime is Beneath the Dignity of our Islamic Republic«, FBIS, *SAS*, 82–097, Mai 1982.

105 FBIS, *SAS*, 82–096, 18. Mai 1982.

106 FBIS, *SAS*, 82–103, 27. Mai 1982.

107 FBIS, *SAS*, 82–103, 27. Mai 1982.

108 Amir-Entezam unterrichtete die Amerikaner über die sowjetischen Angebote. US-Botschaft in Teheran an das Außenministerium, 9. Oktober 1979, 7950. Siehe auch 10977/1, 15. Oktober 1979.

109 NVOI, »Justice Seekers Must Unite in a Single Rank«, FBIS, *SAS*, 82–028, 10. Februar 1982. Siehe auch FBIS, *SAS*, 82–039, 26. Februar 1982, und FBIS, *SAS*, 82–103, 27. Mai 1982.

110 *Financial Times*, 13. Juni 1979.

111 In einer Sendung vom 20. Februar 1982 beschwerte sich NVOI über den Ausschluß einiger Tudeh-Studenten von der Universität. FBIS, *SAS*, 82–039, 23. Februar 1982. Später wurde die Eliminierung einer großen Zahl »echter Revolutionäre« von den Universitäten gemeldet. FBIS, *SAS*, 82–076, 20. April 1982.

112 Bericht John Stemples über ein Gespräch mit Amir-Entezam, Außenministerium an die Botschaft in Teheran, 3941, August 1979.

113 Ghotbzadehs Botschaft an die sowjetischen Außenminister wurde am 11. August 1980 an Moskau übersandt. Veröffentlicht durch Muslim Students' Association, Box 6322, Albany, California 94706.

114 Bericht John Stemples (siehe Anmerkung 112).

115 *Kayhan International* vom 2. Juni 1983, S. 2.

116 *Bakinskii Rabochii*, 9. Oktober 1981.

117 FBIS, *Iran*, 15. August 1980, S. 11 ff.
118 Ghotbzadehs Botschaft an die sowjetischen Außenminister (siehe Anmerkung 113).
119 FBIS, *MENA*, 3. Mai 1979, S. R3. Siehe auch 9. Mai 1979, S. R4: FBIS, *MENA*, 27. Juni 1979: FBIS, *South Asia*, 10. November 1981, 7. Januar 1982.
120 In: *Islam and Revolution*, S. 285.
121 NVOI, »A Provocative Attack on the Eseqlal Hotel«, FBIS, *SAS*, 82–025, 5. Februar 1982. Siehe auch FBIS, *SAS*, 6. April 1982.
122 Pro-sowjetische Gruppen beschwerten sich darüber. Siehe z. B. NVOI, »Dismiss the Liberals and Other Dregs from Sensitive Government Organizations«, FBIS, *SAS*, 82–036, 23. Februar 1982.
123 FBIS, *SAS*, 82–196, 8. Oktober 1982.
124 *New York Times*, 19. September 1979.
125 IMF, *Directions of Trade*, S. 208.
126 *Financial Times*, 13. Juni 1979; *Dawn*, 20. September 1979.
127 *Middle East*, April 1982, S. 18.
128 Ebd.
129 In seiner Neujahrsansprache 1980 bezeichnete Khomeini die Sowjetunion als »aggressive Plünderer des Ostens« und hoffte, daß die afghanischen Widerstandskämpfer das Land bald »aus den Klauen der sogenannten Helden der Arbeiterklasse« befreien werden. In: *Islam and Revolution*, S. 287.
130 FBIS, *SAS*, 82–179, 15. September 1979.
131 Ebd.
132 NVOI, »The Afghan Problem – An Excuse to Divert Public Opinion«, FBIS, *SAS*, 82–175, 9. September 1982.
133 FBIS, *SAS*, 82–169, 31. August 1982.
134 FBIS, *SAS*, 82–166, 26. August 1982.
135 NVOI, »The People Are Defending the Democratic Government of Afghanistan«, FBIS, *SAS*, 82–155, 11. August 1982. Siehe auch FBIS, *SAS*, 82–116, 16. Juni 1982.
136 FBIS, *SAS*, 82–110, 8. Juni 1980; FBIS, *SAS*, 82–123, 25. Juni 1982. »Continuations of the War are but the Extension of the Enemy's External Policy«, FBIS, *SAS*, 82–160, 18. August 1982, und siehe FBIS, *SAS*, 82–138, 10. Juli 1982.
137 Laut Aussage der amerikanischen Offiziere, die in Kapkan die festgehaltenen Amerikaner befreiten, hatte der Offizier der Mashad-Truppen über seine gemeinsame Ausbildung mit Palästinensern geprahlt und behauptet, er habe »Seite an Seite mit Arafat« gekämpft. Oberst T. E. Schaefer und Hauptmann Johnson an den CIA, 2635, 2. März 1979.
138 US-Botschaft in Teheran an das Außenministerium, 5491, 27. Mai 1979.

139 Amir-Entezam sagte den Amerikanern im August 1979, daß Georges Habasch seit dem Sturz des Schahs dreimal in Chusistan gewesen sei und die Opposition gegen die neue Regierung finanziere. US-Außenminister an die Botschaft in Teheran, 3941, August 1979.

140 US-Botschaft in Teheran an den Außenminister, 5491, 27. Mai 1979.

141 Die Amerikaner teilten iranischen Regierungsvertretern mit, »die irakische Regierung sei seit September 1979 davon überzeugt, der Iran wolle seinen Anspruch auf Bahrain wiederbeleben« (ein Anspruch, den der Schah fallengelassen hatte). CIA-Beamter in Teheran an die Zentrale, 543 216, 1. November 1979. Im Juni 1979 richtete sich Radio Teheran mit seinem arabischsprachigen Programm direkt an die irakische Bevölkerung: »Irakisches Volk: Es ist Zeit, daß ihr euch vereint und euer tyrannisches Regime stürzt... Ihr müßt euch selber und euren Besitz opfern, um im Heiligen Krieg die Herrschaft der göttlichen Gerechtigkeit zu etablieren.« FBIS, *MENA*, 20. Juni 1979, S. R 14.

142 Amir-Entezam teilte den Amerikanern mit, daß Ghotbzadeh seine Medienpolitik nicht mit der Regierung abspreche. US-Botschaft in Teheran an den Außenminister, 6378, 19. Juni 1979. Diese Behauptung wurde in einem getrennten Gespräch von Sadiq Tabatabai bestätigt. US-Botschaft in Teheran an den Außenminister, 7064/1, 8. Juli 1979. Yazdi hingegen rief mehrmals zur Beendigung des »Propagandakrieges« zwischen dem Iran und dem Irak auf. FBIS, *MENA*, 16. Juli 1979.

143 US-Botschaft in Teheran an den Außenminister, 12065, 20. April 1979. Die Botschaft glaubte, daß die Schiiten im südlichen Libanon »uns vielleicht eine Möglichkeit bieten«, um die »Kontrolle der Palästinenser über die islamische Bewegung« zu brechen.

144 Pakistanische Regierungsbeamte führten Khomeinis Zorn darauf zurück, daß zum einen der pakistanische Präsident als letztes Regierungsoberhaupt dem Schah einen Besuch abgestattet hatte, und zum anderen auf Khomeinis Überzeugung, daß zwischen Pakistan und dem Schah enge Beziehungen bestanden haben. Interview in Islamabad, Januar 1982 (Z. Khalilzad).

145 Ansprache, 21. März 1980, zitiert nach: *Islam and Revolution*, S. 286.

146 Es gab auch Zeiten der Kooperation. Zum Hintergrund siehe S. R. Grummon, The *Iran-Iraq War – Islam Embattled,* Washington Papers 92, New York 1982.

147 Vor der Invasion erklärte der Irak das Abkommen von 1975 zwischen den beiden Staaten für null und nichtig. Seine Kriegsziele definierte er wie folgt: Der Iran solle erstens die irakische Souveränität über den Schatt-al-Arab anerkennen; der Iran solle sich zweitens nicht in die

inneren Angelegenheiten des Irak und anderer Staaten in der Region einmischen; und der Iran solle drittens Abu Musa und die Tunb-Inseln, die der Schah besetzt hatte, an die Vereinigten Arabischen Emirate zurückgeben. FBIS, *MENA*, 29. September 1980.

148 Premierminister Ali Radschai sagte: »Gott will, daß wir die Ehre mit der irakischen Nation teilen, Saddam und sein Regime von Mördern zu stürzen«, FBIS, *SAS*, 23. September 1980. Siehe auch FBIS, *SAS*, 9. August 1982.

149 FBIS, *SAS*, 23. September 1980.

150 Siehe auch den Aufruf der Ad-Dawah-Partei an den Irak, in dem die Irakis aufgefordert wurden, ihr Regime zu stürzen. FBIS, *SAS*, 30. Juli 1982.

151 1982 ernannte Khomeini Mussawi Choiniha, der der geistige Führer der Studenten bei der Besetzung der amerikanischen Botschaft in Teheran gewesen war, zum Leiter der Pilgerfahrt. Er versuchte, in Saudi-Arabien Demonstrationen zu organisieren.

152 Interview in Pakistan, Januar 1982 (Z. Khalilzad). Angeblich versprachen die Pakistanis den Irakis ein ähnliches Zugangsrecht, falls sie es benötigten.

153 Die Verbesserung der Beziehungen zwischen diesen beiden ehemaligen Mitgliedern des CENTO-Paktes hat Moskau und die pro-sowjetischen Kräfte im Iran verärgert. Siehe FBIS, *SAS*, 82–064, 12. April 1982; 9. April 1982; 15. April 1982; 23. April 1982; 11. Mai 1982; 15. Mai 1982; 19. Mai 1982; 21. Mai 1982 und 22. Juli 1982.

154 Interviews mit den Verfassern, Frühjahr 1982. Afghanische und pakistanische Fundamentalisten beschwerten sich uns gegenüber heftig über diese Entwicklung.

155 FBIS, *SAS*, 23. März 1982.

156 Zur Rolle des palästinensischen Irredentismus bei der Legitimierung arabischer Regime, siehe Ch. Cremeans, *The Arabs and the World – Nasser's Arab Nationalist Policy*, New York 1963; siehe auch H. Nuseibeh, *The Ideas of Arab Nationalism*, Ithaca 1956.

157 FBIS, *SAS*, 23. März 1982.

»Krieg und Frieden«

Ausgewählte Literatur
im Suhrkamp Taschenbuch Verlag

»Nicht der Krieg ist der Ernstfall, sondern der Frieden.«

Gustav W. Heinemann

Adorno, Theodor W.: Erziehung zur Mündigkeit. Vorträge und Gespräche mit H. Becker 1959-1969. st 11
– Kritik: Kleine Schriften zur Gesellschaft. es 469
– Studien zum autoritären Charakter. st 107
Alter, Peter: Nationalismus. Neue Historische Bibliothek. es 1250
Allgemeine Erklärung der Menschenrechte. Verkündet von der Generalversammlung der Vereinten Nationen. Mit dreißig Radierungen von Christoph Meckel. it 682
Benjamin, Walter: Zur Kritik der Gewalt und andere Aufsätze. Nachwort H. Marcuse. es 103
Blasius, Dirk: Die Geschichte der politischen Kriminalität in Deutschland (1800-1980). Neue Historische Bibliothek. es 1242
Bloch, Ernst: Widerstand und Friede. Aufsätze zur Politik. es 257
Brecht, Bertolt: Schriften zu Politik und Gesellschaft. st 199
Broch, Hermann: Massenwahntheorie. st 502
Der bürgerliche Rechtsstaat. Hg. M. Tohidipur. 2 Bde. es 901
Clemenz, Manfred: Gesellschaftliche Ursprünge des Faschismus. es 550
Erikson, Erik H.: Gandhis Wahrheit. Über die Ursprünge der militanten Gewaltlosigkeit. Übersetzt von J. Behrends. stw 265
Freiheitliche demokratische Grundordnung. Hg. E. Denninger. 2 Bde. stw 150
Friedensanalysen. Für Theorie und Praxis. Vierteljahresschrift für Erziehung, Politik und Wissenschaft.
Redaktion: Reiner Steinweg
– Bd. 1: Feindbilder. es 784
– Bd. 2: Rüstung. es 834
– Bd. 3: Unterentwicklung. es 847
– Bd. 4: Friedensbewegung. es 871
– Bd. 5: Aggression. es 891
– Bd. 6: Gewalt, Sozialisation, Aggression. es 925
– Bd. 7: Jungsozialisten und Jungdemokraten zur Friedens- und Sicherheitspolitik. es 955
– Bd. 8: Kriege und Bürgerkriege der Gegenwart. es 958
– Bd. 9: Entspannungspolitik. es 755
– Bd. 10: Bildungsarbeit. es 784
– Bd. 11: Kampf um die Weltmeere. es 855

74/1/8.84

74/2/8.84

»Krieg und Frieden«

Ausgewählte Literatur im Suhrkamp Taschenbuch Verlag

Mitscherlich, Alexander: Toleranz. Überprüfung eines Begriffs. st 213

– Die Unwirtlichkeit unserer Städte. Anstiftungen zum Unfrieden. es 123

– Massenpsychologie ohne Ressentiment. Sozialpsychologische Betrachtungen. st 76

– (Hg.): Bis hierher und nicht weiter. Ist die menschliche Aggression unbefriedbar? st 239

Müller-Link, Horst, Preußisch-deutscher Militarismus 1700-1945. Neue Historische Bibliothek. es 1252

Nowotny, Helga: Kernenergie: Gefahr oder Notwendigkeit. stw 290

Politik der inneren Sicherheit. Hg. E. Blankenburg. es 1016

Politik ohne Gewalt? Beispiele von Gandhi bis Camara. Geleitwort G. W. Heinemann. st 330

Saage, Richard: Der starke Staat? es 1133

Senghaas, Dieter: Imperialismus und strukturelle Gewalt. Analysen über abhängige Reproduktion. es 563

– Rüstung und Militarismus. es 498

Taktische Kernwaffen. Die fragmentierte Abschreckung. Herausgegeben von Philippe Blanchard, Reinhard Koselleck und Ludwig Streit. es 1195

Ziviler Ungehorsam im Rechtsstaat. Herausgegeben von Peter Glotz. es 1214

Wippermann, Wolfgang: Europäischer Faschismus im Vergleich 1922-1982. Neue Historische Bibliothek. es 1245

74/3/8.84